9
10
OCCASVS
11
12

시간을 길들이다

SOL

시간을 길들이다

정밀하고 아름다운 시계를 향한
인류의 놀라운 여정

니컬러스 포크스

조현욱 옮김

가치

TIME TAMED : The Remarkable Story of Humanity's Quest to Measure Time

by Nicholas Foulkes

역자 조현욱(趙顯旭)

1957년 부산에서 태어나 서울대학교 정치학과를 졸업했다. 「중앙일보」에서 1985–2009년 재직하며 국제부장, 문화부장, 논설위원을 지낸 뒤 2011–2013년 "조현욱의 과학 산책" 칼럼을 연재했다. 2016–2018년 「중앙선데이」에 "조현욱의 빅 히스토리"를 연재했으며 현재 "과학과 소통" 대표를 맡고 있다. 옮긴 책으로 『휴먼 카인드』, 『사피엔스』, 『호모 사피엔스와 과학적 사고의 역사』, 『이성적 낙관주의자』, 『최종 이론은 없다 : 거꾸로 보는 현대 물리학』 등이 있다.

시간을 길들이다 : 정밀하고 아름다운 시계를 향한 인류의 놀라운 여정

저자 / 니컬러스 포크스
역자 / 조현욱
발행처 / 까치글방
발행인 / 박후영
주소 / 서울시 용산구 서빙고로 67, 파크타워 103동 1003호
전화 / 02 · 735 · 8998, 736 · 7768
팩시밀리 / 02 · 723 · 4591
홈페이지 / www.kachibooks.co.kr
전자우편 / kachibooks@gmail.com
등록번호 / 1-528
등록일 / 1977. 8. 5
초판 1 쇄 발행일 / 2021. 8. 18
값 / 뒤표지에 쓰여 있음

ISBN 978-89-7291-747-2 03900

차례

시간의 흐름을 완화해주는

알렉산드라와 맥스,

프레디에게

서문

이 책은 시계에 관한 전문 서적을 펴내기 위해서 기획된 것이 아니다. 고도의 기술 수준을 갖춘 전문 시계를 일부 다루고 있기는 하지만 말이다. 또한 시간의 속성에 대한 학술적이고 철학적인 연구서도 아니다(이 분야는 머리가 정말로 좋은 사람들을 위해서 남겨둘 것이다). 마지막으로 이 책은 인간이 시간을 길들이기 위해서 노력해온 수천 년의 역사에 대한 결정적인 설명으로 받아들여져서도 안 될 것이다. 이 같은 과업은 시지프스처럼 결코 성공하지 못할 것이다.

위의 문장을 읽고도 책장을 계속 넘길 마음이 생겼다면 이 책을 매우 느슨하게 연결될 짧은 이야기 선집처럼 대해달라고 독자들에게 제안하고 싶다. 각 장은 별개의 이야기로 볼 수 있으며 또한 즐거움의 대상이 될 수 있기를 나는 희망한다. 그런가 하면 이 책은 내용을 연속해서 읽을 수도 있다. 이럴 경우 각 장은 은은하게 빛나는 진주나 반짝이는 귀금속처럼 이어져서 서로를 더욱 빛나게 하는 하나의 눈부신 보석이 될 수도 있다. 각 부분의 합보다 더욱 크고 의미 있는 전체로서 말이다. 적어도 나의 생각은 그렇다. 내가 쓴 글이 이 같은 대단한 비유에 걸맞은 수준이 되기를 바라 마지않는다.

의심의 여지가 없는 사실은 앞으로 28개의 장에 걸쳐서 소개될 시계 장치들은 모두 나름의 방식으로 역사에 기여했다는 점이다. 이 장치들은 우리를 중석기시대의 스코틀랜드에서 제1차 세계대전 이전 파리의 평화롭던 황금 시절로, 중세의 바닥에서 달의 표면으로, 샤를마뉴 대제의 궁정에서 팬암 보잉기의 조종석으로, 제임스 1세 시대의 런던에서 11세기 중국으로 이어지는 여행으로 이끌어줄 것이다.

각각의 이야기들은 서로가 매우 이질적인 것처럼 보일 수 있다. 그럼에도 그것들은 인간의 독창성과 대개 아름다움이라는 실로 연결되어 있다. 시계는 과학과 예술이 만나는 물체인 경우가 흔하다. 톱니 회전속도의 비율에 대한 계산과 장인적 재능의 섬세한 측면이 똑같이 중요하다는 말이다. 나의 생각에 완벽한 시계란 마음에 강한 흥미를 불러일으키는 동시에 눈을 즐겁게 하는 무엇이다. 이 책에서 독자는 전자나 후자, 혹은 양자 모두를 만족시키는 사례들을 만나게 될 것이다.

시간에 대한 이해는 우리를 인간이게 만든다고 나는 주장한다. 우리가 시간을 귀중하게 생각하고 우리를 위해서 시간의 눈금을 매겨주는 장치를 가치 있게 여긴다는 점은 놀라운 일이 아니다. 사실, 인류 문명에 대한 이야기는 계속 발전하는 시간 관념과 이를 해석하는 장치를 통해서 전해질 수 있다.

로마의 트라야누스 황제가, 고대 이집트 하토르 여신에게 물시계를 제공하는 파라오로 묘사되어 있다. 하토르 신전의 부속 건물인 탄생전(誕生殿)에 새겨진 부조이다(기원전 88-51년, 이집트 덴데라).

인류의 유년기 동안의 시간은 문자 그대로 하늘이 보내준 것이었다. 지구의 자전축을 중심으로 한 회전은 하루의 길이를, 태양 주위를 365.25일에 걸쳐서 도는 타원 궤도는 1년의 길이를 정해주었다. 한편 우리는 달이 차고 이운 현상을 관측할 수 있었다. 약 29.5일 걸리는 이 주기를 기초로 달(월)이라는 개념이 생겨났다. 문제는 당연히 있었다. 태양의 주기와 달의 주기가 정확히 들어맞지 않는다는 점이다. 일찍이 1만2,000년 전의 원시인들도 이 같은 불편을 해결하려고 노력했을 가능성이 있다.

인류가 태양력과 태음력을 서로 맞추는 데에는 수천 년이 걸렸으며 오늘날에도 이 같은 노력은 계속되고 있다. 바빌로니아의 천문학자들은 이 같은 두 종류의 역법(曆法)이 19년마다 한 번씩 일치한다는 사실을 알았다. 아테네의 메톤은 자신의 이름을 부여한 역법을 발표하여 고대 그리스부디 기원전 46년까지 사용하노록 했다.

그러나 19년 주기는 깔끔하기는 했지만 너무 길었다. 모든 시대의 사람들은 시간의 가치를 이전 시대보다 좀더 정확하게 인식하는 경향이 있었다. 고대 바빌론에서 낮의 길이는 12시간으로 나누어져 해시계에 그려졌다. 한편 이집트인들은 밤에 별의 위치를 이용해서 시간을 파악할 수

현존하는 가장 오래된 물시계의 석고 모형(카이로 박물관 소장). 지금까지 남아 있는 최초의 정확한 시계 장치로서 카르나크 신전에서 발견되었다(기원전 1415-1380).

있게 되었다. 분(分)과 초(秒)라는 개념은 약 5,000년 전 메소포타미아의 지배적인 계산법이던 60진법에서 유래한 것이다. 1초는 1분의 60분의 1인데 1분은 좀더 커다란 시간 단위(1시간)의 60분의 1이다.

물론 분과 초는 현세에 실제로 존재하는 개념이라기보다는 수학적이고 추상적인 것이었다. 이 체계로부터 세계를 360도로 나누는 경도가 도출되었다. (나중에 알게 되겠지만 경도는 18세기에 이르러 정확성을 향한 인류의 탐색과 다시 만나게 된다.) 수십 세기에 걸쳐서 수학, 천문학, 점성학, 신학과 시간은 철학이라는 고르디우스의 매듭으로 묶인 채로 남아 있었다.

이집트 파라오 시대에 물시계가 발명되면서 (항아리에서 일정하게 흘러나오는 물의 양을 통해서) 시간을 측정하는 방법을 알 수 있게 되었다. 마침내 인간은 시간을 천체로부터 떼어냈으며, 프로메테우스의 선물에 버금가는 이 장치는 서서히 실용화되기 시작한다. 물론 대중에게 정확한 시간은 필수품이 아니었다. 중세의 농부에게 지금 몇 시냐고 물으면 아마도 그는 지금이 어느 계절인지를 답할 것이다. 그럼에도 불구하고 중세 초기에 이르면 물시계와 태양 관측은 도시의 출입문을 닫거나 기도를 하는 등의 다양한 활동을 관장하게 된다. 시간에 관한 모든 신호는 손으로 울리는 종소리를 통해서 청각으로 전달되었다.

기계식 시계를 발명한 사람이 누구인지는 아무도 모른다. 그러나 13세기 유럽에 기계식 시계가 등장하면서 르네상스가 시작되었으며 이로부터 얼마 후에 유럽이 세계를 지배하는 '대항해 시대'가 도래했다. 카를 마르크스가 볼 때 시계는 결정적으로 중요했다. 그는 1863년 엥겔스에게 쓴 편지에서 "시계는 실질적인 목적에 사용된 최초의 자동 기계"이며 "규칙적인 동작을 기반으로 한 생산 이론 전체가 이를 기반으로 개발되었다"라고 썼다. 시간은 추상적인 개념이기는 하지만 경제의 궁극적인 대상이 되었다. 마르크스에게 공장의 시계는 소외와 인간 노동의 상품화를 상징하는 물체가 되었다.

시간을 연구하는 것과 이를 기계로 측정하려는 노력에는 강인한 성격과 위대한 기질을 가진 사람들이 연관되어 있다. 이들은 강인한 끈질김과 타고난 천재성, 혹은 순수한 기벽 때문에 시간 엄수의 역사 속에 이름을 남겼다. 그 안에는 인류의 시간 발명에 대한 이야기가 담겨 있다. 선사시대의 인류에서부터 우주 비행사에 이르는 역사는, 달을 바라보는 것에서 출발해서 달 위를 걷는 것으로 끝난다.

각종 시계의 매력에 굴복한 사람들은 끝없이 마음을 빼앗기는 세계로 들어선다. 부품으로 구성된 소우주는 시간을 알려주는 하찮은 일을 할 수도 있고 별의 움직임을 예측하는 고귀한 업무를 행할 수도 있다. 여기에 매혹되는 데에는 사람과 시대를 가리지 않는다. 이집트의 파라오, 18세기 프랑스 여왕, 20세기 재계의 거물, 혹은 좀더 겸손한 사례로는 1970년대 청소년기를 보낸 나도 포함된다.

당시에는 건전지로 작동하는 손목시계가 크게 유행했다. 과거의 기계식 시계는 중고품 가게나 자선 바자회에서 저렴하게 구할 수 있었다. 나는 전지시계를 고장 날 때까지, 혹은 마음에 드는 또다른 시계를 만나게 될 때까지 차고 다녔다. 이것은 일상 용품이었지만, 나는 이것이 어떤 아름다움을 지녔다고 느꼈다. 손목에 차고 있으면 삶에서 나의 경험을 아무리 조금일지라도 향상시켜주는 것 같았다. 시계는 또한 동전 크기의 공간에 불굴의 기능성을 압축하는 방식 때문에도 나를 매혹시켰다. 시계의 문자판은 그 속에 들어 있는 보석의 숫자와 "자동적" 자기 충족성과 "스위스 제품"이라는 점을 뽐내고 있었다. 시계 뒤판에는 물과 충격, 먼지와 자석에도 영향을 받지 않는다는 설명이 뚜렷하게 표시되어 있었다.

나는 이들의 마법에 굴복한 이래 평생 그 매력의 영향 속에서 살아왔다.

내가 얼마나 많은 시계들을 모았는지를 분명히 알게 된 것은 2년 전이었다. 막내아들이 우리 집 뒤의 작은 공터에 있는 헛간에서 오래된 시계로 가득한 여행가방을 찾아낸 것이다. 우리는 이

LETTRE DOMINICALE
BA
A
AG
G
9
10
11
12
13
14
15
16
7
8

왼쪽 : 스트라스부르 대성당에 있는 시계의 톱니 장치(84-93쪽 참조)

다음 페이지들 : 파텍 필립(200-211쪽 참조)이 만든 전설적인 그레이브스 슈퍼컴플리케이션. 컴퓨터를 이용한 설계(CAD)가 등장하기 전까지 세상에서 가장 정교한 개인용 시계 장치였다.

공터를 반어적으로 정원이라고 불렀다. 아들은 엄지와 검지로 태엽을 감는 단순한 행위만으로 많은 시계들을 다시 작동하게 만들었다. 나는 여기에 경탄을 금하지 못했으며 아들도 내가 한때 그랬던 것만큼이나 시계를 좋아하게 되었다. 이렇게 재발견한 증거품 무더기는 파텍 필립의 광고를 떠올리게 만들었다. 그 광고에 따르면 당신은 시계를 정말로 소유하지는 못하며 그저 다음 세대를 위해서 관리할 따름이다(이를 토대로 우리가 재창조한 저예산 광고는 이렇다. "헛간에 보관하라. 그리고 다음 세대가 우연히 발견할 때까지 20년 동안 잊고 지내라").

슬프게도 시계 구입을 향한 나의 초기 외도는 엄청나게 무지했던 탓에 헛간에 파텍 필립 제품을 숨겨두지 못했다. 이 광고가 그토록 성공을 거두고 널리 알려진 데에는, 심지어 해당 시계를 결코 소유하지 못하고, 미안하지만 관리만 하게 될 사람들에게까지 그렇게 된 데에는 이유가 있다. 바로 요즘은 어디를 쳐다보든 지금이 몇 시인지를 공짜로 알 수 있지만 여전히 우리는 시계 그 자체에 가치가 있다고 생각한다는 점이다. (그런 이유가 아니라면 우리는 왜 시계를 중세의 성물함처럼 금과 보석으로 치장한단 말인가?)

최소한 그것들은 다른 시대에서 온 여행자이다. 나는 이 책의 자료를 조사하면서 웨스트민스터 궁전의 시계탑 계단을 올라가보았다. 거기서 울리는 종소리를 들을 때마다 그 시계를 만든 빅토리아 시대의 인물을 떠올리지 않을 수 없었다. 빅 벤이라는 이름으로 조금 잘못 알려진 이 인물은 세계 최대 제국의 심장부에 시계를 설치했다. 문자 그대로, 그리고 상징적으로도 말이다. 제국은 오래 전에 사라졌지만 시계와 시계탑은 국가 전체를 대표하는 시각적인 상징으로 남아 있다. 인간의 손으로 건설한 가장 유명한 구조물들인 에펠탑, 엠파이어스테이트 빌딩, 타지마할, 콜로세움, 만리장성과 어깨를 나란히 하고 있다.

이런 기계 장치를 감정을 담는 그릇으로 변형시키는 무형의 연금술이 존재한다. 이런 감정은 때때로 너무나 증폭된 나머지 사람들의 열정에 불을 붙여 몇백만 달러(유명한 사례로는 거의 1,800만 파운드를 내놓은 경우가 있다)를 내놓게 만들기도 한다. 그것의 보관자가 되고 이 장치의 역사에 자신의 이름을 올린다는 특권을 얻기 위해서 말이다.

이 책에 등장하는 시계들(그리고 다른 여러 시계)이 그토록 흥미로운 대상이 되는 것은 저마다 이야기를 품고 있기 때문이다. 그리고 내가 선택한 물체들이 이런 장치들에서 노출되어야 마땅한 경이감을 적절히 전달해주기를 희망한다. 이제 구석기시대 아프리카의 약간 더러운 "이샹고" 뼈를 보자. 나의 느슨히 연결한 목걸이 같은 이야기는 여기에서 시작된다.

MADE FOR
NEW-YORK 1932
BY
SOUTH
WEST
SUNRISE
NORTH
SIDERAL TIME
EQUATION

A souvenir
of the building
CORSAIR
1891
from his friend
SUNSET

시간의 뼈

이샹고 뼈 : 구석기시대

길쭉하고 휘어져 있으며 지저분한 갈색을 띤 개코원숭이의 종아리뼈는 브뤼셀 자연사 박물관에서 가장 눈에 띄는 전시물은 아니다. 그러나 가장 중요한 유물들 중의 하나일지도 모른다.

1950년 당시 서른 살이던 장 드 하인젤린 드 브로쿠르는 벨기에 왕립 자연과학 연구소 연구실의 부실장이었다. 그는 학자로서도 이미 이름을 떨쳤고, 그의 강의는 겐트 대학교에서 가장 인기 있고 활기찬 것으로 유명했다. 하지만 그가 가장 행복해했던 순간은 현장에 나가 있을 때였다. 그는 4월 25일 이샹고에 도착했다. 이샹고는 에드워드 호수의 북쪽 호변 셈리키 강 어귀에 있다.

선사시대의 친숙한 이미지로, 남아프리카 체더버그 산맥에 사는 산족이 바위에 그린 그림이다. 활 시위를 팽팽하게 당기고 먹잇감을 잡으려는 사냥꾼을 보여준다.

코끼리와 하마가 목욕을 하러 오는 이곳은 적도에서 남쪽으로 몇 킬로미터밖에 떨어져 있지 않다. 오늘날 콩고민주공화국에 속하며 우간다 쪽 국경과도 가깝다. 1950년 당시 이 공화국은 아직 벨기에령 콩고였으며 이샹고는 앨버트 국립공원에 속해 있었다. 적도에 있는 태고의 영역 7,770제곱킬로미터를 차지한 이 국립공원은 수천 년간 변함 없이 숲이 우거져 있었다.

그것은 식민지 탐험 시대 말기의 그저 그런 탐사로 끝날 수도 있었다. 아프리카 깊숙한 곳에 자리한 에드워드 호수가 서구 과학계에 알려진 것은 1888년에 이르러서였다. 헨리 모턴 스탠리가 호수를 발견했고 당시 영국 왕세자의 이름을 붙였다. 1925년 벨기에의 국왕 알베르 1세는 이 지역을 국립공원으로 선포했다. 벨기에 왕립 자연과학 연구소는 1930년대 이래로 지속적으로 탐사대를 파견했으며 이는 콩고가 독립하는 1960년대까지 이어졌다.

그러나 1950년의 탐사로 이샹고의 외딴 공원 관리소는 인류 역사에 이름을 남기게 되었다. 하인젤린 드 브로쿠르가 화산재 지층 아래에 묻혀 있던 개코원숭이(비비)의 종아리 뼈를 발견한 덕분이다. 특정한 길이의 이 뼈는 꼭대기에 날카로운 석영 조각이 붙어 있었고 도구로서 만들어졌다. 젊은 탐험가의 흥미를 끈 것은 석영이 아니라 표면에 세 개의 열로 구분지어 공들여 새겨진 홈들이었다.

수천 년의 세월이 지나면서 닳은 이 물건은 오래된 것임이 틀림없었다. 하인젤린은 이것이 6,000-9,000년 정도 된 것으로 계산했다. 심지어 1970년대 후반에도 이것은 6,500년에서 8,500년 된 것으로 추정되었다. 그로부터 한참이 지나서야 이것이 실제로는 2만 년 내지 2만5,000년 전쯤인 구석기시대에 유인원과 코끼리와 함께 살았던 인간의 솜씨라는 것이 밝혀졌다. 장식용 홈이 만들어진 시대가 문자의 발명보다 앞선다는 의미이다.

3차원 바코드와 비슷하며 빗살처럼 새겨진 눈금들에 대해서 과학자들은 세대를 거듭하며 나름의 해석을 남겼다. 오늘날 무게가 실리는 해석은, 이샹고 뼈가 기록을 위한 눈금막대의 일종으로서 선사시대의 계산자 혹은 계산기라는 것이다. 평범한 사람의 눈으로 보기에, 가느다란 오래된 뼈를 토대로 중대한 과학 이론이 만들어질 수도 있다. 이들 눈금을 좀더 열심히 들여다보자, 초기 인류가 소수(素數)의 신비에 대해서 숙고하면서 선사시대의 호숫가에 앉아 있는 모습이 떠올랐다. 당시의 대륙은 인간을 위협하는 맹수들이 우글거렸던 것으로 악명 높다. 이를 감안하면 이들에게는 소수보다 좀더 급박한 문제들이 있었으리라고 생각하기 쉽지만 말이다.

소수와는 다른 해석의 흐름도 존재한다. 이에 따르면 이 눈금들은 너무나 오래된 것이어서 문자 그대로 시간 그 자체만큼 오래된 것일 가능성도 있다. 콕 집어 말하자면 이샹고 뼈는 세상에서 가장 오래된 시계일 수 있다.

알렉산더 마샤크는 「라이프(*LIFE*)」에 글과 사진을 싣는 기고자였다가 유명한 과학자가 되었다. 그의 이름 뒤에 학문적 배경을 보증하는 문자열(박사 학위 등을 말한다/옮긴이)은 없다. 그럼에도 불구하고 그는 하버드 대학교 피보디 고고민속학 박물관의 연구원이었다.

그가 이샹고 뼈에 대해서 알게 된 것은 1960년대 하인젤린이 「사이언티픽 아메리칸(*Scientific American*)」에 기고한 글을 읽은 덕분이었다. 당시 그는 달 탐사 시대로 이어지는 과학적 발견을 다룬 책에서 역사 부문을 서술하는 책임을 맡고 있었다. 그리고 인류 발달의 역사를 연구하는 동안 그는 달력의 문제로 계속 돌아오고는 했다. 고대 문명이 달력을 이해하고 있었다는 사실은 이미 알려져 있었다. 그러나 학자 및 전문가들과 접촉한 결과, 그는 이런 달력이 이미 고도로 발전된 상태였다는 사실을 거듭 확인하게 되었다. 그리고 이러한 지식이 갑자기 생겨났다기보다는 무엇인가 좀더 단순한 이전 단계가 있었으리라고 보는 것이 논리적이라고 생각했다.

이샹고 뼈의 사진을 연구하던 중 그는 거의 아르키메데스 같은 통찰에 이르게 되었다. 뼈에 표시된 눈금은 심심풀이로 잡은 사냥감의 수를 새겨놓은 것이 아니라 매우 초기의 음력 달력일지도 모른다는 생각이었다. 그의 해석에 따르면 눈금은 달의 2개월 주기와 일치한다. "나는 현기증이 났다." 나중에 「뉴요커(*New Yorker*)」와의 인터뷰에서 그가 한 말이다. "그것은 너무 간단한 이야

알렉산더 마샤크(앉아 있는 사람)는 홈이 새겨진 뼛조각이 초기 달력이라는 혁명적인 생각이 담긴 이론을 발전시켰다.

장 드 하인젤린 드 브로쿠르가 후기 식민지 시대 탐사대의 전형적인 복장으로 1950년 에드워드 호숫가에서 찍은 사진.

기라서 믿을 수가 없었다."[1]

국립 지리협회와 국립 과학재단, 그리고 다양한 민간기구의 지원을 받아서 그는 구석기시대의 형상이나 눈금이 새겨진 수천 점의 유물들을 분석하고 해석하면서 1960년대를 보냈다. 그의 작업은 매우 진지하게 받아들여졌다. 심지어 냉전이 절정에 달한 시기에도 소련이 소장한 유물들에 접근하도록 허락을 받을 정도였다.

연구가 계속되면서 이샹고 뼈에 대한 그의 예감은 점차 인류의 발달에 대한 시간 중심 가설로 발전했다. 그는 이 같은 접근법을 "인지고고학"이라고 불렀다.[2] 이는 구석기시대 아프리카에서 살던 호미니드(hominid : 인류를 포함하는 사람과[科]의 대형 유인원을 말한다/옮긴이)의 삶에서 오늘날 우리가 아는 인류 문명으로 바뀌는 여정이 시작된 시기가 시간과 순차적 사고를 이해하면서부터라는 것이다.

그의 이론은 초기 인류에 대한 새로운 이해를 요구한다. 전통적인 견해에 따르면 도구를 인식하고 만들고 사용하는 것이 초기 인류의 특징이다. 그의 견해는 이와 다르다. 인류가 일어선 것은 시간을 이해할 능력을 갖추게 된 덕분이라는 것이다. 여기에는 아무리 초보적이라고 할지라도 시간을 추적하는 능력도 포함된다. 1974년 「뉴

무엇인가가 새겨진 뼈.
회중시계의 초기 모형일 수도 있다.

적도에서 남쪽 몇 킬로미터 거리에 있는 에드워드 호수의 북쪽 호변, 셈리키 강 어귀에 있는 이샹고는 코끼리와 하마가 목욕하러 오는 곳이다. 적도에 있는 태고의 영역 7,770제곱킬로미터의 일부를 차지하며 수천 년간 숲이 우거진 채로 있었던 이곳은 시계의 역사가 시작될 장소처럼 보이지는 않는다.

요커」가 마섀크를 다룬 기사에서 설명했듯이, 그는 인간이 강력한 우위를 점하게 된 것은 "식물과 동물이 순환하는 패턴을 관찰하고 미래에 활용하기 위해서 이를 기억하는 능력" 덕분이라고 믿었다. 이는 다른 동물들은 시간이라는 틀을 이용해서 생각하지 못하기 때문에 뒤처지게 되었다는 의미이다. 그는 천천히 진화한 이 같은 경향이 도구 제작과 언어 사용과 같은 인류의 발전으로 이어졌다고 추론했다.[3]

마섀크의 이론에 따르면, 우리 선조들이 잘 발달한 구어(口語)를 가지게 된 데에는 이유가 있다. 달이 차고 이우는 현상을 관찰하고 이해하고 기록하기 위해서, 그리고 이 같은 정보를 해석하고 소통하고 적용하기 위해서였던 것이다. 그에 따르면 뼈의 긁힌 자국은 쓰기와 숫자 표기의 전 단계이며 지식을 저장하고 다시 불러내려는 변화무쌍한 시도 가운데 하나에 해당한다.

가장 넓게 이해되는 바에 따르면, 문명이라는 단어는 질서 의식을 의미한다. 그렇다면 마섀크의 이론은 강력한 사례가 된다. 인류 문명이 세워진 토대 위에서 중요한 위치를 차지하는 것이 시간에 대한 이해라는 사례 말이다. 시간의 경과와 계절성의 반복 사이에 연관이 있다는 사실은

수렵채집인들에게 매우 중요한 정보였을 것이다. 사냥감의 이주 패턴을 예측하는 데에 관심이 매우 많았을 것이기 때문이다. 그리고 수천 년 후에 수렵채집에서 농경으로의 이행은 시간의 중요성을 인식하지 못했다면 불가능했을 것임은 물론이다. 시간에 대한 인식이 없다면 씨를 뿌리고 수확을 하기에 적절한 시기가 언제인지 어떻게 알 수 있었을까? 그리고 파종과 수확의 중간 기간에 공동체를 유지하기 위해서 어느 정도의 식량이 필요한지를 어떻게 계산할 수 있었을까?

마샤크는 구석기시대 유럽이 자신의 이론에 특별히 잘 들어맞는다는 사실을 발견했다. 선사시대 사람들이 시간이라는 틀에 맞추어 삶을 영위했다는 이론 말이다. 돌이나 뿔과 뼈의 조각에 각기 다른 깊이로 새겨진 구불구불한 표식들이 달의 위상을 기록한 달력이라고 그는 믿었다. 크기가 작은 덕분에 무리를 지어 멀리 사냥을 떠날 때에 사용하기가 대단히 편리했을 이 물체는 사실상 최초의 휴대용 개인 시계 장치였다.

1972년이 되자 그는 이 연구를 『문명의 근원(*The Roots of Civilization*)』이라는 책으로 출간했다. 당시 유행하던 대중용 고고학, 과학, 역사 장르의 풍요로운 성과물이었다. 1960년대 후반과 1970년대 초반은 인류 문명의 기원에 대한 관심이 높아지던 시대였다. 이런 흐름의 한쪽에는 에리히 폰 데니켄이 1968년 출간한 베스트셀러 『신들의 전차(*Chariots of the Gods*)』가 있다. 인류의 발전에

에드워드 호수의 콩고령 제방에 있는 고고 유적지에서 발굴된 이샹고 뼈는 세계에서 가장 오래된 시간 계산 장치일 가능성이 있다.

외계인이 개입했다는 주장을 담은 책이다. 다른 한쪽에는 영국 BBC가 마섀크의 예전 고용주였던 타임-라이프와 협력해서 제작한 좀더 진지한 작업인 「인간 등정의 발자취」가 있다. 1973년에 방영된 이 텔레비전 연속극의 해설은 수학자이자 역사가인 제이콥 브로노우스키가 맡았다.

『문명의 근원』은 시대정신과 딱 들어맞았다. 1972년 마섀크는 「최신 인류학(*Current Anthropology*)」의 기고문에서 시간에 대한 인식이 같은 시기에 발생하여 광범위하게 퍼져 있다는 이론을 제시했다. "달 가설이 시사하는 바에 따르면 후기 구석기의 기호들은 하나의 상징 집단을 대표하며, 따라서 일반적인 인지능력을 특수한 문화적 용도에 발휘한 사례가 된다. 증거를 살펴보면 순차성과 주기성을 개념화할 수 있는 이 같은 능력은 각기 다른 환경과 지역, 집단 속에서 상당한 수준으로 발전했다."[4] 마섀크는 자신이 각기 다른 지역에서 대체로 비슷한 시기에 시간에 대한 기초적인 이해가 싹트기 시작한 증거를 발견했다고 보았다.

그의 이론은 혁명적이라고 평가되었으며 따라서 반혁명도 있었다. "1990년대 일부 젊은 학자들은 마섀크의 구조주의적 해석에 이의를 제기하고 구석기시대의 현상 뒤에는 좀더 주술적이고 종교적인 동기가 있다는 관점을 선호했다. 이들은 그의 접근법이 지나치게 수비학(數秘學 : 수를 이용한 점술학)적이라고 깎아내렸다." 이는 「타임스(*The Times*)」에 실린 마섀크의 부고 기사 내용이다. 기사는 이어서 "일부 경고는 유효하지만 마섀크가 우리의 먼 조상의 사고방식과 지적 업적을 대하는 시각을 크게 바꾸었다는 점은 과소평가되지 않아야 할 것이다"라고 적었다.[5]

수만 년이라는 기간을 감안하면 초기 인류가 언제, 어떻게, 왜 시간의 경과를 기록하기 시작했는지는 불확실하다. 그러나 2만4,000년 전의 시간이 지금보다 느리게 흘렀다는 것은 분명하다. 하루가 가장 작은 시간 단위였고, 음력은 날(1일)들을 합쳐주었으며 이를 행성의 순환 주기(1년)와 결부시켰다. 이를 통해서 순환하면서도 꾸준히 진행되는 시간의 속성을 모두 표현할 수 있었다.

이샹고의 발견에 대해서라면 어떤 반론이 있든지와 상관없이 나는 유혹을 느낀다. 이 매력 없는 원숭이 뼈가 오늘날 손목시계를 비롯해서 다양한 장소의 시계에서 보는 시간의 원조라고 생각하고 싶은 유혹 말이다. 또한 거의 3만 년 전 적도의 호숫가 한구석에 쪼그리고 앉아 있던 석기시대 사람들이 이미 시간 측정의 중요성을 알아냈다고 생각하고 싶은 유혹도 느낀다. 사실 시간 측정이야말로 우리가 삶을 이해할 수 있는 방식이 아닌가. 1초라는 짧은 시간이든, 달의 순환이든, 계절의 흐름이든 측정 단위는 크게 중요하지 않다.

---

1. *The New Yorker*, 22 April 1974
2. 위의 문서.
3. 위의 문서.
4. Alexander Marshack, 'Cognitive Aspects of Upper Paleolithic Engraving', *Current Anthropology*, Vol. 13, No. 3/4 (June-October 1972), pp. 445-77
5. *The Times*, 22 January 2005

진흙 구덩이

워런 평야 달력 : 중석기시대

메소포타미아는 강이 옮겨온 흙이 쌓인 비옥한 초승달 지역으로 지중해와 페르시아 만 사이에 자리하고 있다. 이곳은 역사가들에게 "최초의 문명이 발달한 곳"으로 널리 받아들여진다.[1] 진흙 벽돌, 점토판, 진흙 소조상, 도장, 쐐기문자와 웅장한 수염을 기른 군주는 인류 문명의 발상을 나타내는 것으로 간주된다.

그러나 버밍엄 대학교의 빈센트 개프니 교수가 이끄는 고고학 팀에 따르면 우리가 살펴보아야 할 곳이 티그리스 강과 유프라테스 강 부근이어야만 할 필요는 없다. 그보다는 스코틀랜드 케언곰 산악 지대에서 발원한 디 강과 돈 강 사이의 지역을 보는 것이 더 낫다.

디 강의 북쪽 제방에서 멀지 않은 곳의 워런 평야는 별 특징 없는 농경지의 한 구역처럼 보인다. 하지만 브래드퍼드 대학교 소속이던 저명한 경관고고학자 빈센트 개프니 교수는 2013년 이곳에 도착해서 좀더 중요한 무엇인가를 보았다.

이미 1976년의 길고 메마른 여름날, 고고학적으로 조사할 가치가 있는 유적지가 항공 촬영을

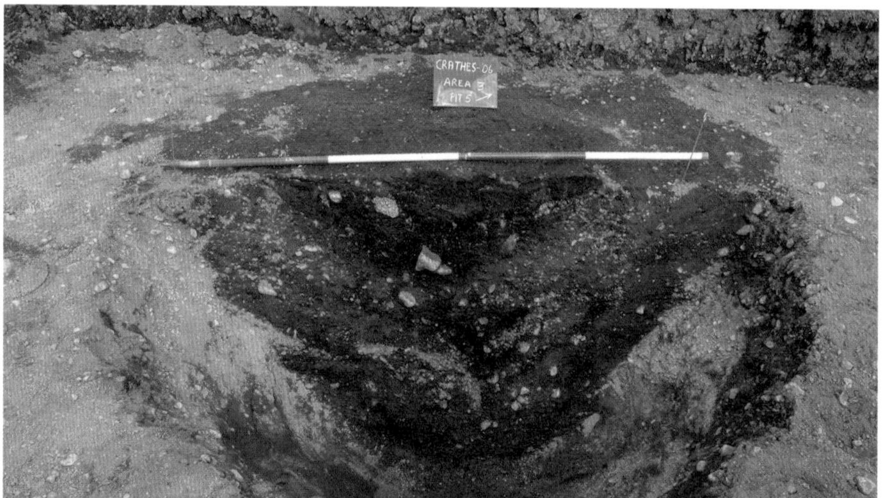

발굴 중인 워런 평야 구덩이들 가운데 하나.

항공 사진에서 드러난 워런 평야의 줄지은 구덩이.

통해서 발견되었다. 2004-2006년의 발굴 결과, 각기 다른 형태의 길다란 구덩이 12곳이 반지름 50미터의 원호 안에서 드러났다. 인근에 신석기시대의 대규모 건물 유적이 있다는 점을 감안하면 이 유적 또한 기원전 4000년쯤 되었을 것이라는 추정이 타당해 보인다. 그러나 탄소 연대측정법으로 드러난 이야기는 완전히 다르다. 이 구덩이들은 매우 오래된 것으로 약 1만 년 전 중석기시대에 팠던 것이다.

모종의 중요한 기념물이었으리라는 점은 분명하다. 200년 이상에 걸쳐서 만들어졌고 적어도 그로부터 약 4,000년 후인 신석기 초기까지 사용되었다. 선사시대에 만들어진 이 구덩이들의 용도는 오랫동안 수수께끼였다. 그러다가 2013년이 되어서야 비로소 최신의 원격 탐지 기술과, 과거 해당 시기의 일출과 일몰을 지도에 표시하는 소프드웨어를 활용할 수 있게 되었다. 그 결과 개프니 교수는 대단히 놀라운 가설을 제시했다.

"그동안 구덩이에 대한 연구는 수직 방향으로 이루어졌다"라고 그는 강조했다. 그러나 그에 따르면 진정한 중요성은 구덩이들이 늘어선 수평 방향에 있다. "방향을 보면 디 강 유역 남쪽의 주요 고개인 슬러그 로드 고개를 가리킨다는 것을 알 수 있다." 그다음이 복잡했는데, 기원전 8000년에 태양이 어디쯤에서 뜨고 졌을지를 알아내야 했다. 개프니 교수 연구진은 성과를 얻기 위해서 새로운 소프트웨어를 개발해야 했다. 지역의 랜드마크에 대응하는 태양의 겉보기 위치를 제공하는 기존의 프로그램을 기원전 4000년보다 이른 시기에 적용하는 것은 불가능했기 때문이

버밍엄 대학교의 빈센트 개프니 교수에 따르면, 스코틀랜드의 케언곰 산지에서 발원하는 디 강과 돈 강 사이에 있는 지역은 시간 측정의 역사에서 메소포타미아 못지않게 중요하다.

다. 하지나 동지의 지점을 표시하는 그런 기념물은 신석기시대에서 세워진 것이 보통이었다. 그러한 기념물들 중에서 가장 유명한 것은 스톤헨지이며, 가장 오래된 것은 건립 연대가 기원전 4800년까지 거슬러오르는 독일의 '고섹 원(Goseck Circle)'이다. 워런 평야의 구덩이들은 이 두 기념물보다 수천 년 이상 오래되었다.

모형을 만들어본 결과는 놀라웠다. 약 1만 년 전 동지에 해는 정확하게 슬러그 로드 고개 위로 떴을 것이라고 나왔다. 개프니는 말한다. "상상해보라. 새벽에 헐벗은 숲속을 걷는 누군가가 바라보는 가운데 태양이 슬러그 고개 위로 떠올라 계곡을 따라 움직인다. 매우 인상적인 장면이었을 것이다."

이어서 그는 말한다. "해당 계곡을 따라 떠오르는 해는 천문학적인 중요성을 지닌다. 그리고 구덩이의 이상한 형태에서 우리가 연상할 수 있는 것은 달의 위상밖에 없다. 인류의 초기 사회에는 대개가 달을 관찰해서 시간을 파악하는 경향이 있었다. 달은 연 단위로 움직이지 않고 한 달 내로 위상이 변하는 유일한 천체이기 때문이다."[2]

워런 평야의 구덩이들은 음력으로 열두 달을 나타낸다. 각각 달의 위상 변화를 나타내기 위한 형태를 갖추고 있으며 중앙에는 보름달 관측에 맞춘 2미터 폭의 구덩이가 있다. 그러나 지형학적인 맥락에서 관찰할 때에야 비로소 이것들의 전체 용도가 분명해진다. "한 무리의 수렵채집인이 아마도 수백 년에 걸쳐 하늘과 천체를 관찰하던 끝에 결정을 내렸다. 달 관측을 통해서 시간을 월 단위로 추적할 수 있는 기념물을 건설하기로 한 것이다."[3]

그러나 "서론"에서 살펴보았듯이, 태양력의 1년은 태음력과 정확히 일치하지 않는다. 음력의 1년은 354일이지만 양력은 365.25일에 아주 조금 못 미친다. 달 관측만을 기반으로 한 체계가 쓸모없어지는 데에는 오랜 기간이 걸리지 않을 것이다. 그러므로 계절별로 일어나는 일들을 계속 예측하려면 구덩이들은 해마다 "새로 맞추어져야" 했을 것이다. 수천 년이 지난 후에는 양력과 음력의 불일치를 바로잡기 위해서 달력에 며칠을 추가하는 방법이 등장했다. 하지만 중석기시대에는 문

달력 구덩이에서 바라본 동짓날의 태양을 보여주는 가상 모형.

자도 숫자도 없었기 때문에 이처럼 달력을 세련되게 만드는 수준에는 도달할 수 없었다.

워런 평야 구덩이의 경우 이 같은 재보정은 쉬웠다. 동짓날 새벽에 태양이 슬러그 로드 고개 위로 떠오르기 때문이다. 구덩이가 늘어선 방향을 고개와 일렬로 맞추면 되었다. 그러면 사용자들은 음력의 1년 주기를 처음부터 다시 시작할 수 있었다. "이는 수렵채집인들이 실제로 시간 자체에 공식적으로 접근할 능력이나 필요를 가지게 된 시점을 가리키는 것으로 보인다. 이런 접근을 통해서 그들은 과거에 무슨 일이 있었는지에 대한 생각을 넘어서 앞으로 다가올 시간을 예상할 수 있었을 것이다. 그에 맞추어 앞으로의 행동 계획을 세웠을 것이며 이는 모든 종류의 사회적 변화로 이어질 수 있다."[4]

주의를 분산시킬 것이 거의 없는 세상에서는 해가 지고 나면 밤하늘을 바라보는 일 외에는 할 일이 매우 드물었다. 개프니의 주장에 따르면 하늘을 관찰하는 일은 천체의 움직임을 기반으로 한 믿음 체계의 발달로 이어졌을 가능성도 있다. 이것은 다시 달과 태양과 지상의 사건들 사이의 연관성을 강화했을 것이다. 달의 인력에 의한 밀물과 썰물의 움직임을 감안하면 이것은 독자가 처음에 받았을지도 모를 인상처럼 그렇게 원시적이시는 않다.

이샹고 뼈 같은 초기의 인공물은 알맞은 시간에 알맞은 장소에 있기 위해서 시간을 추적하는 방법이었을 가능성이 있다. 동물의 계절별 이주가 그런 예이다. 이것이 사실이라면 디 강은 연어가 거슬러올라올 때에 맞추어 수렵채집인들이 있어야 했던 알맞은 장소들 중의 하나였을 것이다. 개프니에 따르면 이처럼 해마다 되풀이되는 강변의 회합은 먹거리를 구하기 위한 단순한

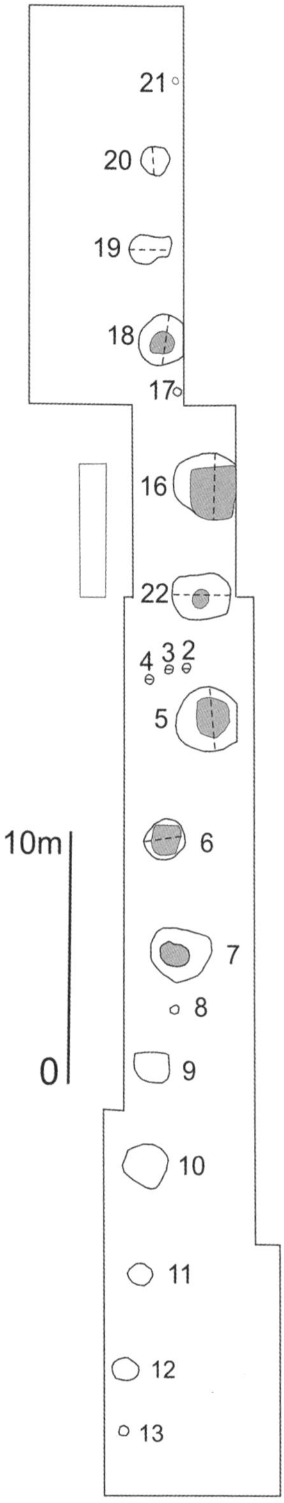
21
20
19
18
17
16
22
4 3 2
5
10m
6
7
8
0
9
10
11
12
13

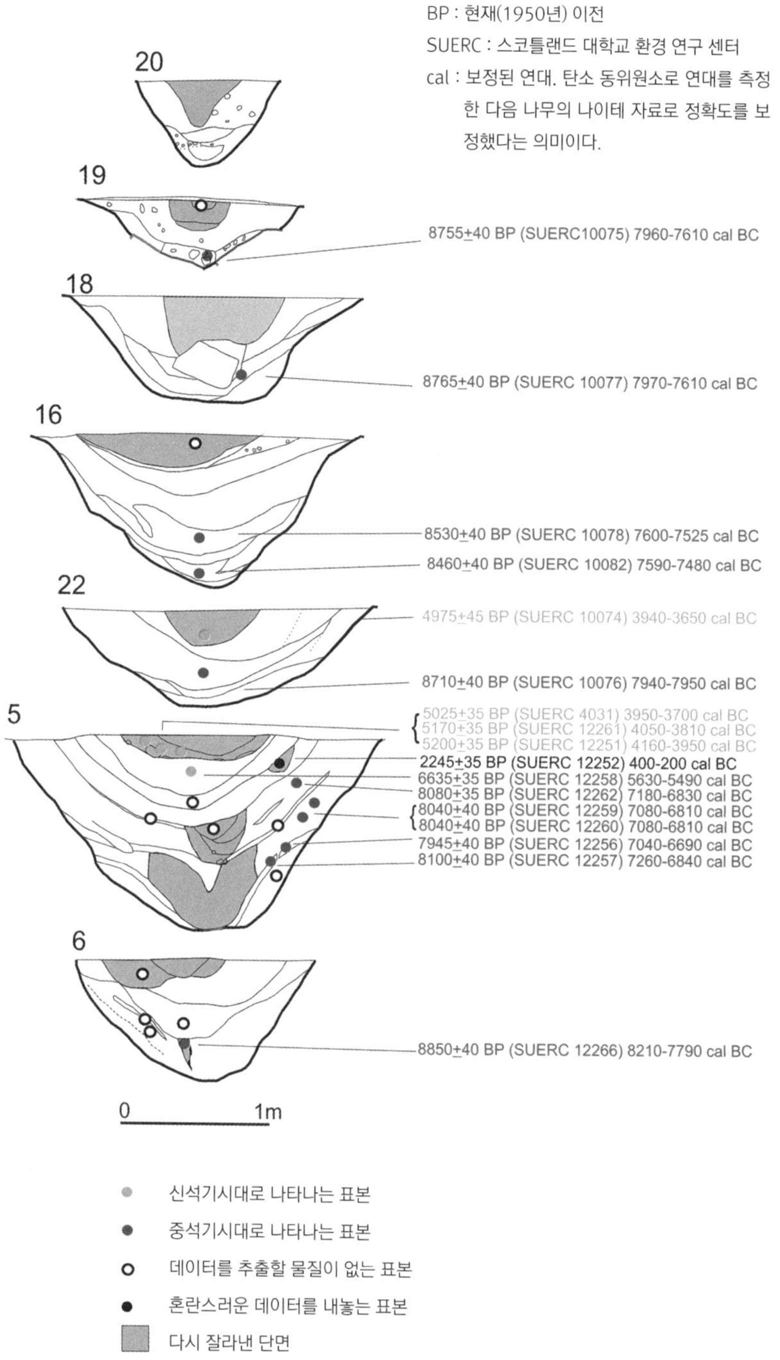
BP : 현재(1950년) 이전
SUERC : 스코틀랜드 대학교 환경 연구 센터
cal : 보정된 연대. 탄소 동위원소로 연대를 측정한 다음 나무의 나이테 자료로 정확도를 보정했다는 의미이다.
20
19
8755±40 BP (SUERC10075) 7960-7610 cal BC
18
8765±40 BP (SUERC 10077) 7970-7610 cal BC
16
8530±40 BP (SUERC 10078) 7600-7525 cal BC
8460±40 BP (SUERC 10082) 7590-7480 cal BC
22
4975±45 BP (SUERC 10074) 3940-3650 cal BC
8710±40 BP (SUERC 10076) 7940-7950 cal BC
5
5025±35 BP (SUERC 4031) 3950-3700 cal BC
5170±35 BP (SUERC 12261) 4050-3810 cal BC
5200±35 BP (SUERC 12251) 4160-3950 cal BC
2245±35 BP (SUERC 12252) 400-200 cal BC
6635±35 BP (SUERC 12258) 5630-5490 cal BC
8080±35 BP (SUERC 12262) 7180-6830 cal BC
8040±40 BP (SUERC 12259) 7080-6810 cal BC
8040±40 BP (SUERC 12260) 7080-6810 cal BC
7945±40 BP (SUERC 12256) 7040-6690 cal BC
8100±40 BP (SUERC 12257) 7260-6840 cal BC
6
8850±40 BP (SUERC 12266) 8210-7790 cal BC
0
1m
신석기시대로 나타나는 표본
중석기시대로 나타나는 표본
데이터를 추출할 물질이 없는 표본
혼란스러운 데이터를 내놓는 표본
다시 잘라낸 단면

방사성 탄소 연대를 분석하기 위해서 구덩이를 파서 채취한 시료의 위치를 단순화해서 보여주는 배치도이다.

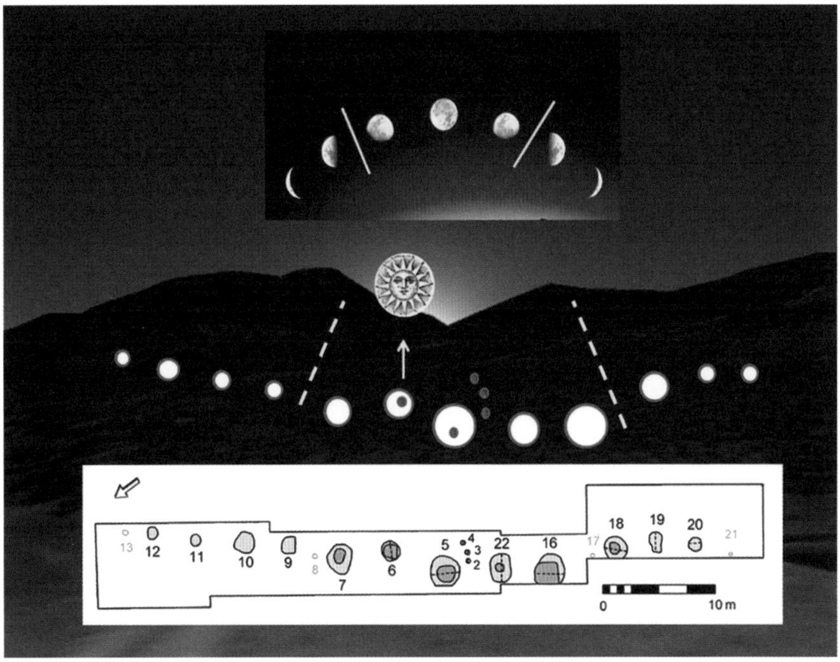

슬러그 로드 고개와 관련하여 워런 평야의 구덩이들이 어떻게 줄지어 있는지를 나타낸 배치도이다(편의를 위해서 배경을 과장했다).

모임을 넘어서는 사회적 중요성을 획득하게 되었을 것이다. "주로 이동하면서 사는 수렵채집 사회였지만 디 강가에 커다란 집단들이 모여 사회적이고 종교적인 의식을 치르는 현상이 생겨났을 것이다."[5]

개프니는 이들 구덩이를 달력이 아니라 미래를 예측하고 과거에 질서를 주는 "시간 계산기"라고 묘사한다. 이름을 무엇이라고 붙이든 그것은 인지가 예전보다 발달했다는 사실을 의미한다. "시간은 사회적 구성물이다. 그 자체로서는 존재하지 않는다. 사건이 일어나지만 그것이 전부이다."[6] 처음에는 해가 1년마다 일으키는 사건들을, 그다음에는 달이 한 달마다 일으키는 사건들을 관찰하면서 수백, 수천 년의 시간이라는 추상적인 개념이 발전했다. 여기에서 우리는 문명의 여명을 알리는 최초의 희미한 빛을 볼 수 있다.

개프니 교수의 표현에 따르면, "인류가 처음으로 시간을 공식적으로 만들어내는 데에 극히 중요한 단계, 심지어 역사 그 자체의 탄생을 우리는 여기서 보고 있다."[7]

1. Britannica.com
2. 저자 인터뷰, October 2018
3. BBC News, 15 July 2013, Vincent Gaffney interviewed by Huw Edwards
4. 위의 문서.
5. 저자 인터뷰, October 2018
6. 위의 문서.
7. Roff Smith, 'World's Oldest Calendar Discovered in UK', *National Geographic*, 16 July 2013 (https://news.nationalgeographic.com/news/2013/07/130715-worlds-oldest-calendar-lunar-cycle-pits-mesolithic-scotland/)

구멍이 있는 양동이

카르나크 물시계

역사상의 사건으로 보나 무덤 도굴이나 고고학적 증거로 보나 이집트에서 가장 유명한 파라오는 소년왕 투탕카멘이다. 하지만 이집트가 유프라테스 강에서부터 수단에 이르는 영역을 차지하고 영광과 권세와 눈부심의 정점에 이른 것은 그의 할아버지 아멘호테프 3세의 치하에서였다.

아멘호테프 3세는 고시대의 가장 눈에 띄는 건축 붐 중의 하나를 일으킨 것으로 기억된다. 그의 사후 세계를 축복하는 장제전(葬祭殿)은 "이집트에 건설된 이런 종류의 신전들 중에서 가장 거대하다."[1] 그는 룩소르에 완전히 새로운 신전을 건축했으며 카르나크에 위치한 200에이커 규모의 신전 복합체를 아름답게 장식했다. 그는 또한 태양신 라(Ra)를 믿는 분파를 되살렸으며 태양 원반의 신 아텐(Aten) 숭배를 장려했다. 심지어 스스로에게 "눈부신 아텐"이라는 별명을 붙이기까지 했다. 그는 프랑스 루이 14세보다 수천 년 전의 태양왕이었으며 카르나크는 베르사유 궁전이었다.

그럼에도 불구하고 프랑스의 이집트학자 조르주 르그랭이 19세기 말 '눈부신 아텐'의 고향을

이집트 룩소르에 있는 고대 카르나크 신전.

보았을 때, 그곳은 시인 셸리의 "오지만디아스"(파라오 람세스 2세의 그리스식 이름이다/옮긴이)의 시구들을 연상하게 했다. 그곳은 폐허였다. 삐죽한 바위들이 위태롭게 널려 있고 거대한 돌로 만든 기둥과 석판들이 뒤죽박죽으로 섞여 있었다. 그 거대한 규모는 유럽의 방문객들을 압도했다. 당시로서는 새로운 과학이던 고고학을 연구하는 이들 학생 방문객들은, 챙 넓은 흰 모자를 쓰고 조끼에 정장을 갖추어 입고 칼라를 높이 세우고 나비 넥타이를 매고 있었다. 르그랭은 파리에서 미술을 공부하고 소르본 대학교에서 이집트학을 수강했다. 1895년에는 카르나크의 연구 책임자로 임명되었다. 이후 1917년 사망할 때까지 카르나크에 평생을 바쳤다. 정열적인 사진가였던 그는 거대한 잔해 속에서 자신이 하는 작업이 엄청난 것이라는 사실을 파악할 능력이 있었다.

그의 발견은 고고학 연보에 실렸다. 1903년 '숨겨진 카르나크'라고 불린 이 발견을 통해서 고미술에서 가장 풍요롭다고 평가되는 작품들이 드러났다. 르그랭과 그의 일꾼들은 높은 지하수 수위의 방해를 받으면서 4년에 걸쳐서 700여 점의 조각상과 1만7,000점의 청동상과 여타의 잡다한 유물들을 발굴했다. 그러나 가장 대단한 발견은 1907년 이루어졌다. 거대한 기둥이 신성한 호수 근처에서 발굴된 것이다. 기둥 꼭대기에는 분홍색 화강암으로 만든 거대한 풍뎅이 상이 자리 잡고 있었다.

르그랭은 카르나크의 동의어가 되었으며, 상당한 유명인사가 되어 나일 강과 과거를 따라서 순례하는 다른 명사들을 환영했다. 그들은 현대의 방문객과 마찬가지로 포즈를 취하고 기념사진을 찍었지만 옷을 정장으로 차려입었다. 수염을 기르고 밀짚모자를 쓴 작곡가 카미유 생상스가 어두운 색의 정장을 입고 머리 보호용 헬멧을 쓴 르그랭 옆에서 분홍색 화강암으로 만든 풍

눈부신 아텐, 아멘호테프 3세는 고대의 가장 눈에 띄는 건축 붐 가운데 하나를 일으킨 것으로 기억된다. 그는 자신의 치세에 스스로를 태양의 현신으로 묘사한 조각상에 공물을 바쳤다(오른쪽 사진은 기원전 1375년경의 조각상이다). 공물을 바치는 행사를 위해서 조각상을 옮기던 발판이 함께 보인다.

뎅이 상을 보고 있는 모습은 요즘 보기에 조금 우스꽝스러운 측면이 있다.

그 시대는 고고학적 발견의 황금기였다. 유럽인들에게 이집트 열병이 불면서 최고의 상상력을 발휘하게 만들었다. 이는 영화와 탐정 소설, 실내 장식에서 보석에 이르는 서구 문화의 모든 측면에 영향을 미쳤다. 이 모든 흥분 속에서 설화석고로 만든 작은 화분 하나를 무시하기는 쉬운 일이었을 것이다. 높이 34.6센티미터에, 지름이 48센티미터에서 26센티미터로 좁아지는 이 화분은 아몬 신전의 터 옆에 있는 소위 쓰레기장에서 발견되었다고 기록되어 있다.

사람들의 관심을 독차지하는 거대한 풍뎅이 상과 비교할 때, 이 화분은 무엇인가를 환기한다기보다는 그냥 매력적인 정도였다. 절반밖에 알려지지 않은 고대 문명의 미스터리를 품고 있는 카르나크의 우뚝 솟은 기둥과 으리으리한 조각상에 비하면 그랬다. 아멘호테프 3세 시대의 이 소박한 물건은 상대적으로 초라했다. 그럼에도 불구하고 이것은 고급 물건이 분명했다. 엷은 색의 반투명한 재료에는 동물, 신성, 신화 속의 존재, 아멘호테프 3세 자신을 포함한 실제 역사상의 인물들이 얕은 돋을새김으로 새겨져 있었다.

태양으로부터 시간을 해방시키기 위한 인간의 탐구를 담은 최초의 증거가 그의 치세에 나타났다. 스스로를 태양과 동일시했던 사람으로서는 역설적인 일이었다. 이집트인과 바빌로니아인의 사회에서는 해시계를 이용해서 시간을 파악했다. 이 장치는 종종 매우 복잡하기도 했지만 궁극적으로 햇빛이 존재해야 의미가 있었다. 카르나크의 "화분"이 그토록 매력적인 것은 바로 이 때문이다.

표면이 장식되어 있고 아래가 점점 좁아지는 형태인 이 물건의 바닥에 난 작은 구멍에 주목하고 나면, 이것은 엄청난 중요성을 가지게 된다. 이 "화분" 혹은 "양동이"는 사실 바닥에서 물이 방울방울 떨어지게 만든 물시계이다. 화분에 남아 있는 물의 양을 재는 내부의 눈금을 통해서 시간을 측정할 수 있었다. 아래로 내려갈수록 점점 좁아지는 형태는 물이 줄어드는 데에 따른 수압의 변화를 상쇄

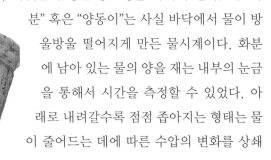

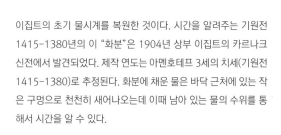

이집트의 초기 물시계를 복원한 것이다. 시간을 알려주는 기원전 1415-1380년의 이 "화분"은 1904년 상부 이집트의 카르나크 신전에서 발견되었다. 제작 연도는 아멘호테프 3세의 치세(기원전 1415-1380)로 추정된다. 화분에 채운 물은 바닥 근처에 있는 작은 구멍으로 천천히 새어나오는데 이때 남아 있는 물의 수위를 통해서 시간을 알 수 있다.

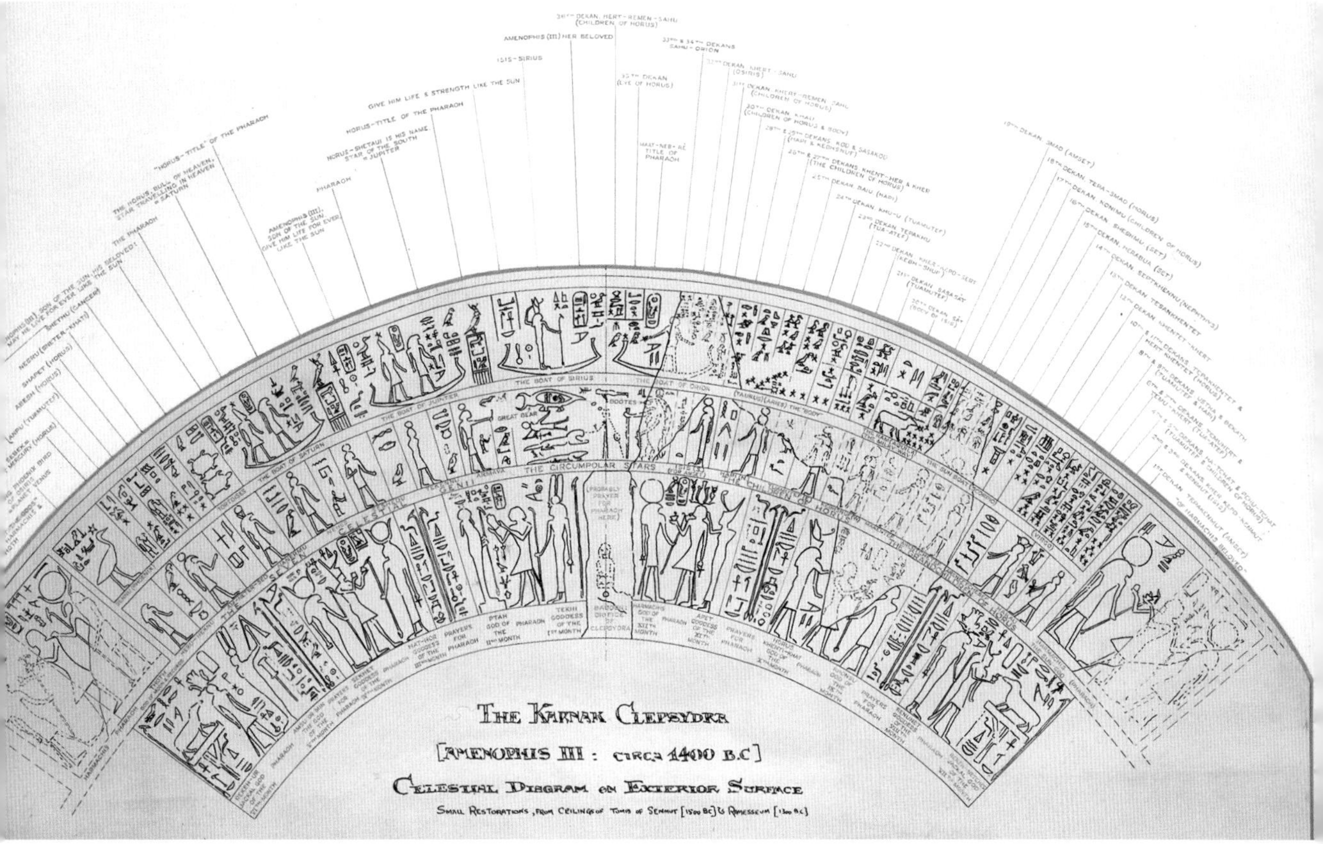

기원전 1400년경 카르나크의 물시계이자 이집트의 천체도를 1939년에 복사한 것이다. 상부 이집트 룩소르에 위치한 카르나크 신전에서 발견된 물시계의 표면에는 상형문자와 여러 인물상이 돋을새김으로 표현되어 있다. 맨 위 줄에는 행성을 대표하는 일련의 신들과 데칸의 별 36개가 자리하고 있다. 이 별들은 고대 이집트 시대의 천상에서 시간을 담당하는 존재였다. 가운데에는 다양한 별자리와 신들이, 아래에는 달력과 각각의 달을 상징하는 신들이 있다.

해주었다. 화분의 바깥 부분에는 상형문자, 별자리와 신들의 표상이 풍부하게 새겨져 있는데 그 꼭대기에는 신들과 “데칸(decan)”의 별 36개가 자리하고 있다. 밤에 차례로 떠오르는 이 별들은 이집트인들이 별시계로 사용하던 것이었다. 바닥에는 달을 나타내는 달력이 있었다.

문자 그대로라면 “물 도둑”으로 해석되는 고대 물시계(clepsydra)는 눈금을 새긴 용기 안에서 수위가 점점 내려가는 것을 이용하여 시간의 경과를 나타냈다. 이것은 (현존하는) 세계 최초의 정확한 시계 장치로서 밤낮을 가리지 않고 작동하며 향후 3,000년간 인류에게 시간을 선물하는 역할을 했다. 이것은 삶을 조절하는 방법이었으며 인류 문명이 얼마나 발전했는지를 알려주는 강력한 상징이었다. 과거 농경 사회에서는 새로운 달의 규칙적인 등장과 태양의 주기적 운행을 기반으로 계절적 기후 변화를 예측할 수 있는 달력만 있으면 충분했다. 그러나 물시계는 달랐다.

높은 기온에 맞춰 입은 복장 : 카미유 생상스와 조르주 르그랭이 카르나크 신전의 거대한 화강암 풍뎅이 상을 감탄하며 쳐다보고 있다.

물시계는 매우 복잡한 생활을 영위하는 사회를 나타낸다. 그저 해를 쳐다보고 대충 몇 시쯤인지를 파악하는 것으로는 더 이상 충분하지 않은 사회 말이다. 종교의식을 거행하고 정부의 사업을 수행하며 문명을 구성하는 수백 건의 사소한 행정적 업무를 상호 조율하는 일, 이 모든 일들에는 정확한 시간 개념이 필요했다. 바로 그 이유 때문에 물시계는 "눈부신 아텐"보다 오래 살아남았다. 사막의 모래가 고대 이집트의 자랑스러운 구조물을 무너뜨리기 시작한 이후 오랜 세월이 지나도록 물시계는 계속 사용되었다.

아리스토텔레스는 법정에서 변론 시간을 제한하기 위해서 물시계가 어떻게 사용되었는지를 기록했다(이것은 나중에 로마 공화정에서 동일한 용도로 쓰였다). 그리고 아리스토텔레스의 제

카르나크는 19세기 후반과 20세기 초반의 여행객들이 반드시 들러야 하는 장소였다. 1877년 촬영된 이 사진은 미국 금융업자 피어폰트 모건과 그의 가족이 카르나크에서 소풍을 즐기는 모습을 보여준다(허버트 L. 새털리의 『J. 피어폰트 모건의 친근한 초상화』, 1939에서).

자 알렉산드로스 대왕이 건설한 알렉산드리아에서 물시계는 집안의 사치품이자 신분을 과시하는 물품이라는 지위를 획득했다. 알렉산드리아의 수학자 크테시비우스가 고안한 시계는 어찌나 정교했든지 인류가 이보다 정확한 장치를 고안한 것은 17세기에 이르러서였다. 나중에 그리스의 수학자 헤론(삼각형의 면적을 구하는 '헤론의 공식'을 만든 인물이다/옮긴이)은 또다른 수력학적 장치를 만들었다. 와인을 따르는 디스펜서를 조절하는 물시계였다. 이것을 만든 목적은 순전히 그를 후원하는 게으른 부자들을 즐겁게 하려는 데에 있었다. 그로부터 수천 년 뒤에 카르나크의 전성기에 존재조차 하지 않은 종교를 숭상하는 사람들은 '물시계에 맞춰서 기도하는 사람'이라고 불리게 된다.

그리고 이 모든 것들은 구멍 난 양동이 하나로부터 시작되었다.

---

1. World Monuments Fund (https://www.wmf.org/project/mortuary-temple-amenhotep-iii)

36쪽 : 기원전 270년경 알렉산드리아의 크테시비우스가 발명한 물시계의 복원물. 그는 고대 알렉산드리아에서 위대한 공학자의 전통을 일으킨 발명가이자 수학자였다. 이 시계는 일정한 속도로 흘러나오는 물이 시간 지시봉(오른쪽 천사의 손에 들린 것/옮긴이)을 떠오르게 만듦으로써 작동한다.

37쪽 : 그릇에 물을 채우는 데에 얼마나 오래 걸리는지를 통해서 시간을 측정하는 물시계. 수위가 높아지면서 문자판 위의 시침이 작동한다. 그림은 모리스 사의 담배 카드(담뱃갑 속에 들어 있는 그림 카드/옮긴이) 시리즈 중 "시간의 측정"(1924) 편에 이름 모를 예술가가 그린 것이다.

A
D′
MARS
A
M
D′
B
M
F
A
L
C
D
F
F
H
G
K
N
P

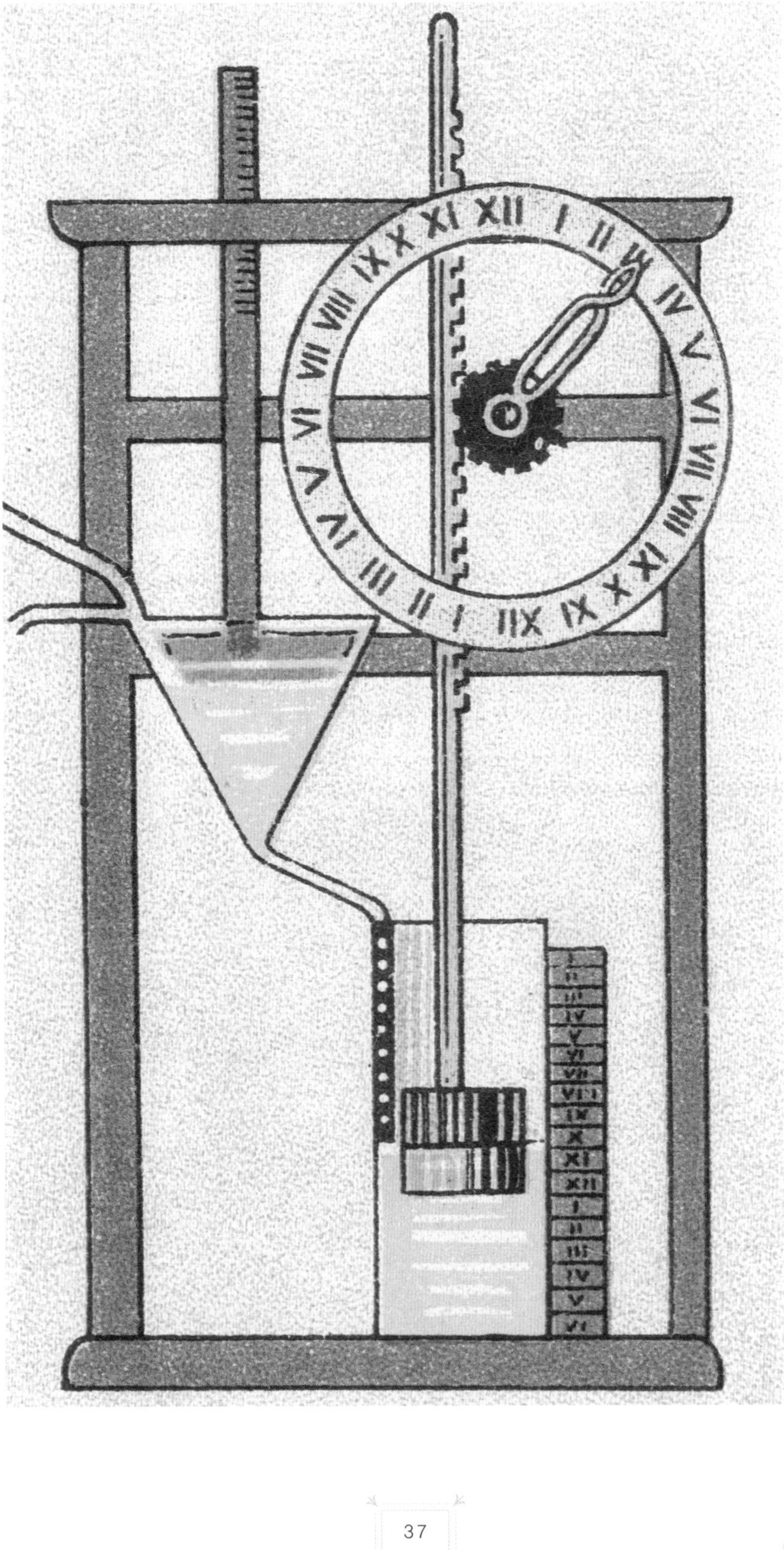
XII I II III IV V VI VII VIII IX X XI XII I II III IV V VI VII VIII IX X XI
I II III IV V VI VII VIII IX X XI XII I II III IV V VI

미래를 향한 귀환

안티키테라 기계 장치

안티키테라 섬은 펠로폰네소스 반도와 크레타 섬의 중간쯤에 있는 바위섬으로 사람이 거의 살지 않는다. 이곳은 오늘날에도 몇십 명밖에 되지 않는 인간 거주자의 수보다 야생 염소의 수가 더 많을 정도이다.

그러나 디미트리오스 콘도스 선장에게 이보다 반가운 육지는 없었다. 그가 이끄는 두 척의 노 젓는 작은 배가 바람에 휩쓸려 해로를 벗어났기 때문이다. 그는 폭풍우가 지나갈 동안 쉴 곳을 찾아서 안티키테라 섬 근처에 닻을 내렸다. 때는 1900년의 부활절이었다. 그가 이끄는 배는 해면을 잡는 어선으로서 6명의 잠수부와 22명의 노꾼을 태우고 있었다. 이들은 튀니지 근해에서 작업을 마치고 시미 섬으로 돌아가던 중이었다.

에게 해의 도데카니스 제도 사람들에게 해면잡이는 특히 중요했는데, 멜빌의 소설에 나오는 낸터킷 사람들에게 고래 사냥이 중요했던 것과 같은 정도였다. 해면을 잡는 방법은 고대 이래 거

안티키테라 기계 장치의 주요 조각.

파도가 일렁이는 안티키테라 섬의 바위 해안.

의 변화가 없다가 19세기 말의 마지막 수십 년 동안에 신기술이 등장하면서 엄청나게 바뀌었다. 천과 고무로 만든 잠수복과 단단한 원형의 헬멧 덕분에 잠수부들은 폐활량의 한계로부터 벗어날 수 있었다. 신기술은 잠수병이라는 새로운 재앙과 함께 새로운 부를 가져다주었다.

폭풍이 약해지고 바다가 잔잔해지자 콘도스가 이끄는 잠수부들은 인근 바다에 더 잡을 해면이 있는지를 알아보기로 결정했다. 엘리아스 스타디아티스는 곧 물 위로 올라와 콘도스 선장에게 보고했다. 해저에 사체가 쌓여 있는 것을 보았다는 것이다.

놀란 선장은 자신이 직접 살펴보기로 했다. 그는 해저 42미터 깊이에서 커다란 고대 선박의 잔해를 발견했다. 선박 주위를 배에서 쏟아져나온 암포라(고대 그리스나 로마 시대에 쓰던, 양 손잡이가 달린 목이 좁은 큰 항아리/옮긴이)가 둘러싸고 있었다. 19세기의 남은 기간 동안 에게 해와 지중해에서 작업하는 해양 고고학자들에게 친숙해질 장면이었다. 그러나 이 배는 지중해 동부의 고대 그리스 항구들 사이에 와인과 올리브유를 운송하던 평범한 화물선 이상의 것이었다. "정말로 흥분되는 것은……배 자체보다 분명하게 보이는 보물들이었다. 그것은 청동과 대리석으로 된 조각상을 비롯한 여러 물체들의 무더기였다."[1]

그런 물건들 가운데 하나가 고전적인 조각의 오른팔이었다. 실물보다 크게 만들어진 이 팔은 쓰레기에 덮인 채 수백 년간 바닷속에 잠겨 있어서 색이 바랬지만 바다에서 인양되어 콘도스 선장의 배 위로 올라왔다.

고대 기술에 대한 제2차 국제회의(2005)의 부대 행사로 열린 '아테네의 고대 그리스 기술' 전시회에 진열된 안티키테라 기계 장치의 복원물. 1개의 핸들에 의해서 다양한 크기의 작은 톱니 29개가 동시에 작동하는 장치이다. 이 장치가 발견되면서 천문학의 역사가 다시 쓰였다.

갑판으로 올라온 그는 이 장소를 다시 찾을 수 있도록 위치를 확인한 뒤에 고향으로 배를 몰았다. 콘도스 선장과 그의 선원들은 방금 중요한 해저 고고학 유적지를 발견한 터였다. 어떤 해면보다 훨씬 더 흥미롭고 귀중했다. 하지만 이들은 그 중요성을 몰랐거나 좀더 직접적인 일에 관심을 가졌다. 이 항해의 결말에 대한 어떤 설명에 따르면, 선원들은 "성공적인 항해를 마친 뒤 관행적으로 이어지는 방종한 생활을 하느라 약 6개월을 보냈다."[2]

생활은 방종했을지 몰라도 난파선에 대해서 그들이 내린 결정은 멀쩡했다. "법을 어기며 사사로이 모험을 하기보다는 제대로 된 당국에 접근하기로 한 것이다. 콘도스와 스타디아티스는 청동 팔을 가지고 아테네로 향했다."[3]

당국과 해면 어부들은 금전 계약을 맺었고 유적지 탐사가 시작되었다. 당시의 사진을 보면 그 성과물이 박물관의 수장고에 깔끔하게 쌓여 있는 것을 알 수 있다. 일부는 재조립을 기다리는 조각상의 부분임이 분명하다. 석회화되고 부식이 많이 진행된 것도 있다. 이것은 폼페이의 유적에서 발굴된, 형체가 일그러졌음에도 불구하고 사람임을 알아볼 수 있는 것과 어느 정도 비슷하다. '안티키테라 청년상'은 난파선에서 인양된 실물보다 크기가 큰 청동상에 붙여진 이름이다. 이것은 오늘날 고대의 걸작들 가운데 하나로 평가되고 있다.

이보다는 파악이 쉽지 않은 인공물도 인양되었다. 그중에는 부식된 청동 조각 몇십 개도 있었다. 희미한 서명이 새겨진, 톱니가 있는 바퀴를 닮은 것들이었다. 안티키테라 청년상은 유연한 운동선수 같은 우아함과 근육미를 자랑한다. 그렇지만 바닷속에 2,000년간 잠들어 있던 청동 부스러기들은 중요함과는 거리가 멀어 보였다. 이것들을 처음 조사한 1902년에 이르러서야 비로소 그 중요성이 확인되었다.

당초 학자들의 의견은 두 갈래로 나뉘었다. 이 덩어리들은 한때 천체관측기였는가, 아니면 다

안티키테라 기계 장치 복원물의 앞면. 오늘날 이 장치의 조각들 전체를 진열해놓은 별도의 전시관이 있다.

른 사람들이 가정하듯이 보다 복잡한 무엇이었는가. 이로부터 수십 년간 학자들이 저마다 의견을 제시했지만, 안티키테라 기계 장치가 실제로 어떤 일을 했고 어떻게 작동했는지에 관한 연구는 더디게 진행되었다. 그러던 20세기 중반에 새로운 인물이 논쟁에 뛰어들었다.

"1951년 이래 고대 천체관측기와 천체투영기에 특히 관심을 가지면서 과학 장치의 역사를 조사하던 도중 나는 안티키테라 기계 장치의 막대한 중요성을 깨닫기 시작했다."[4] 20여 년간 이 물체를 조사하고 이것에 관해서 곰곰이 생각해온 데릭 드 솔라 프라이스 교수가 1970년대에 쓴 글이다. 그가 처음 이 장치에 대한 이야기를 들은 것은 안경을 쓰고 파이프 담배를 피우던 젊은 학자 시절이었다. 그는 케임브리지 대학교에서 과학사를 주제로 두 번째 박사학위 과정을 밟고 있었다. 그는 케임브리지 피터하우스 대학에 있는 천문학 장치를 다룬 16세기 필사본과 마주하게 되면서 처음 명성을 얻게 되었다. 이것은 최소한 16세기에 기원을 둔 것으로 오랫동안 생각되어왔지만 실상은 달랐다. 사실 프라이스는 이것이 2세기 이상 더 오래된 것임을 분명히 했으며 그것을 작성한 사람은 중세의 가장 유명한 영어권 시인인 제프리 초서라고 비정했다. 초서는 『캔터베리 이야기(*The Canterbury Tales*)』의 저자로 널리 알려져 있었지만, 이 탐정 같은 젊은 학자에 의해서 천문학 저술가이자 『아스트롤라베(*A Treatise on the Astrolabe*)』(별의 위치, 시각, 경위도 등을 관측하기 위한 천문 관측기. 수은반에 반사시킨 별빛과 천체로부터의 직접 광을 60도의 프리즘을 통하여 망원경에 받아들여 양쪽 별의 상을 합치시키는 원리이다/옮긴이)의 저자로도 이름을 알리게 되었다.

그러나 주요 중세 문헌이 작성된 시기와 그 저자를 다시 정한 것은 그 뒤에 이어질 학문적 논쟁의 향연에 비하면 전채 요리에 불과했다. 프라이스는 이전에는 오래된 사진으로만 존재를 알렸던 안티키테라 기계 장치로 관심을 돌리면서 이를 둘러싼 논쟁에서 주요 역할을 맡게 되었다. 그는 고도로 발전된 톱니 장치에 매혹되었고, 1953년 이 장치를 세척한 뒤에 재촬영한 현대의 사진들을 그리스로부터 받았다. 사진은 더더욱 흥미로운 세부사항을 보여주었으며 결국 그로 하여금 새로운 이론을 제시하게 만들었다. 이 이론이 담긴 논문이 1955년에 발표된 「시계 이전의 시계

안티키테라 난파선은 현대 해저 고고학의 시작을 상징한다.

장치」이다. 매우 압축된 내용을 담고 있는 이 제목은 그 자체로 모순어법에 해당한다.

그가 조각들 자체를 조사하기 위해서 실제 아테네를 방문한 것은 1958년이 되어서였다. 여기에서 발견한 것들 덕분에 그는 초기 이론을 한 단계 끌어올릴 수 있었다. 이듬해 「사이언티픽 아메리칸」에 "고대 그리스의 컴퓨터"라는 제목으로 공표한 이론이다. 그토록 저명한 저널에 발표한 논문의 제목으로는 이례적으로 도발적이었다. 게다가 1959년에도 컴퓨터는 대체로 실험적인 장치였다. 깜빡이는 불빛과 윙윙거리는 테이프 기억 장치가 두드러지는, 방이나 옷장 크기의 기계였다. 어떤 "원시" 사회에서 이와 비슷한 것을 2,000년 전에 만들 수 있었겠는가? 이 논쟁이 학술지에서 벗어나 공공의 영역으로 흘러나온 것은 놀라운 일이 아니다.

그 즈음 프라이스는 미국으로 넘어와 프린스턴 대학교를 거쳐서 예일 대학교에서 근무하고 있었고, 이 문제가 야기한 논란에 놀라고 있었다. "이것을 연구하는 동안 나는 밤중에 깨어나 곰곰 생각해본 일이 여러 번 있었다는 것을 고백해야겠다. 혹시나 이들 문서, 금석학, 제조방식, 천문학적 내용 등의 증거를 달리 해석할 방법은 없는지를 말이다. 하지만 이 모든 것들이 매우 분명하게 가리키는 방향은 기원전 1세기였다."[5]

20세기 초 안티키테라 유적지로 잠수하는 장면.

일부는 그가 외관상의 연대에 속은 것이며 사실상 이 장치는 19세기에 연원을 두고 있다고 생각했다. "그리고 또다른 일부는 지구 문명을 방문한 외계 천문학자들이 설계하고 만든 장치일 수밖에 없다고 믿을 준비가 완벽하게 되어 있는 사람들이었다. 장치의 복잡성과 기계적 정밀성으로 볼 때 도저히 고대 그리스의 기술로 만들었다고 볼 수 없다는 것이 이유였다."[6]

앞에서 언급했듯이 프라이스가 이 같은 조사를 했던 시대는 문명의 기원에 대한 대중적 관심이 팽배하던 때였다. 알렉산더 마샤크가 구석기시대의 인공물을 재해석한 새로운 이론을 제시한 것도 이런 분위기의 영향을 받았다. 이와 함께 우주 탐사에 대한 관심이 문화적 주류 현상이던 때이기도 했다. 미국 항공우주국(NASA)의 설립에서부터 미국 자동차의 후미부 디자인에 이르기까지 모든 영역에서 그 영향이 나타났다. 그러므로 이런 추세가 고대 그리스를 다루는 학문에까지 침투한 것은 완전히 예상하지 못한 일은 아니었다. 안타깝게도 프라이스는 이 장치가 외계에서 기원했다는 믿음을 가지지 못했다. 그의 견해는 전대의 역사가들이 그야말로 오해한 나머지 고대 그리스의 과학적 능력을 과소평가했다는 것이었다. "이제는 바로잡을 수 있는 철저한 과소평가"라는 것이다.[7]

프라이스는 사명감을 가지고 부식된 금속 덩어리들을 조사하느라 1960년대를 보냈다. 1970년대에 그는 감마선을 이용해서 "내부를 들여다보자"는 아이디어를 떠올렸다.[8]

그는 당초 X선을 이용하고 싶었지만 "박물관 안으로 막대한 전력을 끌어들이는 데에" 어려움이 있었다.[9] 감마선은 그에게 희망을 주었으며 그는 바로 그리스 원자력위원회를 찾아갔다. 위

데릭 드 솔라 프라이스(1922-1983). 파이프 담배를 피우는 상냥한 외관 뒤에는 통념에 도전하기를 두려워하지 않던 용감하고 재능이 뛰어난 시계 제조술 연구자가 존재했다.

원회의 사람들은 파이프 담배를 피우는 정신나간 교수를 박대하지 않았다. 그의 말을 주의 깊게 경청한 뒤에 도움을 줄 수 있다면 매우 기쁘겠다고 말했다. 감마선 촬영 결과 "태양과 달을 기반으로 한 달력 계산 메커니즘"이 드러났다.[10] "30여 개의 톱니바퀴"를 갖춘 엄청나게 복잡한 장치였다.[11] 이것은 고대 그리스 문화를 바라보는 우리의 견해에 커다란 혁신을 일으켰다. 그의 의견에 따르면 안티키테라 기계 장치는 나중에 산업혁명으로 직접 이어지는 계보의 원조였다.

공교롭게도 심지어 프라이스조차도 이 장치의 성능을 과소평가한 것으로 드러났다. 일부 사람들이 이것을 외계 기술의 일부라고 생각하게 만든 장본인이었으면서도 말이다. 2012년 아테네의 국립 고고 박물관에서 안티키테라 난파선 전시를 담당한 큐레이터 야니스 비치카키스는 "그의 모델은 간단한 일을 너무나 복잡한 방식으로 수행했다"고 설명했다. 예컨대 이 장치는 그가 생각한 것보다 훨씬 더 많은 일들을 수행할 능력을 갖추고 있었다.

프라이스는 1980년대에 사망했지만 그가 오랜 기간 연구했던 물체에 대한 관심은 계속되었다. 1990년부터 이 물체의 조각들은 사진, X선 단층 촬영, X선 및 방사선 촬영의 대상이 되었다. 이와 함께 물리학자와 천체물리학자들의 조사도 이어졌다. 2005년부터 첨단 표층 이미지 촬영과 고해상도 3차원 X선 단층 촬영을 통한 조사도 이루어졌다. 후자의 촬영을 맡은 12톤 무게의 X선 스캐너(블레이드 러너라는 이름이 붙었다)는 82개의 안티키테라 조각의 비밀을 풀기 위해서 특별히 제작된 것이었다. 비치카키스의 표현에 따르면 이 조각들은 구두 상자 하나에 담아서 운반할 수 있는 크기였다. 스캐너는 고대의 기술이 담긴 호두를 깨기 위한 커다란 하이테크 망치였다.

21세기의 과학이 마침내 드러낸 바는 프라이스의 가설마저도 능가했다. 또한 안티키테라 기계 장치는 외계의 방문자가 설계한 것이 아니라는 점도 결정적으로 증명했다. 이들이 열렬한 스포츠 광이 아니었다면 말이다. 블레이드 러너가 드러낸 것은 뜻 모를 글자와 "고대 그리스에서 4년

마다 행해지던 '올림피아드'를 순차적으로 추적하는 문자판"이었다.[12]

개념적으로 보면 이 장치는 사람의 활동을 하늘과 연관시켰다. 사람을 중심에 두고 그가 예상할 수 있었던 우주의 사건들을 주위에 배치한 것이다. 이것은 올림픽뿐 아니라 메톤(고대 그리스의 천문학자, 수학자이다/옮긴이) 달력도 나타내고 있었다.

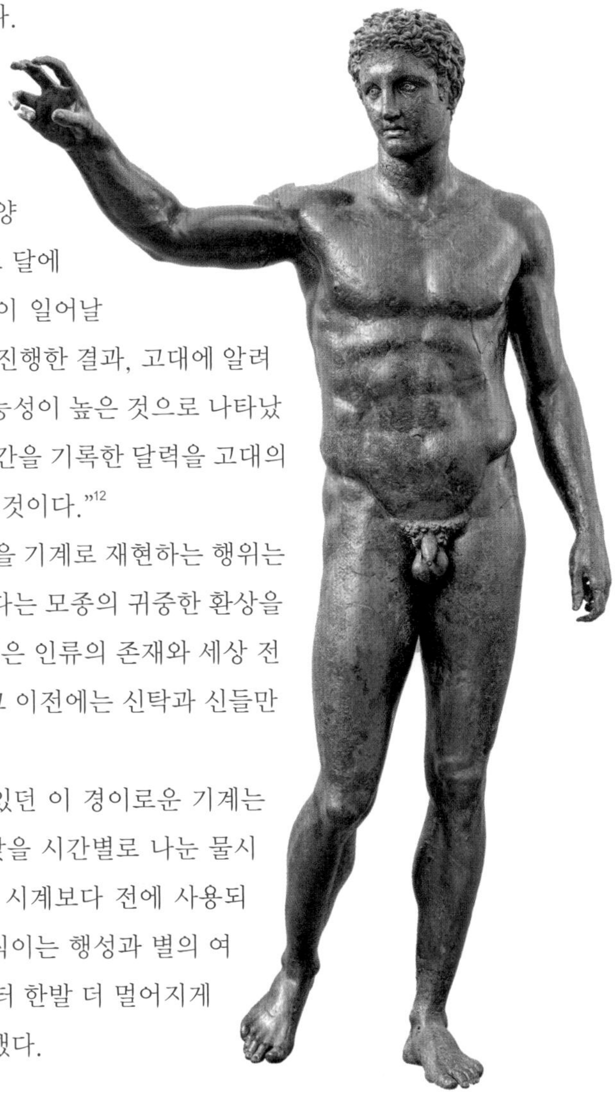

형용할 수 없는 아름다움과 우아함을 지닌 '안티키테라 청년' 청동 조각상. 기원전 350년경 제작(높이 194센티미터). 아테네, 국립 고고 미술관 소장.

"손잡이를 하나 돌리면 바늘이 문자판 둘레로 움직이며 황도 12궁도와 관련한 태양과 달의 위치를 나타낸다. 또한 태양력, 달의 위상, 19년 주기의 달-태양 달력(메톤 달력/옮긴이)에서 어느 해, 어느 달에 속하는지와, 223개월 동안 일식과 월식이 일어날 가능성도 표시한다. 추가적으로 연구를 진행한 결과, 고대에 알려졌던 행성 5개의 위치 역시 표시했을 가능성이 높은 것으로 나타났다. 그러므로 이 장치는 인류 사회 및 시간을 기록한 달력을 고대의 세계와 연결시키는 미니어처 '우주'였던 것이다."[12]

자신의 머리 위에 있는 천체의 움직임을 기계로 재현하는 행위는 인류에게 자신의 존재를 스스로 통제한다는 모종의 귀중한 환상을 제공했다. 천문학적 사건을 예측하는 것은 인류의 존재와 세상 전체를 이해하기 쉽게 만들기 시작했다. 그 이전에는 신탁과 신들만이 달성할 수 있었던 업적이었다.

에게 해의 바닥에 2,000년간 숨겨져 있던 이 경이로운 기계는 물을 이용해서 시간을 측정하여 밤과 낮을 시간별로 나눈 물시계의 뒤를 잇는 것이었다. 또한 기계식 시계보다 전에 사용되던 물건이기도 했다. 천구를 따라서 움직이는 행성과 별의 여행을 재현하는 것은 인간을 짐승으로부터 한발 더 멀어지게 만들고, 신성성에 더 가까이 다가가게 했다.

---

1. Derek de Solla Price, 'Gears from the Greeks. The Antikythera Mechanism–A Calendar Computer from CA. 80 BC', *Transactions of the American Philosophical Society*, Vol. 64, No. 7 (1974), pp. 1–70
2. 위의 문서.
3. 위의 문서.
4. 위의 문서.
5. 위의 문서.
6. 위의 문서.
7. 위의 문서.
8. 위의 문서.
9. 위의 문서.
10. 위의 문서.
11. 위의 문서.
12. Yannis Bitsikakis, 'On Time', *Vanity Fair*, Autumn 2012

3월 15일

율리우스력

몬티 파이선(영국의 초현실주의 코미디 그룹/옮긴이)의 전(全) 작품을 연구하는 총명한 학생들이라면 "로마인들이 우리에게 저지른 짓"이라는 촌극 전체를 낭송할 수 있을 것임이 틀림없다. 이들이 1979년 제작한 영화「브라이언의 생애」는 불후의 문화유산급에 속하는 신성모독 코미디이다.

영화를 보지 못한 사람을 위해서 설명하자면 이 영화에서 존 클리즈는 "레그" 역을 연기한다. 그는 1세기 때의 반군 지도자로, 로마를 비판하는 웅변을 함으로써 자신을 따르는 오합지졸 군

율리우스 카이사르 기원전 100-44년. 1559년 안드레아스 게스너의 목판화이다. 출처 : Imperatorum omnium orientalium et occidentalium verissimae imagines ex antiquis numismatic…Addita cuiusque vitae description ex thesauro lacobi Stradae.

기원후 25년 7월에서 12월에 이르는 달을 표시한 달력이다. 이탈리아 아브루초의 라퀼라 인근에 있는 아미테르눈 고고 유적지에서 발굴되었다.

중을 분발하게 만든다. 로마인들이 자신들을 쥐어짤 대로 짰다는 사실을 분명히 한 뒤에 그는 목소리를 점점 높이면서 다음과 같은 핵심 질문을 던진다. "그들이 우리에게 대가로 지불한 게 뭐가 있단 말입니까?!"

간단한 대답이 나온다. "수도(水道)." 이어서 수많은 답변들이 쏟아지고 클리즈는 이보다 전체적으로 덜 성급해 보이는 질문으로 마무리한다. "알겠습니다. 하지만 하수 설비, 의약품, 교육, 와인, 공공질서, 관개, 도로, 깨끗한 수도, 공중 보건을 제외하면 로마인들이 우리에게 준 게 도대체 뭐란 말입니까?"

여기에는 이런 대답이 나올 만도 하다. "달력 문제를 해결했다."

기원전 46년 당시 달력이 혼란스럽다는 사실은 널리 알려져 있었다. 달의 순환은 한 달이라는 개념을 제공했지만 계절을 결정하는 것은 태양의 순환이었다. 음력과 양력을 조화시키는 것은

달력의 황제 율리우스 카이사르의 조각상(이탈리아 로마). 그는 자신이 만든 율리우스력의 새해 첫날이기도 한 3월 초하룻날에 운명의 날을 맞았다.

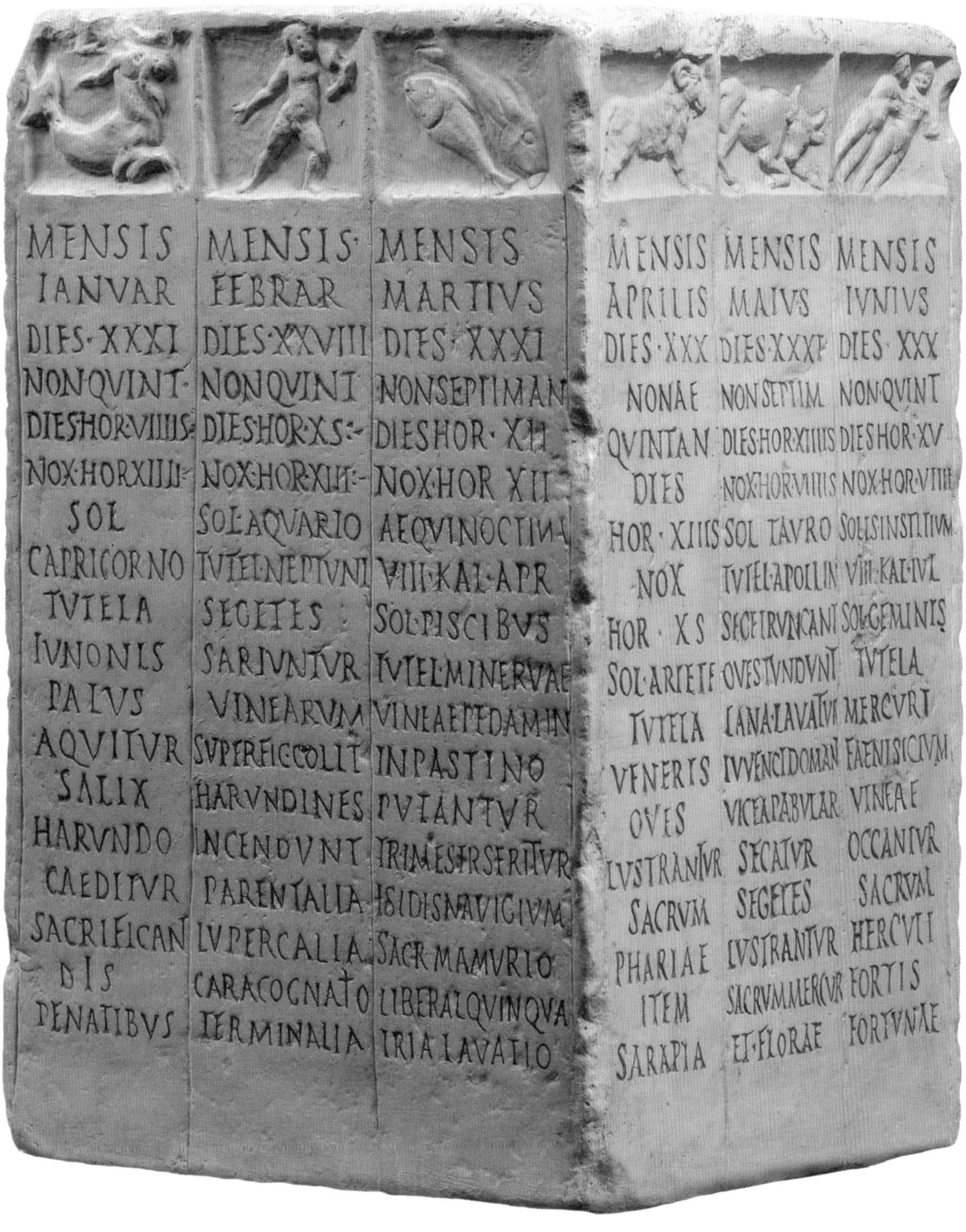

로마의 농경 달력(1세기). 각 면에는 3개월 동안의 달력이 새겨져 있다. 별자리, 한 달의 날짜, 하루의 시간 단위가 그때 해야 할 농사일과 함께 기록되어 있다(높이 65센티미터, 폭 41센티미터).

교황 그레고리우스 13세(본명 우고 부온캄파니, 1502-1585)의 달력 고치기. 1578년 율리우스력을 개정하기 위한 회의를 주재하고 있다(작자 미상).

인류가 워런 평야 구덩이의 시대부터 이때까지 씨름하던 문제였다.

그리스의 태음력을 기초로 한 고대 로마의 1년은 10개월이고 한 달은 30일이나 31일이었다. 태양력과 맞추려면 50일 안팎이 모자랐다. 해결책은 겨울이 끝날 무렵 그해를 중단시키고 "봄에 떠오르는 첫 달(초승달/옮긴이)에 맞추어 새해를 시작하는 것이었다. 여기서 봄이란 달력상 March(영어로는 3월이지만 당시 달력으로는 1월/옮긴이)이며 이 달의 15일, 즉 음력 초하룻날이 1년의 첫날이다."[1]

여러 세기가 지나면서 달력에는 단편적인 수정이 계속 이어졌다. 달(January와 February)을 추가하는 식이다. 그러나 이것으로는 태음력을 태양력과 정확하게 일치시킬 수 없었다. 그래서 2년마다 한 달을 추가했으며 그런 해에는 2월이 축소되었다. 아무래도 부정확한 이 체제는 당파의 이익을 위해서 수정, 조작되는 일이 잦았다. 교황들이 달력을 고쳐서 자신의 재임 기간을 늘리거나 줄일 수 있었기 때문이다. 율리우스 카이사르의 시대에 이르러서는 "상용력(常用曆 : 일상생활에 쓰이는 달력)이 실제 계절과 3개월 정도 어긋났다."[2]

제국의 건설자 카이사르는 점점 커지고 문명화되는 동시에 분권화되고 언어가 다양해지는 영토를 규제할 도구가 필요했다.

그는 이에 대한 해결책을 찾는 임무를 1급 수학자와 철학자, 천문학자에게 내렸다. 그 결과 완전한 태양력이 탄생했다. 그리고 이를 도입하기 위한 준비로서, 빠져 있는 모든 날들을 그 이전 해에 채워넣어야 했다. 1년이 445일로 늘어났으며 이는 '혼란의 해'라고 불렸다. 율리우스력에 의한 1년은 365일과 4분의 1일이며 12개월이지만 달과는 상관이 없었다. 이것은 춘분과 추분, 계절의 시작과 끝을 고정할 수 있게 해주었다. 그렇게 해서 자연현상은 한 달이 30일이나 31일로 구성된 12개월의 상용력과 맞아떨어지게 되었다. 예외는 2월이었는데 평년에는 29일이다가 3년마다 30일로 길어졌다. 4분의 1일 차이를 보정하기 위해서였다. 카이사르의 후계자인 아우구스투스는 이 같은 오차를 보정하고 1년의 5번째 달(Quintilis)은 율리우스로, 6번째 달(Sextilis)은 아우구스투스로 각각 개명했다. 달력을 개정한 두 황제를 기리기 위한 것이었다.

이후 여러 세기가 지나면서 1년을 태양의 순환과 정확히 맞추기 위한 보정이 이루어졌다. 하지만 율리우스력은 오늘날까지도 세계 각지에서 1년을 규정하는 방법의 뿌리에 자리를 잡고 있다.

공교롭게도 카이사르는 자신의 개혁을 때맞추어 시행했다. 그는 날짜를 바꾸었음에도 불구하고 자신의 새로운 달력을 적용한 이듬해 3월 15일에 그를 기다리고 있던 잔혹한 운명을 비껴가지 못했다. 2,000년 뒤 영국 코미디 영화「계속해 클레오파트라」의 작가들로 하여금 다음과 같은 불멸의 대사를 쓰게 만든 운명 말이다. 카이사르 역을 맡은 케네스 윌리엄스는 외친다. "악명! 악명! 그들 모두가 나를 해치려고 해!(Infamy! Infamy! They've all got it in for me!)"(악명을 뜻하는 "Infamy"와 "in for me"의 발음이 거의 같다는 점에 착안한 농담이다. "They've all got it, infamy"는 "그들 모두가 [나를 살해했다는] 악명을 가지게 되었다"는 의미가 된다. 1964년 영화의 이 대사는 2007년에 영화사상 가장 재미있는 한 줄짜리 농담으로 선정되었다/옮긴이)

---

1. Dominique Fléchon, *The Mastery of Time: A History of Timekeeping, from the Sundial to the Wristwatch: Discoveries, Inventions, and Advances in Master Watchmaking* (Paris: Flammarion, 2011), p. 70
2. 위의 문서.

고대의 여명

가자의 대시계

"5세기와 6세기 가자 지역의 이름난 소피스트들은 모두 기독교도였다. 그들이 이룩한 수사학적 업적은 이교도에 의해서 기록되었을지라도 말이다. 그러나 이들 중 2명은 진지하고 확신에 찬 인물이었다. 우리 모두는 성서와 변증법에 대한 이들의 해설에 신세를 지고 있다. 가자 지역의 소피스트들 중에서 가장 뛰어난 인물은 프로코피우스(기원전 490-562년경 비잔틴의 역사가/옮긴이)이다."[1]

『교부학 : 교부들의 삶과 업적(*Patrology : The Lives and Works of the Fathers of the Church*)』은 오토 바르덴휴어가 초기 기독교도들의 전기를 모아서 1908년 출간한 문집으로, 내용이 수백 쪽에 걸쳐서 빽빽하게 적혀 있다. 힘차게 책장을 넘길 만한 책은 아니지만 중세 이전 시대가 끝나갈 무렵의 세상에 대한 통찰을 제공한다. 또한 프로코피우스에 대한 짧은 단락에서는 한때 지중해의 넓은 영역을 계몽했던 헬레니즘 철학이 마지막 촛불을 일렁이며 깜박이는 장면을 일별하게 하는 은총을 하사한다.

프로코피우스를 "진지하며 확신에 찬" 인물이라고만 묘사하는 것은 부당한 평가가 될 것이다. 이 팔레스타인 출신의 학자는 고대 후기의 위대한 연대기 기록자였다. 동로마 제국 유스티니아누스 황제 치세에 벨리사리우스 장군의 법률 비서로서 그는 여러 군사작전을 직접 겪었다. 상대는 페르시아 사산 왕조와 북아프리카의 반달족, 이탈리아의 동고트족이었다. 그는 유스티니아누스 황제에 대항해서 일어난 니카 폭동의 유혈 사태와 림프절 페스트의 유행에서도 살아남았다. 그는 벨리사리우스의 곁을 떠난 뒤에는 콘스탄티노플로 이주하여 『유스티니아누스의 전쟁사(*History of the Wars of Justinian*)』를 썼다. 당시 그는 황제의 환대를 받은 것으로 보인다. 그러나 나중에 점차 환상에서 깨어나면서 충격적인 스캔들을 담은 『은밀한 역사(*Secret History*)』를 쓰게 된다. 책은 황제를 악마로, 황후인 테오도라를 과거 매춘부 시절의 행실을 버리지 못한 음란한 탕

53쪽 : 가자의 대시계의 당시 상상도. '프로코피우스의 예술품 이야기'를 기초로 했다. 출처는 헤르만 딜스(1848-1922)의 『프로코피우스가 기술한 가자의 예술품 시계에 대하여 : 텍스트와 가자의 프로코피우스의 상세한 서술의 번역이 포함된 부록(*Über die von Prokop beschriebene Kunstuhr von Gaza: mit einem Anhang enthaltend Text und Übersetzung der Ekphrasis horologiou des Prokopios von Gaza*)』으로, 1917년 베를린의 쾨니글 출판사에서 펴냈다.

녀로 묘사했다.

그는 또한 유스티니아누스가 건설한 기념비적인 성당, 아야 소피아를 묘사한 것으로도 찬양을 받았다. 그리고 가자 지역에 건설된 놀랄 만한 시계를 묘사한 업적으로도 이름을 남겼다. 이곳은 6세기에 지적인 탁월함을 드러내며 번성하기 시작했으나 영광의 기간은 짧았다.

비록 후대에는 잊혔지만 '가자의 대시계'는 고대 후기의 불가사의 중의 하나였다. 이 시계가 보여주는 것은 다음과 같다. 동고트족과 반달족은 과거의 문명을 짓밟아버렸다. 장수를 누린 비잔

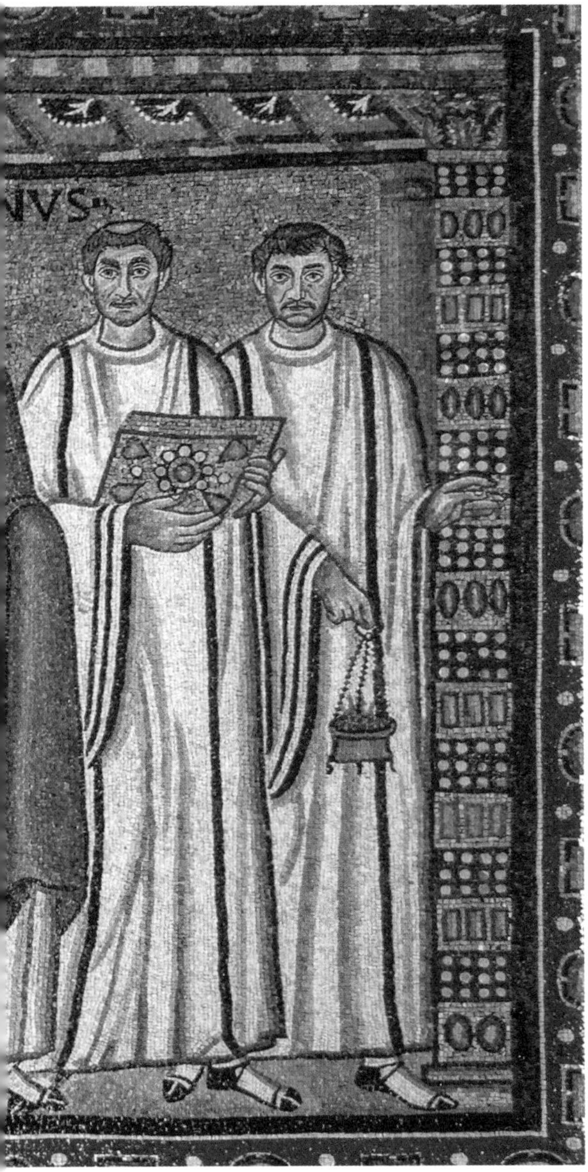

이탈리아 라베나시 산비탈레 성당에 있는 유스티니아누스 황제의 모자이크(연대 불명). 서구 제국에 대한 로마인의 지배는 허물어졌지만 장수를 누린 유스티니아누스 황제가 통치하던 지중해 동부 지역은 문화와 교양의 안식처로 남아 있었다.

틴의 유스티니아누스 황제가 지배하던 지역 말이다. 그럼에도 불구하고 지중해 동부 연안은 문화와 교양의 장소로 남아 있었다. 기술적인 천재성과 미학적인 세련됨을 통합한 장치를 만들 능력을 갖춘 덕분이었다. 정교한 작업을 통해서 탄생한 이 뛰어난 기계는 보는 이에게 즐거움을 주었다.

높이 4.6미터인[2] 가자의 대시계는 가자 시장의 광장에서 가장 두드러졌다. 프로코피우스가 이것이 주목할 수밖에 없는 흥미로운 장치라는 점을 알았음은 분명하다. 일부에서는 이 공용 시계의 출범을 선언한 인물이 그라고 한다. 그가 이 장치를 너무나 상세히 서술한 덕분에 20세기 초의 어느 학자가 그것을 그릴 수 있었다. 그 시계는 보기에 분명 웅장했겠지만 평면적인 2차원 선묘로는 이 장치의 충격적인 영향을 전하기에는 턱없이 부족하다.

"넓은 광장에 세워진 그 시계는 기계 인물(시계의 종을 치는 인물 형상의 망치/옮긴이)로 이루어진 정교한 메커니즘을 작동시키기 시작했다. 앞면의 진동판에 있는 메두사의 머리에 달린 두 눈은 한 시간마다 움직였다. 메두사의 머리 아래에는 12개의 문이 있었고 그 앞에서 태양신의 형상이 움직이며 회전하고 있었다. 매시간 문이 1개 열리고 헤라클레스가 나왔는데, 그가 해결한 12가지 과업들 가운데 하나의 특성을 갖춘 모습이었다."[3]

이 걸작품에는 심지어 "날갯짓으로 시계를 에워싼 독수리"도 있었고 "밤에는 문 뒤에서 하나의 빛이 움직였다."[4]

이것은 그 시대와 지역의 기술적 능력을 화려하게 과시했다. 서유럽은 그로부터 몇 세기가 지나도록 가자의 대시계에 근접하는 복잡성과 정교함을 갖춘 장치를 만들 수 없었다. 이것은 자동 장치의 역사에서 하나의 절정을 이루었다. 이 분야에서 뛰어난 능력을 과시한 것은 동지중해 연안을 연결하는 두 도시인 알렉산드리아와 콘스탄티노플이었다.

윌리엄 예이츠는 그의 시 "비잔티움으로의 항해"에서 이 자동 장치를 만든 세계가 누리던 풍요로운 퇴폐를 짤막하지만 매력적으로 묘사한다. 시는 이렇다.

……그리스의 금세공인이
금을 두들겨 장식하고 금박을 입힌 형상
졸리운 황제를 깨어 있게 만들기 위해서
혹은 황금 가지 한 개로 하여금
비잔티움의 군주와 숙녀들을 위해서 노래하도록 부추기기 위해서

고대 자동 장치의 전문가들 중에서 가장 유명한 인물은 과학자이자 주사기를 발명한 알렉산드리아의 헤론이다. 그는 수압에 대한 자신의 지식을 이용해서 유한계급의 오락을 위해서 재미난 자동 장치를 창조했다. 노래하며 물그릇에서 물을 마시는 작은 인조 새가 앉아 있는 미니어처 나무, 그리고 와인을 담는 가죽 부대에서 물을 따르는 사티로스(반인반수의 숲의 정령/옮긴이)가 그런 예이다.

가자의 대시계는 당시의 과학이 얼마나 진보했는지를 잘 보여준다. 이것은 더욱 야심에 찬 작품이었다. 예컨대 시계의 맨 아랫부분에 자리한 헤라클레스의 형상을 보자. 이 형상은 곤봉으로 청동 사자 가죽을 내리쳐 벨을 울리게 했다. 이를 두고 시계 역사학자 도미니크 플레촌은 "가자 시계는 벨을 울려서 시간을 알려준 최초의 기계 장치로 알려졌다"고 설명했다.[5]

그리고 시계만 발전한 것이 아니라 시계의 도움을 받은 사회 역시 발전했다. "비잔티움의 군주들과 숙녀들"의 오락을 위한, 움직이는 장식품과 이것은 완전히 별개이다. 이것은 이런 장치를 만들 만한 기술을 소유하고 바쁘게 움직이며 번영하는 거주민을 보여준다. 공용 시계가 주는 시간 맞춤(동기화) 효과의 혜택을 받는 사회에서 사는 사람들 말이다. 이처럼 아름답고 창의적인 물체를 상업적인 생활의 중심지에 세운다는 것은 이 사회가 시간에 부여한 가치를 웅변해준다.

첨단 작동 원리와는 별도로 가자의 대시계는 문화적, 은유적으로 중요한 의미를 품고 있었다.

비잔티움은 기독교 제국이었다. 황제 앞에 천사가 나타나 아야 소피아 성당의 모습을 보여주었다는 이야기는 잘 알려져 있다. 황제는 기꺼이 성당을 지었고 오래 살면서 점점 신앙심이 깊어졌으며 사후에는 성인의 반열에 올랐다. 그러나 가자의 중심지에 있는 대형 시계는 기독교가 아니라 이교도의 상징으로 가득 차 있었다.

오토 바르덴휴어가 유감스럽게 머리를 흔들었듯이, 이교 신앙은 비잔티움의 삶의 한 부분을 확고하게 차지하고 있었다. 특히 황제의 군대가 지중해 인근 지역을 재정복하면서 이 현상은 심해졌다. 심지어 6세기 리비아에서도 고대 이집트의 아문 신이 숭배의 대상이었다.

따라서 가자의 대시계는 기술적 능력의 눈부신 과시인 동시에 공식적으로는 기독교의 땅에 옛 종교의 요소들을 몰래 들여오는 운송수단으로 이해되어야 마땅하다. 니콜 빌레이체가 가자에서 이교도의 축제가 되살아난 것을 지적한 에세이에서 설명한 그대로이다. 그것은 "그로부터 종교적 요소를 분리시킴으로써 기독교 신앙이 채택했던 헬레니즘을 영속하게 만들었다." 그녀는 "왕관을 운반하는 12마리의 독수리를 거느리고 마차를 탄 태양신 헬리오스"와 매시간 하나씩 등장하는 헤라클레스의 12가지 과업 등에 주목했다.[6]

유스티니아누스가 이교 신앙을 아무리 심하게 탄압하더라도 그 요소는 모든 곳에서 고개를 내밀었다. 심지어 실내 장식에도 나타났는데 정교한 모자이크 바닥은 과거의 잡신들을 기리고 있었다. "공식적으로 기독교인들로 구성된 도시들은 헬레니즘의 요인을 외관에 보존하고 있었다. 그 건축술 및 장식품을 다시 채택한 것뿐이라고 할지라도 말이다."[7] 대시계는 분명히 이 같은 전통에 속해 있었으며 기독교 시기에 이교 신앙의 기억을 살아 있도록 만들었다.

그러나 기독교 신앙이 이교도 관행의 잔불을 정리하던 기간은 지중해 연안의 많은 지역을 불길에 휩싸이게 만들 새로운 일신교가 태동하던 시기이기도 했다. 유스티니아누스는 83세의 나이로 565년에 사망했다. 그로부터 약 5년 후에 아라비아의 메카에서 한 아기가 태어났다. 추종자들은 그가 일으킨 종교를 열렬히 전파했다. 그 결과 그가 죽고 100년도 지나지 않아서 신자들은 콘스탄티노플을 포위, 공격했다. 이 종교는 옛 로마의 식민지들로 급속하게 퍼졌으며 말을 타면 파리까지 며칠 걸리지 않는 지역에까지 진출했다. 이 종교를 일으킨 사람의 이름은 무함마드이다.

"이슬람교는 불과 1세기 만에 기독교가 7세기 동안 진출한 만큼 퍼져나갔다."[8] 노먼 데이비스가 그의 저서 『유럽사(*Europe : A History*)』에서 한 말이다. 유럽의 문화 지형에 흔적을 더하는 와중에 이들은 점령지에서 마주친 과학적 발전상을 받아들이고 발전시켰다. 역설적이게도, 이슬람 세계가 고대 세계의 지혜를 보존한 것은 이들이 옛 문명을 무너뜨린 덕분이었다. 이들은 야만인이 아니었으며 영토 못지않게 지식에도 굶주렸다. 그리고 앞으로 우리가 보게 될 것처럼 이들은 가자의 대시계로부터 많은 것들을 배웠음이 분명했다.

---

1. Otto Bardenhewer and Thomas J Shahan (trans), *Patrology: The Lives and Works of the Fathers of the Church* (Freiburg im Breisgau, St. Louis, Mo.: B. Herder, 1908), pp. 541-2
2. *Critical Inquiry*, Autumn 1977, p. 101
3. Gerhard Dohrn-van Rossum and Thomas Dunlap (trans), *History of the Hour: Clocks and Modern Temporal Orders* (Chicago, IL.: University of Chicago Press, 1996)
4. 위의 책.
5. Dominique Fléchon, *The Mastery of Time: A History of Timekeeping, from the Sundial to the Wristwatch: Discoveries, Inventions, and Advances in Master Watchmaking* (Paris: Flammarion, 2011), p. 86
6. Brouria Bitton-Ashkelony and Aryeh Kofsky Koninklijke (eds), *Christian Gaza in Late Antiquity* (Leiden, The Netherlands: Brill NV, 2004), p. 20
7. 위의 책, p. 19.
8. Norman Davies, *Europe: A History* (Bodley Head, 2014), p. 253

동방의 불가사의

샤를마뉴 대제와 칼리프의 시계

2013년 3월 3일 이슬람 반군이 락까 시로 밀려들었다. 3월 6일이 되자 친(親)정부군의 마지막 부대가 무너졌다. 그리고 시리아 북부의 이 도시는 아사드 정권에 대항하는 반군 최초의 주(州) 수도가 되었다. 그러나 불과 몇 개월 지나지 않아서 "자유" 시리아라는 꿈은 '이슬람 국가(ISIS)'라는 악몽이 되었다. 그리고 락까는 새로 지정된 칼리프 통치령의 수도로서 세계에 이름을 알렸다.

락까가 칼리프령의 수도가 된 것은 이번이 처음이 아니었다. 1,200년 전에 락까에는 『천일야화(*Alf laylah wa laylah*)』로 유명한 아바스 왕조의 칼리프인 하룬 알 라시드의 궁정이 있었다. 그의 영토는 "아프리카에서부터 인도까지 뻗어 나갔다"고 에드워드 기번은 『로마 제국 흥망사(*Decline and Fall of the Roman Empire*)』에서 기록하고 있다.[1] 유프라테스 강가에 있는 이 도시는 몇 년 되지 않는 짧은 기간이었지만 문화적으로 크게 번성했다. 그 시기는 칼리프가 그의 정부와 궁전을 바그다드에서 락까로 옮긴 때였다. 8세기와 9세기에 이곳은 세계에서 문명이 가장 앞선 곳이었다.

고매한 칼리프는 수립된 지 얼마 되지 않은 신왕조의 우두머리였다. 아바스 왕조는 8세기 중반 우마이야 왕조를 무너뜨렸지만 (스페인

그가 샤를마뉴에게 바친 정교한 시계는 칼리프 하룬 알 라시드의 궁정의 정교함을 반영했다. 『천일야화』로 유명한 아바스 왕조의 이 칼리프가 지배한 영토는 "아프리카에서부터 인도까지 뻗어나갔다"고 에드워드 기번이 『로마 제국 흥망사』에서 기록하고 있다.

으로 피난한) 우마이야 왕조는 '코르도바 에미레이트(왕국)' 독립국으로 존속하면서 759년까지 오늘날의 프랑스에 속한 도시들을 지배했다.

아바스 왕조가 동방에서 새 질서를 수립하는 동안 유럽에서는 카롤링거 왕조가 새로 등장하고 있었다. "적의 적은 친구"라는 격언에 따라서 두 왕조는 동맹을 맺었다. 이 동맹은 유럽의 무력 외교를 받쳐주는 기반이 되었으며, 비잔티움과 스페인의 우마이야 왕조, 아바스 왕조, 그리고 급속히 팽창하는 카롤링거 제국 사이에 권력 균형을 이루어주었다. 하룬 알 라시드의 상대는 샤를마뉴였다. 이들 두 사람은 로마 제국이 붕괴한 이후 중세가 시작할 때까지의 중간 시기에 가장 주목할 만한 인물이었다.

그러나 중세를 암흑시대라고 부르는 것은 완전히 옳은 표현은 아니다. 아헨에 있는 프랑크 왕국의 궁전이 동방의 호화로움으로 빛난 일이 때때로 있었기 때문이다. 프랑크 왕국에서 알 라시드를 부르던 이름인 "페르시아의 왕"이 보낸 사절이 깊은 존경의 표시로 놀라운 물건들을 바쳤

강대한 샤를마뉴의 궁전에서 유럽과 중동의 문화가 서로 만나는 이국적인 장면은 미래 세대의 예술가들에게 풍요로운 상상의 터전을 제공했다. 그 유명한 시계 장치를 바치는 장면은 바로크 시대의 미술가 야코프 요르단스의 특별한 관심을 끌었다. 그는 1660년 "샤를마뉴에게 시계를 증정하는 칼리프 하룬 알 라시드의 사절단"이라는 제목의 작품을 발표했다.

무너진 상태에서도 여전히 웅대한 모습을 자랑하는 바그다드 문. 시리아의 락까에 있는 이 문은 1909년 지칠 줄 모르는 거트루드 벨이 촬영했다.

기 때문이다.

외교적인 선물의 목록에는 텐트 1개, 코끼리 1마리, 성묘(예수의 사체가 묻힌/옮긴이)의 열쇠들, 그리고 물시계가 있었다. 물시계는 프랑크 왕국 연보에 매우 상세하게 묘사되어 있다. 묘사는 상세하다는 점에서 가자의 대시계에 대한 묘사와 놀라울 만큼 닮았지만, 두 시계의 실제 형태는 전혀 달랐다.

그것은 "물시계의 움직임에 맞추어 12시간이 진행되는 놀라운 청동제 기계 장치였다. 놋쇠로 만든 12개의 작은 공이 해당 시간에 떨어지면서 아래쪽의 심벌즈가 소리를 내게 만들었다. 시계 위에는 12명의 마부가 있어서 시간이 끝날 때마다 12개의 창문에서 밖으로 나왔다. 이들의 움직임에 따라서 기존에 열려 있던 창문이 닫히는 방식이었다."[2]

이 시계는 너무나 훌륭하게 만들어져서 지금이 몇 시인지를 알려주는 기능보다는, 기계의 효과적인 작동과 시각적 즐거움에 대한 과시가 주된 기능으로 보인다. 이런 종류의 물건은 옛 서로마 제국의 땅을 다스리던 지배자들에게 영구적인 인상을 남겼음이 분명하다. 너무나 신기한 이 장치는 프랑크 왕국 사람들에게 일종의 마법으로 보였다.

그러나 동방에서 이런 발명품은 이미 잘 알려져 있었다. 유럽의 야만인들은 고대의 기술을 잃어버렸는지 모르지만 고대의 위대한 기술 문서들은 그리스어에서 아랍어로 번역되었으며 그것에 담긴 원리들은 더욱 발전되었다. 물시계는 카르나크로부터 먼 길을 지나왔으며 더욱 발전할 예정이었다. 이슬람 세계는 이후 5세기에 걸쳐서 더더욱 사치스러운 물시계를 만들기 위해서 애를 썼다.

이 기술은 처음에는 고위급 외교 임무를 통해서, 이후에는 십자군 시대가 시작되면서부터 점차 서방으로 흘러갔다. 중동에서 돌아온 군인들이 현지에서 목격한 놀라운 기술적 업적에 대한 이야기를 풀어놓은 덕분이었다.

물시계는 머지않아서 유럽의 수도원으로 흘러들었다. 초보적인 벨을 장착한 시계는 새벽, 아침, 저녁 기도를 비롯한 기독교 일과의 기도 시간을 정확하게 알려주었다.

1. Edward Gibbon, *The History of the Decline and Fall of the Roman Empire* (London, Strahan & Cadell), p. 94
2. B. Walter Scholz, *Carolingian Chronicles: Royal Frankish Annals and Nithard's Histories* (Ann Arbor: University of Michigan Press, 1970), p. 87

잃어버린 고리

소송의 천문시계

11세기 유럽은 특별히 살기 좋은 곳은 아니었다. 바이킹은 여전히 영국의 여러 섬들을 습격, 침략하고 있었고 노르만인들도 지중해 근방을 강제로 통치하고 있었다. 한편 이베리아 반도에서는 이슬람교와 기독교라는 2개의 거대 일신교가 콜럼버스 시대까지 이어질 전쟁을 수행 중이었다.

당시는 칼이 펜보다 강하던 시기였다. 하지만 이곳저곳에서 학문이 조심스럽게 발전하여 수녀원과 수도원의 담벼락을 넘어서 뻗어나가기 시작했다. 정확한 시기를 특정할 수는 없지만, 사람들은 1088년에 교회의 부속학교로부터 독립된 교육시설이 이탈리아의 볼로냐에 세워졌다고 믿고 있다. 볼로냐 대학교가 유럽 최초의 대학교로 출범한 것이다. 이 대학교는 문법, 수사학, 논리학의 대가들이 법학에 헌신하면서 11세기 후반 볼로냐에서 발전하기 시작했다.[1]

이 도시가 유럽을 계몽시키는 데에 결정적인 역할을 할 교육 운동의 진원지라는 자부심을 가진 것은 이해할 만한 일이다. 하지만 학문과 과학, 그리고 문명이 조금 더 발전한 곳은 세계의 다른 지역이라는 점을 말해두는 것이 공정한 처사일 터이다.

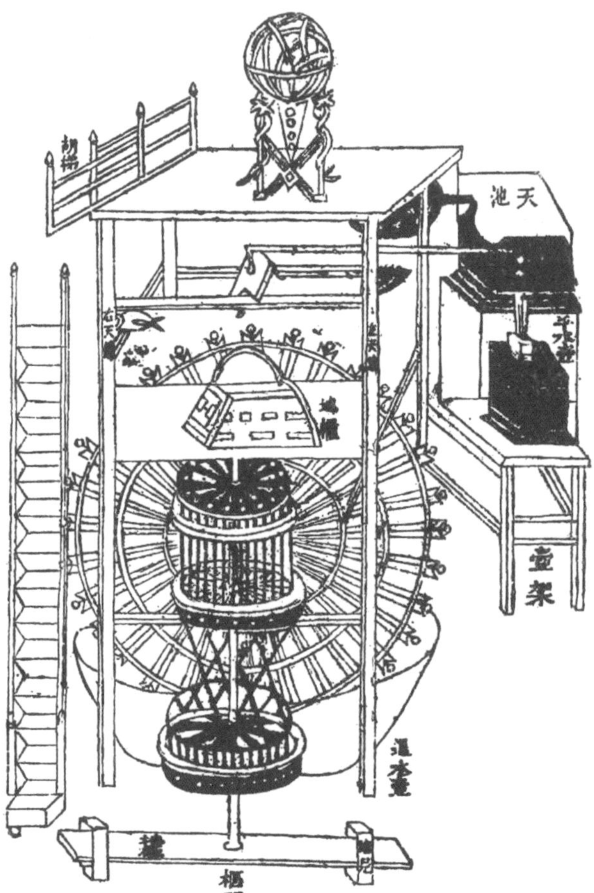

중국의 천문학자, 시인, 외교관이자 전방위의 대학자였던 소송의 "기계식 혼천의(渾天儀 : 천체의 운행과 위치를 측정하는 기구/옮긴이)와 천구의(天球儀 : 천구상의 별자리 위치를 지구면 위에 새긴 장치/옮긴이)의 새 설계도." 그는 황제를 위해서 10미터 높이의 탑에 정교한 혼천시계를 건설했다.

소송은 금속 부품을 주조하기 전에 나무 모형을 만들어서 완벽하게 작동하는지 여부를 확인했다. 그의 시계는 상대적으로 최근에야 서구 학자들에게 발견된 "잃어버린 고리"였다. 한쪽에는 수위 측정을 통해서 시간을 재는 초기 물시계가 있고 다른 한쪽에는 13세기 말경 유럽에서 발전한 완전 기계식 시계가 있다.

일본 기쇼도 스와 호 시계 박물관에 전시 중인 소송 시계의 복제품.

유럽의 대학 교육이 볼로냐에서 걸음마를 시작한 해는 소송에게도 중요한 시기였다. 그는 오늘날 카이펑이라고 불리는 변경 시의 법무대신이었다.

당시 송 왕조 치세는 지적, 과학적, 사회적으로 폭발적인 발전이 이루어지던 시기였다. 중세 유럽과 송 왕조가 같은 종의 주민으로 채워져 있었다는 사실을 제외하면, 같은 행성의 같은 시대에 존재했다는 것은 믿기 힘든 일이다. 예컨대 송대의 관료가 되려면 과거 시험을 치러야 했는데 이는 1870년에 대영제국에서 비로소 제도로 정착했다. 9세기에 지식이 전파되고 종이 화폐가 사용된 것은 활판 인쇄가 발명된 덕분이었다. 이에 비해서 구텐베르크가 유럽에 인쇄기를 도입한 것은 수백 년 후인 15세기였다.

송대에는 지성이 우대를 받았다. 교육을 받아야 엘리트가 될 수 있었다. 소송은 그가 살던 시대나 그가 섬기던 황제의 기준에 비추어보아도 특별히 교육을 잘 받은 인물이었다. 관심 분야가 놀랍도록 다양했던 그는 만일 2세기 후 유럽에서 살았다면 르네상스적 인물로 역사에 남았을 것이 틀림없다. 그는 국가의 가장 중요한 자리를 맡은 인물이었을 뿐만 아니라 식물학, 동물학, 공학,

건축학, 고문서, 지도 제작, 약학, 의학, 광물학에 두루 전문성을 지닌 외교관이자 시인이었다.

젊은 시절에 이미 지방 과거 시험에서 천문학 답안으로 장원을 차지한 그는 1088년 황제에게 접근했다. 시계 제조 기술자이자 천문학자로서 나무로 만든 탑의 모형을 가지고 간 것이다. 외형은 모든 것들이 축소된 인형의 집처럼 보였겠지만 소송같이 진지한 인물이 황제에게 어린이 장난감을 보여주었을 가능성은 희박하다.

그것은 사실 혼천의와 자크마르(jacquemart : 종을 치는 자동인형)를 제대로 갖춘 대형 시계와 천

시계 부품인 수분 평형 탈진기(물을 이용해서 기어의 회전속도를 고르게 만드는 장치/옮긴이)의 작동 모형. 오늘날 이것은 전적으로 수력학적인 물시계와 완전히 기계적인 탈진기 시계 사이의 "잃어버린 고리"로 인식된다.

소송은 한족 대학자로서 이름 높았다. 과학자, 수학자, 정치가, 천문학자, 지도 제작자, 시계학자, 의사, 약학자, 광물학자, 동물학자, 식물학자, 공학자, 건축학자, 시인, 고문서 학자이자 송 왕조의 외교관이었다. 그는 시간 측정 장치를 기념비적으로 발전시킨 공로를 인정받았다.

문대의 예비 모형이었다. 이 모형은 실현 가능성을 연구하기 위한 시작에 불과했다. 실물 크기로 건설하는 데에는 엄청난 투자와 노력이 필요할 터였다. 오차도 극히 적어야 했다.

이 장치는 물시계와 달리 동력을 물의 흐름에서 얻는, 즉 물을 동력원으로 사용하는 기계식 시계였다. 외륜선이나 물레방아처럼 계속 흐르는 물이, 바퀴에 달린 컵이나 움푹 파인 곳에 퍼부어지는 방식이었다. 각각의 장치에 동일한 양의 물이 차올라야 그 무게가 바퀴에 전달되고 이를 통해서 규칙적인 동작이 가능해진다.

그는 북방 랴오허 지역의 경쟁 국가인 거란 궁정에 대사로 방문한 뒤에 이런 아이디어를 떠올렸다. 그는 거란의 군주에게 호의를 보이기 위해서 궁정을 방문했는데, 군주 탄신일이 마침 동지였다. 소송은 송나라 동짓날에 방문하고 싶었지만, 거란 달력은 그보다 하루 전을 가리키고 있었다. 이것이 서로를 당혹스럽게 하리라는 점을 쉽게 상상할 수 있었지만 소송은 자신의 입장을 관철했다. 그리고 후대의 사관들이 기록한 바와 같이 그는 "광범위한 토론에 침착하게 임하면서 수많은 권위의 원천을 인용해서 야만인들을 당혹스럽게 만들었으며 이들 모두는 놀라고 감탄할 수밖에 없었다."[2] 마침내 소송은 자신이 원하는 북송 시대의 달력을 기반으로 군주의 생일을 축하할 수 있게 되었다. 그는 귀국한 뒤에 신종 황제에게 자신이 겪은 일을 보고했다. 신종은 거란 군주의 생일에 대한 소송의 논쟁이 성공으로 끝났음을 기뻐한 뒤 그에게 어느 나라 달력이 정확한지 물었다. 소송은 사실 "야만인들"의 달력이 더 정확하다고 인정했고, 황제는 오류를 범한 관리들을 처벌했다.

소송은 중요한 외교적 성공을 거두었다. 경쟁 국가의 국왕에게 송나라의 책력을 강요한 것이다. 그가 자신의 황제에게 사실을 보고한 것은 나중의 일이다. 그의 실용적인 냉소주의는 마키아벨리에게 깊은 인상을 주었을 수도 있다. 그러나 이것은 송나라 황제의 체면을 살리는 것 이상의 의미가 있었다. 책력의 오류를 경쟁 국가에게 인정하면 자국의 힘이 심각하게 약화될 위험이 있었다. 근대 이전 아시아 역사학자인 다그마어 세퍼는 다음과 같이 설명한다.

> 오늘날 중국에 해당하는 지역의 왕조는 하늘의 명, 즉 천명에 따라서 지상을 지배했다. 천명은 하늘과 땅에서 일어나는 일상적인 일과 예외적인 현상을 예측하고 해석하는 왕조의 능력을 통해서 분명해진다. 인간 세상에서는 시간 단위와 그에 따른 세상의 질서를 확인하는 능력이 그런 의미를 가진다. 행성과 별의 운동, 기상 현상을 관측하는 일은 그러므로 모두 궁중 생활과 중앙정부 관료제의 필수요소였다. 반대로 궁정과 국가 관료제는 시계 설계에 영향을 미쳤다.[3]

천문학적으로 정확한 시계는 우주에서 인간이 차지하는 위치에 대한 이해를 확장하는 데에 사용되는 기술적 장치 이상의 것이었다. 그것은 지배의 도구이자 신성으로 직접 연결되는 사슬이나 직통전화였다. 천상의 지혜가 궁정으로 흘러드는 물길이기도 했다. 황제는 천문학 분야에서 오랫동안 앞서 있었던 송이 "야만인들"의 뒤를 따라갈 수 없다고 생각했던 것이 분명하다.

그래서 소송은 다목적 기계를 고안했다. 천체의 운동을 모방한 이것은 해가 뜨고 지는 시간을 알려주며, 일종의 매우 정교한 황실의 뻐꾸기 시계인 양 일련의 인형들을 통해서 시간의 흐름을 알려주는 기계였다.

소송의 시계탑이 건설된 것은 송이 평화와 번영을 구가하던 시기였다. 수력시계와 혼천의는 지배 왕조의 천문학 지식을 확대하고 제국의 위신을 높이려는 거대한 프로젝트였다. 최고위 관료 회의가 소집되어서 모형을 검토했고 성공 가능성을 놓고 토론을 벌였다.

> 모형이 작동한다고 고관들이 확신하자 궁중 화가들은 탑과 혼천의를 건설할 계획을 세우기 시작했다. 4개월 후에 고관들은 "혼천의 건설 계획을 검토하기 위해서 충화전(衝和殿)에 모이라"는 요청을 받았다. 이후 2개월에 걸쳐서 청동제 혼천의가 만들어졌으며 탑의 건설이 시작되었다.[4]

소송의 재능은 탁월했지만 시계탑 건설 계획은 전례가 없지 않았다. 일부 학자들은 기원후 2세기까지 거슬러올라가 한나라 시대의 공학자이자 수학자인 장형을 기계식 수력 천문시계의 발명자로 꼽았다. 이보다 가까운 송대에는 977년 장사훈이 시계탑의 전신인 “태평혼의(太平渾儀)”를 완성한 바 있다.

그러나 더욱 규모가 커지고 발전된 소송의 시계는 당시 천문 및 기술 발달의 최고봉을 대표하게 되었다. 소송이 철종 황제에게 그 개념을 설명하는 일종의 시가 전해온다.

> 천체는 끊임없이 움직이고 물도 쉼 없이 흐릅니다[그리고 떨어집니다]. 그러므로 물이 완전히 균일하게 부어지도록 만든다면 [천체와 기계의] 회전운동은 서로 조화롭게 맞아떨어질 것입니다. 쉼 없음이 끊임없음을 따라가기 때문입니다.[5]

“완전한 균일함”은 상호 연결된 물통들을 통해서 구현되는데 이때 마지막 물통은 항상 같은 높이에 자리하게 된다. 물통 바닥의 주둥이에서 나온 물이 첫 번째 톱니바퀴의 국자에 일정한 속도로 떨어지도록 하기 위해서이다. 이것이 바퀴 축을 돌리고 그에 따라서 시계탑의 대부분을 관통하는 주요 동력축이 회전하면서 시계의 톱니바퀴 8개의 움직임을 제어한다.

> 동력을 전달하는 톱니는 여러 기능을 수행했다. 탑의 출입문에 각기 다른 색의 의상을 입은 인형이 나타나게 만드는 것이 대표적이다. 인형은 시간을 알리는 판을 들고 있거나 종을 울리거나 징이나 북을 치는 역할을 수행했다.[6]

그것은 기적처럼 보였을 것이다. 이외에도 하늘의 연못(물통의 하나), 하늘의 기둥(동력축), 하늘의 바퀴(구에 연결된 톱니바퀴) 등

(북)송의 제6대 황제 신종의 초상.

다양한 부품에 시와 신비주의가 덧붙여져 전해진다.

유명한 동력 전달 톱니바퀴에는 "천상의 계단", "수운의상대(水運儀象臺)"라는 이름이 붙었는데, 오늘날 소송의 시계에서 가장 중요한 혁신으로 받아들여지고 있다. 이것은 혼천의를 움직이는 역할을 한다. 소송은 이를 다음과 같이 묘사했다.

> 서로 연결된 금속 사슬이 완전한 원을 이루며 그 위의 사슬 톱니바퀴에서 늘어져 있다. 바퀴는 거북과 구름(중앙에서 혼천의를 지탱하는 기둥)으로 가려져 있다. 중간의 사슬은 또한 주 구동축 위에 장착된 아래쪽의 사슬 톱니바퀴도 통과한다. 연결된 하나의 부분이 움직일 때마다 일주(日週) 운동 톱니를 한 눈금 앞으로 움직이고 이것이 '시간의 배열자 3인'의 부품을 회전시킨다. 이에 따라서 시계는 천체의 움직임을 따르게 된다.[7]

슬프게도 이 같은 장대한 기계도 송의 북방 지역을 여진(타타르족)으로부터 보호해줄 수 없었다. 여진은 1125년 소송의 걸작을 해체해서 베이징으로 옮겼다. 하지만 여진은 제작자가 남긴 상세한 설명을 가지고도 시계를 재조립할 수 없었다. 소송의 천재성을 알려줄 물리적 실체가 없는 탓에 이 놀라운 천문시계와 그 제작자는 역사의 기억에서 사라졌다. 게다가 서유럽이 문화적으로 지배하게 되면서 시계학의 역사는 유럽을 중심에 두고 기록되었다.

소송과 그의 작품은 역사의 흐름 아래로 가라앉았다가 1956년에야 비로소 다시 떠올랐다. 영국 케임브리지 대학교의 학자 3명, 니덤, 프라이스, 왕룽이 소송의 문헌을 찾아내서 번역한 덕분이다. 어느 신문이 적절하게 지적했듯이, 시계의 역사에서 "잃어버린 고리"를 발견한 것이다.

---

1. 'The University from the 12th to the 20th century', Alma Mater Studiorum Università di Bologna (https://www.unibo.it/en/university/who-we-are/our-history/university-from-12th-to-20th-century)
2. 다음에서 인용. Heping Liu, '"The Water-Mill" and Northern Song Imperial Patronage of Art, Commerce, and Science', *The Art Bulletin*, Vol. 84, No. 4 (December 2002), pp. 566-95
3. Iwan Rhys Morus (ed.), *The Oxford Illustrated History of Science* (Oxford: Oxford University Press, 2017), p. 108
4. 위의 책, p. 121
5. 다음에서 인용. Heping Liu, '"The Water-Mill" and Northern Song Imperial Patronage of Art, Commerce, and Science', *The Art Bulletin*, Vol. 84, No. 4 (December 2002), pp. 566-95
6. Joseph Needham and Wang Ling, *Science and Civilisation in China, Volume 4: Physics and Physical Technology, Part II: Mechanical Engineering* (Cambridge: Cambridge University Press, 1965), p. 455
7. 위의 책, p. 457

쇼핑몰의 코끼리

알 자자리의 코끼리 시계

미래의 역사가와 고고학자들이 두바이의 쇼핑몰을 어떻게 생각할지 알 수 있으면 흥미로울 것이다. 호텔, 휴양지, 쇼핑센터가 본격적으로 건립되기 시작한 것은 1980년대에 이르러서였다. 여러 세기의 연륜을 지닌 무역항을 중동의 홍콩이나 싱가포르로 바꾸는 대공사였다.

황량한 사막이던 이 땅은 불과 한 세대 만에 최상급의 무엇인가를 갖춘 곳이 되었다. 세계에서 가장 높은 건물과 가장 큰 롤렉스 매장은 이 나라의 대표적인 자랑거리로 손꼽힌다.

그러나 쇼핑센터야말로 두바이의 가장 눈에 띄는 특징일 것이다. 에어컨을 갖춘 공학과 오락의 걸작품들 중 일부는 너무 넓어서 전동 카트가 필요할 정도이다. 지친 고객을 거대한 에르메스 매장에서 호화로운 프라다 매장까지 옮겨줄 이동 장치 말이다. 만일 쇼핑이 선진국의 주된 레저 활동이라면 두바이는 주요 레저 센터들 가운데 하나이다.

사람이 쇼핑만으로는 살 수 없다는 것을 두바이는 알고 있다. 그래서 이 상업의 신전은 고급 식당, 푸드 코트, 대규모의 구경거리도 갖추고 있다. 이곳은 풍부하고 다양한 쇼핑 경험으로 인류를 선도하는 중이다. 영화관, 볼링장, 헬스장은 그냥 넘어가자. 예컨대 에미레이트 몰은 거대한 유리벽으로 된 수족관으로 유명하다. 지나가는 사람들은 색색의 물고기들을 얼마든지 볼 수 있다. 이 거대한 몰에는 황제 펭귄 군락을 갖춘 스키 리조트까지 딸려 있다.

수천 년 뒤에 고고학자들이 이곳에서 펭귄 뼈와 스노보드 파편을 발견한다면, 그들은 21세기 초에 기후 변화가 극심했던 탓에 남극 가까이에서 살던 동물들이 페르시아 만에서 번성하게 되었다고 확신할 것이다.

이븐바투타 몰을 발굴하는 데에 이르면 미래의 역사학자들은 또다른 수수께끼에 직면하게 될 것이다. 실물 크기의 13세기 기계 코끼리에 높다란 가마가 얹혀 있고, 그 위로 사람과 용을 닮은 뱀과 새가 앉아 있는 형상이 그것이다.

이것은 아랍 물시계의 최고봉을 충실하게 복제한 것이다. 고대 이집트의 눈금을 새긴 돌 물

맞은편 : 알 자자리의 코끼리 시계는 아랍 물시계의 최고봉이었다. 위트와 기발함과 기묘함이 복잡하게 얽힌 이야기를 담은 이 작품은 동화책 『모자 속의 고양이(*The Cat in the Hat*)』의 관련 페이지를 연상시킨다. 여기에는 한 물건이 다른 물건 위에 불안정하게 놓여 있고 그 위에는 또다른 물건이, 또다른 물건이 계속 불안정하게 얹혀 있는 장면이 나온다.

통에서 시작된 물시계 제작법이 도달한 절정을 구현한 물체이다. 이 독창적인 창조물은 기묘한 분위기와 함께 위트와 기발함으로 사람들을 매혹시킨다. 이것은 시계인 동시에 레오나르도 다빈치에 대한 이슬람 세계의 대답들 가운데 최대의 걸작이다. 이 창조물의 제작자는 이스마일 알 자자리이다.

이 문화적 혼성물에는 중세 이슬람 건축양식이 인도 코끼리 및 중국을 암시하는 뱀 형상의 장식과 화려하고도 혼란스럽게 뒤섞여 있다. 여기에는 당연히 헬레니즘, 비잔틴의 수력 기술이 적용되었다. 이것은 이슬람교가 13세기 초에 세계의 어느 영역에까지 진출했는지를 잘 보여주고 있다.

알 자자리의 『정교한 기계 장치에 대한 지식 책』의 일부이다. 이 그림은 도끼와 망치를 든 인도인 몰이꾼을 태운 코끼리 물시계의 설계를 보여준다. 동물 복지는 문제가 되지 않았던 것이 분명하다.

알 자자리는 창의적인 수학자이자 공학자였다. 그의 『정교한 기계 장치의 지식에 대한 책(*Book of Knowledge of Ingenious Mechanical Devices*)』은 유쾌하고도 기묘한 기계 장치에 대한 지식의 보고로 꼽힌다. 13세기 초 수력 자동인형은 처음에는 비잔티움의 필론, 나중에는 알렉산드리아의 헤론 이래로 이미 1,000년이 훨씬 넘는 역사를 가지고 있었다. 하지만 코끼리 시계는 아랍 세계가 헬레니즘과 비잔틴의 물시계 자동인형 개념을 어느 정도까지 받아들이고 발전시켰는지를 최고조로 보여주었다.

알 자자리는 당시 과학과 의학과 천문학으로 세계를 선도하던 문화권에서도 가장 뛰어난 기계공학자였다. 코끼리 시계에는 건축학적으로 공들여 만든 가마가 올려져 있었다. 가마에는 다양한 인물들(필경사와 몰이꾼), 새와 뱀이 타고 있었다. 이것은 그의 기술과 상상력, 지성과 지식의 총화이자 정화였다. 이것을 독자들에게 자세히 묘사한 대목은 동화책 『모자 속의 고양이』의

맞은편 : 『정교한 기계 장치에 대한 지식 책』에 나오는 "연회에 사용할 인물상" 그림은 시계학과 수력학을 훨씬 넘어서는 알 자자리의 천재성을 보여준다.

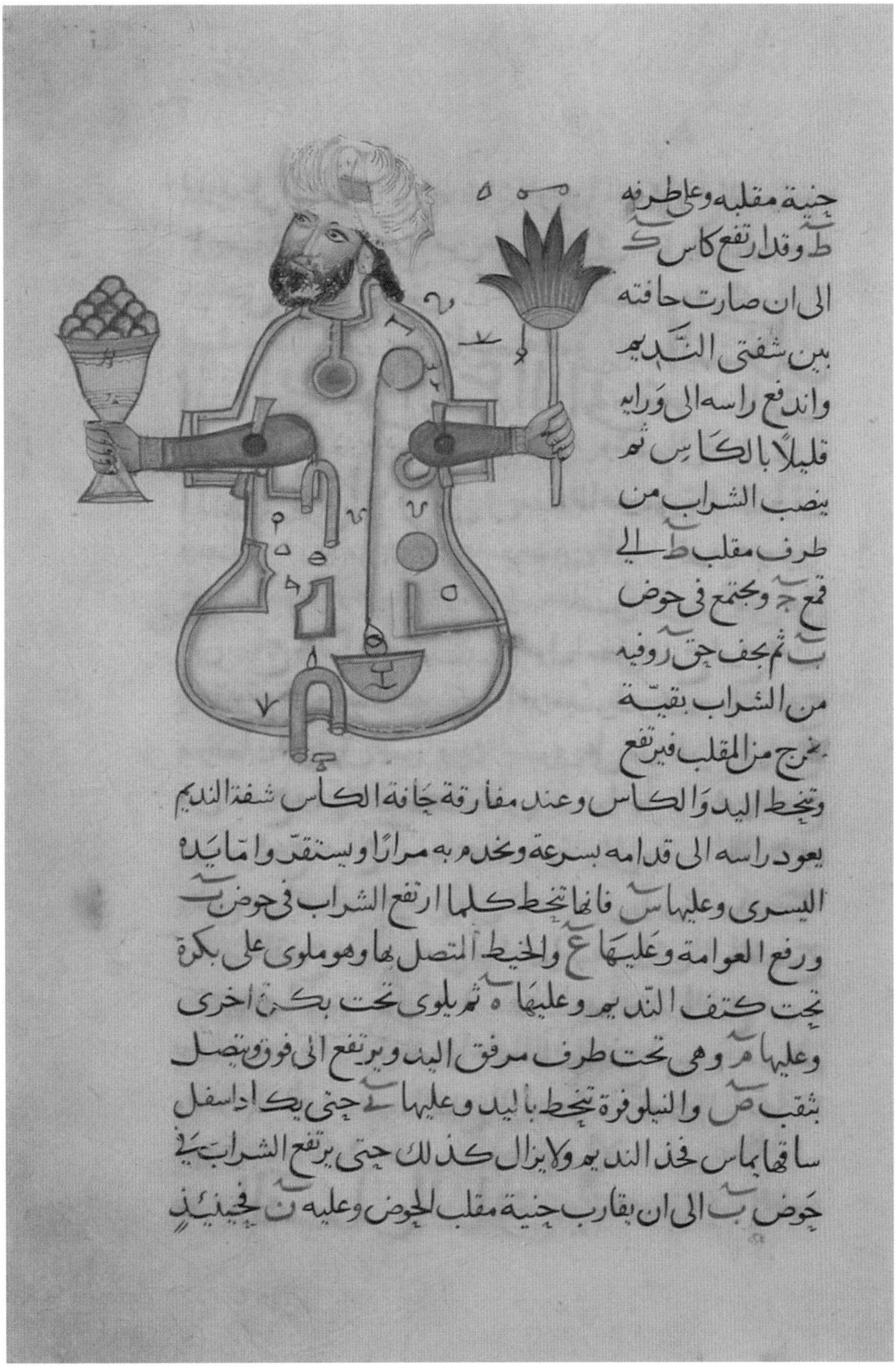

جنية مقلبه وعلى طرفه
ط وقد ارتفع كاس ك
الى ان صارت حافته
بين شفتي النديم
واندفع راسه الى ورايه
قليلا بالكاس ثم
ينصب الشراب من
طرف مقلب ط الى
قمع ج ويجتمع في حوض
ب ثم يجف حتى روفيه
من الشراب بقية
يخرج من المقلب فيرتفع
ويحط اليد والكاس وعند مفارقة حافة الكاس شفة النديم
يعود راسه الى قدامه بسرعة ويخدم به مرارا ويستقر واما يده
اليسرى وعليها س فانها تنحط كلما ارتفع الشراب في حوض ب
ورفع العوامة وعليها ع والخيط المتصل بها وهو ملوى على بكرة
تحت كتف النديم وعليها ه ثم يلوى تحت بكرة اخرى
وعليها م وهي تحت طرف مرفق اليد ويرتفع الى فوق ويتصل
بثقب ص والنيلوفرة تنحط باليد وعليها ى حتى يكاد اسفل
ساقها يماس فخذ النديم ولا يزال كذلك حتى يرتفع الشراب في
حوض ب الى ان يقارب جنية مقلب الحوض وعليه ن فحينئذ

재탄생한 알 자자리의 걸작. 두바이의 이븐바투타 몰의 인도 구역에 놓인 코끼리 시계.

관련 페이지를 연상시킨다. 여기에는 한 물건이 다른 물건 위에 불안정하게 놓여 있고 그 위에는 또다른 물건이, 또다른 물건이 계속 불안정하게 얹혀 있는 장면이 나온다.

본질적으로 다른 사람, 동물, 물체들을 한데 모은 알 자자리는 이들에게 생명을 부여하여 시간을 알리게 만들었다. 필경사의 펜은 규칙적으로 움직여서 사실상 시곗바늘 역할을 했다. 30분이 경과하면 가마 꼭대기의 새가 휘파람을 불고 인형 하나가 매의 부리를 연다. 그러면 공이 하나 떨어져 뱀의 입속으로 들어가고, 뱀은 공의 무게 때문에 시소에 아이가 앉았을 때처럼 기울어져 머리가 꽃병 근처로 내려간다. 공이 꽃병 속에 떨어지면 뱀은 원래의 곧추선 자세로 돌아간다. 몰이꾼은 오른손에 든 도끼로 코끼리의 머리를 친 다음 망치를 든 왼손을 올린다. 공은 코끼리의 몸에서 나와 심벌즈를 때린 뒤에 쟁반에 모인다. 필경사는 펜을 처음 위치로 되돌린다. 그로부터 다시 30분이 지나면 새를 다루는 인형은 다른 새의 부리를 벌린다. 그러면 또다시 같은 일이 되풀이된다. 그리고 두 번째 공이 쟁반에 떨어지면서 한 시간이 지났음을 알려준다.

이런 미로 같은 3차원 동작을 만들어내는 동력은 무엇인가? 코끼리 등의 가마 아래에 감추어진 물통이다. 그 속에는 한 쌍의 끈과 구멍난 부표가 있다. 부표는 구멍 때문에 30분간 천천히 가라앉고 도르래와 바퀴 장치에 연결된 끈 하나가 펜을 든 필경사를 움직인다. 물통의 가장자리까지 물에 잠긴 부표는 기울어진 다음 빠른 속도로 가라앉는다. 그러면 가마 꼭대기에서 공이 나오면서 일련의 연극적인 동작이 시작된다. 그리고 입에 공을 물고 있는 뱀의 움직임에 따라서 끈이 당겨져 부표를 표면으로 떠오르게 한다. 이것은 또다시 가라앉기 시작한다. 뱀의 입을 떠난 공의 후속 동작이 몰이꾼을 움직이게 만든다.

알 자자리는 "나는 여러 시간대와 장소에서 구멍난 부표를 이용하는 물시계를 많이 제작했다"면서 "그리고 마침내 이를 결합하여 단 하나의 시계, 코끼리 시계를 탄생시켰다"라고 썼다.[1]

알 자자리가 무덤 속에서 흐뭇해하기를 바란다. 자신의 궁극적인 위업이 8세기 이후에 아랍 세계, 그중에서도 두바이의 쇼핑몰을 방문하는 사람들을 거듭 놀라게 하고 있다는 사실을 말이다.

그러나 알 자자리가 물시계의 예술과 과학을 한 단계 더 세련되게 끌어올리던 시기는, 거칠고 야만적인 서구에서 완전히 새로운 기술이 등장하려고 기지개를 켜던 때이기도 했다. 등장을 기다린다(wait)고 하기보다는 중력(weight)을 이용해서 첫 선을 보인다고 하는 것이 더 정확한 표현일지도 모른다.

1. Ibn al-Razzaz al-Jazari and Donald R. Hill (trans), *The Book of Knowledge of Ingenious Mechanical Devices* (Dordrecht-Holland/Boston, USA: D. Reidel Publishing Company, 1974), p. 59

하늘에 이르는 기계 계단

월링퍼드의 리처드의 천문시계

기계식 시계는 13세기의 마지막 4분기에 유럽의 변방에서 등장했다. 마치 르네상스의 새벽을 알리는 등불이 희미하게 깜빡이듯이 1270년대 초반은 주요한 혁신이 감질나게 가까워진 시기였다. 영국 출신의 천문학자 로버터스 앵글리쿠스가 1271년 서술했던 그대로였다. "시계 제조자들은 태양이 하루에 한 바퀴 지구 주위를 도는 시간에 정확히 대응하는 움직임을 보이는 바퀴를 만들려고 노력하고 있지만 목표를 달성할 수 없다."[1]

다시 말하면 이들은 사실상 24시간 시계에 해당하는 무엇인가를 만들려고 시도하던 중이었다. 13세기는 이 같은 바퀴 제작법이 궤도에 올랐으며 이에 맞추어 성당과 수도원에 시계가 등장하기 시작했다.

현대인에게 "시계"라는 단어는 시간을 시각적으로 나타내는 장치를 말한다. 이 장치에는 시간, 분 등을 가리키는 바늘이 있고 문자와 눈금이 새겨져 있다. 하지만 13세기 말에 '1분'은 기계적인 물체로 구현하기에는 너무나 작은 시간 단위였다. 시간을 나타내는 것 자체도 간단하지 않은 일이었다. "시계(horologe : '시간을 알려주는 자'라는 그리스어에서 파생되었다)"는 통상 청각적인 장치 즉, 수

월링퍼드의 리처드. 한센병에 걸린 탓에 흉터가 많은 모습이다. 그는 자신의 필생의 역작인 정교한 천문시계를 자랑스럽게 가리키고 있다. 『세인트 올번스의 골든 북(*Golden Book of St Albans*)』(1380)의 삽화.

월링퍼드의 리처드가 열심히 일하는 모습을 담은 14세기의 세밀 초상화. 주교 지팡이가 보이지만 그의 관심은 컴퍼스에 쏠려 있는 것이 분명하다.

도사와 기도하는 사람들을 정해진 시간에 불러내는 자동으로 종을 치는 장치에 불과했다.

그러나 그 기본적인 외관은 이것이 대표하는 기술적인 도약의 중요성을 제대로 나타내지 못했다. 최초의 기계식 시계는 동력원(물체가 떨어지려는 힘)과 톱니바퀴 사이에 자리한 축과 탈진기를 중심으로 움직였다. 톱니는 물체가 떨어지려는 힘에 의해서 회전했으며 이것은 시간을 시각이나 청각으로 알려주었다. 축과 탈진기는 떨어지는 무게의 "원천" 에너지를 받아서 이것을 규칙적이고 균일한 에너지로 전환하여 톱니바퀴를 원활하고 꾸준하게 작동시켰다. 이 같은 과업을 수행하는 과정에서 축과 탈진기는 메트로놈이 똑딱거리는 것과 흡사한 소리를 냈다. 13세기 후

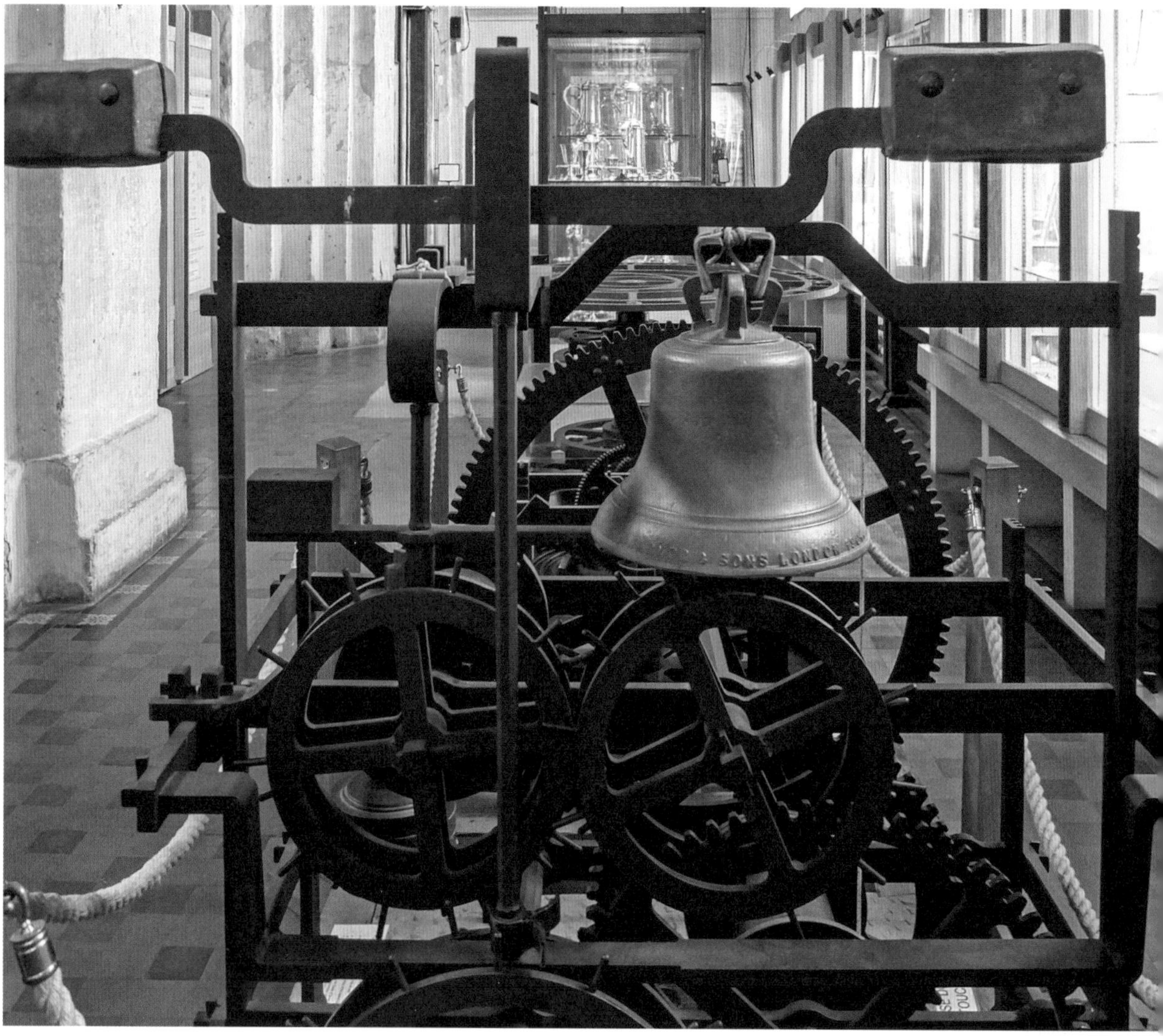

세인트 올번스 성당에 있는 월링퍼드의 리처드의 시계 복제품.

반에 이것은 미래를 알리는 소리였다.

오늘날 친숙한, 리듬 있는 **똑딱 소리**를 처음 들은 사람이 누구인지는 유감스럽게도 알려져 있지 않다. 발명자의 이름이 역사에 기록되지 않았기 때문이다. 하지만 역사는 월링퍼드의 리처드에 대해서는 확실히 기록하고 있다.

1292년은 대장장이가 대충 만든 것 같은 최초의 시계가 에드워드 1세 치하의 영국에서 종교적인 메시지를 울리던 시기였다. 그해에 어느 대장장이의 아내가 남자아이를 출산했다.

열 살에 고아가 된 아이를 입양한 월링퍼드의 프라이어는 아이의 재능을 알아보고 옥스퍼드 대학교로 유학을 보냈다. 소년은 6년간 그곳에서 공부한 뒤 세인트 올번스 수도원의 수도사가 되었다. 그로부터 3년 후 그는 대학교로 돌아와 9년간 머물면서 수학, 삼각법, 천문학에 대해서 광범위한 문헌을 집필했다. 그는 알비언(Albion)이라고 불리는 천문 계산 장치와 행성 사이의 각도를 재는 천문기구인 렉탕굴루스(rectangulus)도 만들었다. 또한 시계와 천문 기구를 제작하는 분야에서 폭넓은 연구 결과를 남겼다.

중세 유럽의 수도원에서 살아남은 귀중한 보물들을 돌아보면, 이들 중세의 건물들을 학문의 성채, 아름다움이 꽃피는 아늑한 정원이라고 생각하기 쉽다. 혹은 대륙을 휩쓸었던 무지와 야만의 거친 바다로부터 피난처가 되어준 학문의 섬이라고 생각할 수도 있다. 그와 같은 역할을 한 종교 기관이 존재한 것은 분명하지만, 1300년대 초의 수십 년간 세인트 올번스 수도원은 여기에 속하지 않았다.

세인트 올번스에서는 시민과 성직자들 사이의 관계가 가장 좋을 때에도 그들 사이에 긴장감이 감돌았다. 성직자들은 도시민들과 편안하게 어울릴 수 없었다. 시민들은 교회가 자신들의 권리를 갉아먹는다고 생각했다. 이들은 수도원의 연못에서 낚시를 하고 자신들에게 부과된 수많은 제약들을 무시함으로써 불만을 드러냈다. 이들이 가장 부담스러워했던 것은 밀을 자력으로 빻는 행동을 금지하는 시책이었다. 수도원의 최첨단 풍차를 엄청난 비용을 내고 이용해야 했던 것이다. 이것은 14세기 대중의 지속적인 불만의 근원이었다. 때때로 도시민과 수사들의 긴장은 노골적인 적대감으로 표출되었다. 수사들은 공격받았으며 교회 재산은 파괴되었다.

사람들은 성직자들이 누리는 특권에 분개했다. 그리고 에버스돈의 휴 수도원장 시절에 양자의 관계는 새로운 나락으로 떨어졌다. "세인트 올번스의 도시민은 수도원을 40일간 포위했고 두 차례 이상 공격을 가했다. 그동안 식량은 반입되지 못했으며 건물에 불을 지르려는 시도도 여러 차례 있었다. 수도원장의 아랫사람 2명은 도시로 들어가는 것을 허락받기 위해서 막대한 돈을 억지로 지불해야 했다. 왕의 집행관은 붙잡혀서 감옥에 갇혔다."[2]

혼란스러운 시절이었다. 1327년 1월, 에드워드 2세는 자신의 부인인 이사벨라 왕비가 주도한 쿠데타로 퇴위당했다. 왕비는 10대인 에드워드 3세를 내세워 자신의 애인과 함께 나라를 통치했지만 이번에는 아들이 어머니를 타도했다. 1327년 9월 리처드가 세인트 올번스로 돌아온 날은 휴 수도원장이 사망한 날과 거의 겹쳤다. 그는 즉각 자신을 휴의 후계자라고 주장하고 자리를 잡았다. 그러나 수도사들은 그의 신비 과학을 미심쩍어했다. 어느 연대기 편찬자는 이렇게 썼다. "그가 별자리를 통해서 휴 수도원장이 죽고 자신이 수도원장이 될 것이라고 예측했다고 말하는 사람들이 일부 있다."[3] 만일 그가 정말로 그런 예측을 했다면 그 정확성에 스스로 만족했을 것이다.

과열 상태이기는 했지만 세인트 올번스 수도원의 대주교 자리는 잠재적으로 풍요로운 자리였

세인트 올번스 성당에 있는 월링퍼드의 시계의 천문 문자판, 종, 톱니바퀴.

다. 교황이 인가한 다른 모든 수도원장들을 앞서는 직위이기도 했다. 임기 첫 몇 해 동안 그는 자신의 권위를 확고히 했다. 자신을 축출하려는 동료 사제들의 음모를 극복함으로써 내부의 반대자들을 쫓아냈다. 그리고 도시민들의 개인 풍차를 제거함으로써 수도원에 동조하게 만들었다. 수도원의 중요한 수입원 중의 하나를 되살린 것이다.

돈은 꼭 필요했다. 세인트 올번스의 신도가 앉는 "좌석의 줄은 기독교 세계를 통틀어서 가장 길었다."[4] 1323년 신도석 남쪽 기둥들이 무너졌으나, 휴 주교는 자금이 없어서 아무런 조치도 취할 수 없었다. 수도원의 재정을 되살린 리처드는 오래 전부터 꼭 필요한 일이었던 신도석을 보수할 자금을 가지고 있었다. 그러나 그는 자신의 총명한 머릿속에서 여러 해 전부터 형성되어온 것이 분명한 계획을 실현하는 데에 이 자금을 사용하기로 했다. 옥스퍼드 대학교의 도서관에 있을 때부터 이에 대해서 글을 쓰고 그림을 그리고 꿈꿔왔을지 모르지만, 이제 그는 저명한 종교 시설의 수장이었다. 그는 실제로 권력을 행사했으며 실질적인 재산을 손에 넣었다.

그는 자신의 이론을 궁극적으로 시험하고, 천문 기구와 새로 발명된 기계식 시계의 기능을 통합한 당대에 가장 앞선 시계를 건설할 수 있는 자리에 있었다. 물론 그것은 리처드의 입장에서 세인트 올번스의 명성을 드높이는 무엇인가를 창조하고자 하는 열망의 증거라고 해석할 수도 있다. 신의 영광을 위해서 헌신하면서 기계식 시계라는 수단을 통해서 지상에 존재하는 인간과 천상의 영역을 연결하는 수도원이라는 명성 말이다……. 또 한편으로는 자신이 태어난 대장간으로부터 너무나 높은 곳까지 다다른 세인트 올번스의 대수도원장은 자신이 만든 기계를 통해서 별들과 신 자체에게 다가가고 싶었던 것일 수도 있다.

그러나 그의 집착은 간파당했다. 그의 동료 사제들은 성당에 수리가 필요한 시점에 엉뚱한 사업을 벌이는 데에 대해서 서로에게 불평을 늘어놓았다. 사실 일부에서는 이것을 허영심 프로젝트라고 평가한 것으로 보인다. 심지어 에드워드 3세조차 기도하러 수도원에 갔을 때, 건설 비용에 대해서 의문을 나타냈을 정도이다. 하지만 리처드는 이미 왕의 질책에 대한 답변을 준비해 놓았다. 그의 임기를 담당한 연대기 작성자는 다음과 같이 상세히 설명했다. "[그는] 마땅한 예의를 갖추어 답변했다. 수도원을 보수할 일꾼을 찾아낼 원장은 많고도 많을 수 있지만 그가 이미 시작한 사업을 마칠 후계자는 그의 사후에 없을 것이라고 말이다. 그리고 그것은 실제로 진실이었다. 이 분야에는 그런 종류의 기계가 남아 있지 않았으며, 그가 살아 있는 동안 그와 비슷한 것도 발명되지 않았다."[5]

그러나 천문시계는 그의 생애에 발명되었을지라도 당대에 완성되지는 못했다. 리처드의 모습을 담은 채색 필사본에는 그의 성품이 거의 드러나지 않지만 그의 행동은 일종의 이력서로서 확연히 드러난다. 예컨대 정수리를 둥글게 삭발한 젊은 리처드가 책에 둘러싸인 채 왼손에는 주교 지팡이를, 오른손에는 분할 컴퍼스를 들고 책상 위로 몸을 굽히고 있는 모습이 그것이다. 수도사의 정식 예복을 갖추어 입고 학문적 열정을 발휘하는 모습이다. 하지만 그의 인생 후반부를 묘사한 기록은 이와 매우 다른 인물을 드러낸다. 그는 잉글랜드의 수석 대수도원장으로서 당당한 위엄과 화려한 모습을 보여준다. 머리에는 대사제관을 쓰고 손에는 주교 지팡이를 쥐고 시계탑의 빛나는 쪽을 자랑스럽게 가리킨다. 하지만 그의 얼굴은 상처로 매우 흉하고 코는 두 눈 사이에 자리한 타박상 자국에 지나지 않으며 입은 사람 얼굴의 일부라기보다는 종기가 난 짐승 주둥이 같다.

리처드는 걸어다니는 시체였다. 그는 한센병에 걸렸는데 아마도 교황을 알현하기 위해서 아비뇽을 다녀오는 길에 전염된 것으로 보인다. 그는 신체적으로 점점 더 많은 장애를 안게 되었다. 말년에는 방에 번개가 치는 바람에 수명이 더욱 단축되었다. 그리고 1326년 그가 사망하면서 시

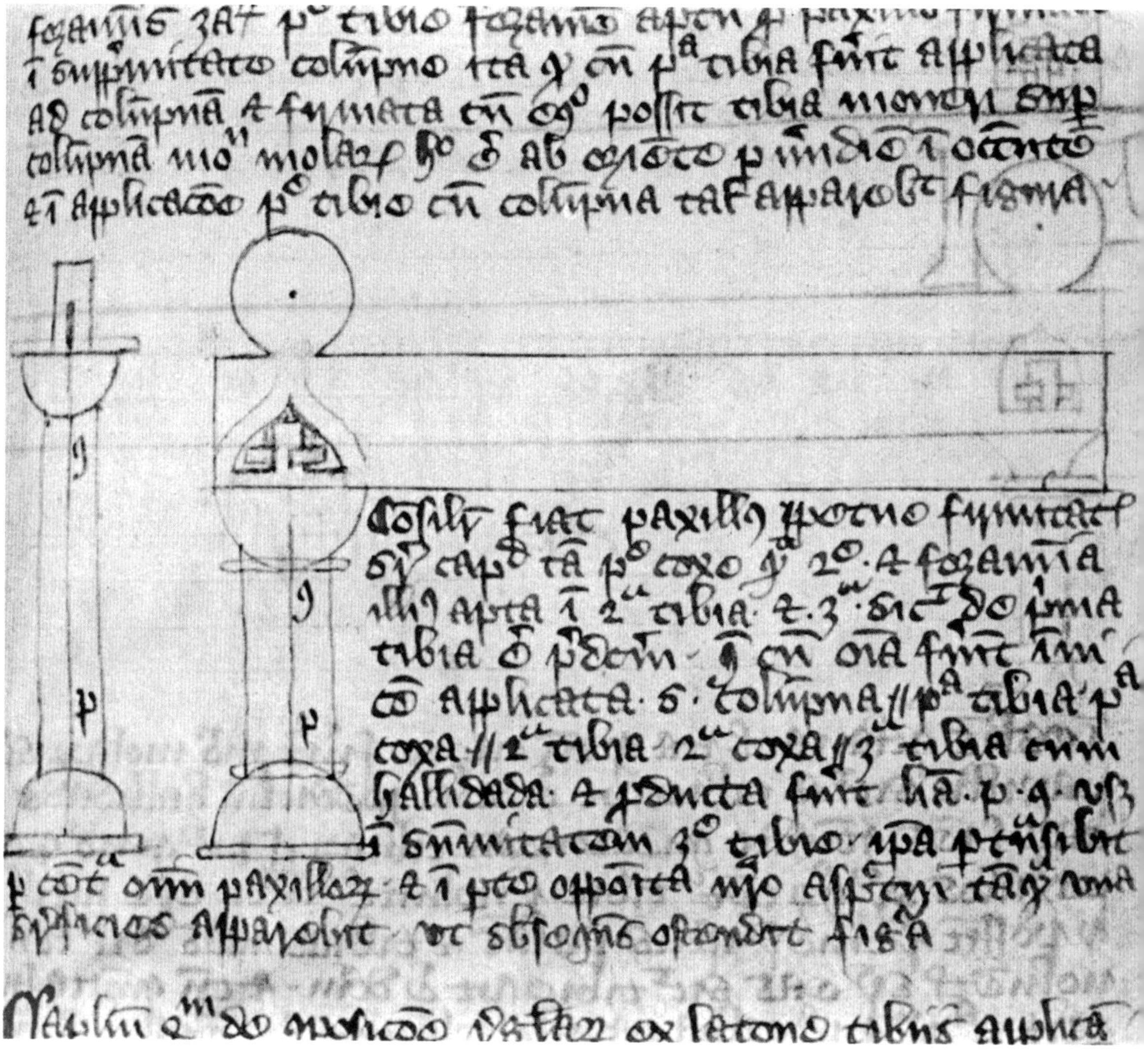

월링퍼드의 리처드가 렉탕굴루스를 논한 문헌의 일부. 옥스퍼드 대학교의 보들리 도서관에서 발견되었다. 이 문헌은 1976년 J. D. 노스가 번역, 편집했다.

계를 만드는 그의 작업은 끝이 났다. 문제의 시계가 완성된 것은 토머스 드 라 마레의 임기 중이던 1349–1396년 사이의 일이었다. 이 작품은 수도원의 남쪽 수랑(transept : 십자형 교회의 좌우 날개 부분/옮긴이)에 남아, 심지어 16세기에도 이것을 올려다보는 사람에게 큰 감동을 줄 수 있었다. 골동품 수집가인 존 릴런드는 1530년대에 이 시계를 보고 경이감에 사로잡혔다. 그는 리처드를 "당대 최고의 수학자"라고 묘사하면서 "엄청난 노력, 더욱 엄청난 비용, 더더욱 위대한 기술을 통해서 시계탑의 기본 구조를 세웠으며, 내가 보기에 유럽을 통틀어 이 시계와 어깨를 나란히 할 것은 없다. 해와 달의 운행 궤도와 항성들을 볼 수 있는가 하면 밀물과 썰물을 바라볼 수도 있고 거의 무한한 숫자와 기호를 포함한 글을 볼 수도 있다"라고 썼다.[6]

사실상 릴런드는 중요해 보이는 이런 기하학적 기호들을 보고 아마도 당혹스러웠을 것이다. 그리고 그의 머릿속은 복잡했을 것이다. 이 기호들이 어떻게 천체들의 위치를 실시간으로 보여주고 월식이 일어날 시기를 예측하는지를 이해하려고 노력하느라 말이다. 게다가 거기에는 운명의 물레(후대의 학자들은 이것이 관람객들에게 운명의 변덕스러움을 떠올리게 해주는 자동인형이었을 것이라고 생각했다)라고 불리는 형상도 있었다. 이 형상은 장미전쟁이 일어나기 1세기도 훨씬 이전에 설계된 이 시계 장치의 수수께끼를 더욱 깊어지게 했다. 여기에 사용된 기술은 200년이 지난 시기에도 심지어 교육을 잘 받은 사람의 이해 능력을 크게 넘어섰다.

그러나 이해하지 못하는 것보다 더욱 나쁜 일이 있었다. 잉글랜드의 튜더 왕조는 16세기 종교개혁 당시 이 시계탑을 파괴했다. 관련 문헌의 존재가 알려져서 복제품 제작이 가능해진 것은 1960년대에 이르러서였다. 하지만 천문시계라는 개념이 가진 커다란 힘 덕분에 제작자의 사후에 기록된 한 줌의 설명에만 의존해서 그 명성은 4세기 동안 살아남았다.

리처드는 말년에 쇠약한 한센병 환자로 지내며 번개가 친 자신의 방에서 죽음을 기다리게 되었다. 중세 시계학의 저명한 학자들 가운데 한 명에 따르면, 그는 "신학보다 과학 연구에 더 많은 시간을 들인 것을 후회하는 말을 했다고 전해진다. 하지만 신학에 기여하지 못한 손실은 중세 천문학과 기술의 발전이라는 이득에 비하면 별것 아니었다."[7]

만일 신학과 기도에 헌신하는 삶을 살았다면 그는 자신의 불멸하는 영혼에 대한 두려움을 느끼지 않고 침착하게 최후를 맞이했을 것이다. 하지만 역사는 그에게 다른 종류의 불멸을 부여했다. 그보다 더욱 경건했던 수많은 사제들은 역사에서 존재감이 없는 것과 달리 그의 이름은 뚜렷이 전해진다.

---

1. 다음에서 인용. Francois Chaille, *The Beauty of Time* (Paris: Flamarrion, 2018), p. 110
2. John North, *God's Clockmaker: Richard of Wallingford and the Invention of Time* (London: Bloomsbury, 2005), p. 124
3. 위의 문서.
4. 위의 문서, p. 14
5. 다음에서 인용. Silvio A. Bedini and Francis R. Maddison, 'Mechanical Universe: The Astrarium of Giovanni de'Dondi', *Transactions of the American Philosophical Society*, Vol. 56, No. 5 (1966), pp. 1–69
6. 위의 문서.
7. Silvio A. Bedini and Francis R. Maddison, 'Mechanical Universe: The Astrarium of Giovanni de'Dondi', *Transactions of the American Philosophical Society*, Vol. 56, No. 5 (1966), pp. 1–69

울음소리를 냈던 기계 수탉

스트라스부르 대성당의 경이

부리는 조금 떨어져나갔다. 목에는 나무좀이 먹은 듯한 흔적이 있다. 날개는 허망한 분위기를 풍긴다. 한때는 훌륭했지만 이제는 세월에 좀먹은 꼬리깃털은 잘려나갔다. 그리고 한쪽 다리의 며느리발톱이 사라졌다.

이 복제 수탉을 훨씬 더 나은 시절을 보냈던 풍향계라고 오해한다면 범죄적 학대가 될 것이다. 스트라스부르의 장식 미술 박물관의 관점에서 보면, 이것은 중세 기계를 대표하는 걸작이기 때문이다. 1350년 어느 무명의 장인이 나무와 철로 제작한 이 작품은 지금까지 남아 있는 유럽의 자동인형 중에서 가장 오래된 것이라고 박물관 측은 설명한다.

레오나르도 다빈치가 탄생하기 1세기 전에, 이 낡아 보이는 닭은 스트라스부르의 놀라움을 상징하는 최고의 장식물이자 중세 유럽에서 화제를 모았던 공공 시계였다.

헬레니즘 문명 시대의 가자나 샤를마뉴의 궁정에서 그러했듯이, 시계의 기능을 자동인형들을 이용해서 아름답게 꾸미는 전통은 유서가 깊다. 하지만 14세기가 되자 물시계는 과거의 기

프랑스 스트라스부르 대성당의 천문시계를 보면서 감탄하는 방문객들.

술이 되었다. 전자계산기 시대의 주판처럼, 시대착오적인 대상이 된 것이다.

기계식 시계가 등장했고 그 제작 기술에 통달한 장인들이 늘어났다. 이것은 중세 유럽을 규정하는 문화, 사회, 경제 현상, 즉 도시의 부흥과 관련해서 결정적인 역할을 하게 된다. 유럽의 대도시들은 서둘러 거대한 기계식 시계를 세웠으며 그 이후에는 이들 시계에 의해서 도시들의 지위가 분명해졌다. 실질적으로나 상징적으로나 도시 생활의 중심에 자리잡은 시청의 대시계는 공동체를 통합하는 메시지를 울리기 시작했다. 밀라노에 있는 산 고타르도 성당에 시의 첫 공공시계인 "시간의 종탑"이 세워지자 주변의 거리는 "시간 구역"이라고 불렸다. 런던에서는 공공 시계 덕분에 가지게 된 동질감이 매우 컸다. 세인트 메리르보 성당의 종소리가 들리는 범위 내에서 태어난 사람들은 스스로를 '런던내기'라고 불렀다.

시간을 알리는 소리는 농노와 귀족에게 모두 들렸다. 모든 가정과 공방, 궁정, 저택, 길드 집회소, 법정, 회계실도 마찬가지였다. 시계라는 괴수는 동시성이라는 사회적 접착제를 생성했으며, 이 덕분에 시의 기구와 예배 장소, 상업 장소, 가정에서는 종소리에 맞추어 자신들의 활동을 계획하고 실행할 수 있었다.

암흑시대의 밤이 물러가면서 무게 추를 이용한 기계식 시계가 밝아오는 르네상스의 전조가 되었다. 밀라노는 발 빠르게 1330년대에 산 고타르도 성당에 시계탑을 세웠다. 그러나 머지않아 자존심이 있는 모든 시 정부는 자랑할 만한 인상적인 시계탑을 만드는 데에 몰두했다. 모데나는 1343년에 시계탑을 세웠고 1년 뒤 파도바에서는 야코포 돈디가 카라라 대공을 위해서 천문시계를 완성했다. 몬차는 1347년에 그 뒤를 따랐다.

이보다 더욱 야심차고 정교한 시계들이 도시의 위상을 나타내는 상징이 되었다. 천문학적이고 점성술적인 문자판과 자동인형을 갖추고 하루의 시간을 알려주는 장치들이었다. 이어지는 여러 세기 동안 도시들은 더더욱 인상적인 박물관과 철도역, 공항을 통해서 자신들의 명성을 자랑하게 되었지만, 14세기에는 사정이 달랐다. 도시의 부와 특권, 기술력을 상징하는 것은 시계 제조자의 기술이 대대적으로 구현된 작품들

레오나르도 다빈치가 태어나기 1세기 전에 이 수탉 모형은 '스트라스부르의 경이'를 꾸미는 최고의 장식물이었다. 경이란 중세 유럽에서 화제가 된 공공 시계를 말한다. 1350년경 나무와 철로 제작된 이 기계는 유럽에 남아 있는 자동인형 중에서 가장 오래된 것으로 평가된다.

이었다. 시계탑의 비밀이 너무나 철저히 지켜진 나머지 소문이 돌기 시작했다. 작업이 끝나면 시계 장인의 눈을 멀게 만든다는 내용이었다. 경쟁 관계에 있는 도시에서 그와 비슷하거나 더 나은 시계를 만들지 못하도록 말이다.

자동인형에 관한 한, 시계 기능을 구현하는 가장 유명한 것은 자크마르, 초기 로봇의 일종인 종 치기 인형이었다. 호화로운 시계 장치가 도시에 얼마나 중요한 의미가 있었는지를 알려주는 일화가 있다. 1382년 부르고뉴 공작인 필리프 2세가 플랑드르의 코르트리크를 약탈할 때, 그는 도시의 시계와 자크마르를 포함한 모든 것들을 수도인 디종으로 가져와서 성당에 설치했다. 한 도시를 무력화하고 다른 도시에 영광을 부여하는 상징적인 행위였다.

도시에서 가장 중요한 건물인 성당은 이 같은 장치를 설치하기에 딱 맞는 장소였다. 14세기에는 성당들뿐 아니라 대성당들이 있었고 이들 가운데 하나가 알자스의 평원에 솟아오르는 중이었다.

우뚝 솟은 스트라스부르 대성당은 미완공 상태에서도 도시를 굽어보며 동쪽의 흑삼림지대(독일 남서부)에서부터 서쪽의 보주 산맥에 이르는 주변 지역을 지배했다. 일단 완성되자 이 성당은 19세기가 한참 지날 때까지도 세계에서 가장 높은 건물의 자리를 지켰다. 이 건물은 고딕 건축의 걸작으로 평가되었으며 수많은 장인과 노동자들이 수세기에 걸쳐 지을 예정이었다. 햇빛을 받은 성당의 사암 벽은 빛이 나는 듯했다. 그 아름다움은 수많은 세월 동안 시인과 소설가들에게 영감을 불어넣어 수많은 과장된 찬사를 낳게 만들었다.

스트라스부르 대성당에 있는 천문시계의 목판화. 16세기의 화가 토비아스 스티머가 만들었다. 그는 모든 것들을 적절하게 포괄하는 시계 장식의 설계안을 마련하라는 지침을 받았다. "역사 문헌과 시, 성스러운 문서와 불경스러운 문서에 등장하는, 시간을 설명하거나 설명한다고 해설될 수 있는 모든 것들"을 보여주는 것이어야 했다.

중세의 순례자들은 지상에 구현된 천국의 이미지를 담은 거대한 성당에 불나방처럼 이끌렸다. 쉼없이 걸어온 이들에게 이 건축은 믿을 수 없을 만큼 강력한 인상을 주었을 것이다. 영화에서 이 장면은 커지는 오르간 소리와 천상의 성가대 노랫소리와 함께 묘사된다. 예수의 빛나는 성채라는 명성을 획득한 성당의 장밋빛 창문 아래를 지나 풍성한 조각으로 장식된 서쪽 입구를 통과해서 동굴 같은 내부로 들어서며 방문객들은 아름다움과 경이감으로 가득한 황홀경을 계속해서 느꼈을 것이다.

성당이 완공되기 거의 1세기 전인 1352-1354년에 만들어진 '동방박사 시계'는 이 장관들 중에서도 핵심적인 부분이었다. 이 시계는 교회력과 자동화된 육분의(六分儀 : 항해 경로를 계산하기 위해서 행성을 식별하고 지평선으로부터 별의 높이를 측정하기 위한 기계장치/옮긴이) 눈금을 갖추고 있었다. 시계의 카리용(carillon : 음계 순서대로 매달아둔 종들을 쳐서 연주하는 악기/옮긴이) 메커니즘은 공간을 종교 음악으로 가득 채웠고 자동인형들은 예수의 탄생 장면을 보여주었다. 인형은 성모 마리아, 아기, 이들을 경배하는 3명의 동방박사를 포함한다. 이들 3명의 현자가 황금, 유황, 몰약을 아기에게 바치는 순간에도, 신의 아들이 앞으로 그의 사도에게 배신당할 것이라는 섬뜩한 징조가 어린 수탉에게서 나타난다. 제작 당시 수탉은 날개를 퍼덕이며 부리를 열어 혀를 내밀고, 바람을 일으키는 풀무와 떨림판인 리드(reed)를 이용해서 울음소리를 냈다.

대부분의 사람이 문맹이던 시대에 이처럼 예수 탄생을 자동 기계장치로 재현한 장면은 기독교의 기적과 그것이 우주에서 차지하는 중심적인 위치를 육분의 문자판을 통해서 매일 되새겨주었다. 게다가 삽화가 그려진 판은 황도 12궁과 신체 부위를 연결하고 있다. 중세 의술의 만병통치 처방이었던 사혈(瀉血)을 하기에 좋은 시기와 위험한 시기를 나타내는 내용이다. 그러므로 인간의 안녕은 하늘을 운행하는 천체의 움직임, 따라서 하늘을 지배하는 신과 피할 수 없이 연결되어 있음이 드러난다.

시계는 성당의 일상에서 중추적인 역할을 했으며, 예수의 고난과 죽음을 나타내는 성당의 예수 수난극은 "시계가 시간을 알리는 소리와 그것에 부착된 자동인형의 행태에 맞추어 편성되었다."[1] 그중에서도 베드로가 예수를 세 번째로 부인하는 장면에 맞추어 수탉이 가슴 아프게 우는 장면이 가장 중요하다.

그러므로 스트라스부르 대성당을 방문하는 사람들은 2세기에 걸쳐서 위대한 시계를 보고 경탄하고 감동하며 즐거워하고 배우고 깨우친 것이다. 하지만 시계는 파손되었고 수탉은 소리를 잃었다. 1570년대가 되자 스트라스부르의 경이는 두 번째로 현현할 준비가 되어 있었다.

콘라트 다시포디우스는 16세기의 가장 뛰어난 수학자들 가운데 한 명이었다. 스트라스부르 시계는 그의 풍부한 아이디어에 의해서 다시 태어났다. 당대의 거의 모든 수학적, 공학적, 천문학적 지식을 집약하여 적용한 덕분이었다.

1571년에서부터 1574년까지에 걸쳐서, 이전보다 더더욱 경이로우며 새로운 걸작이 성당의 바닥에서부터 세워지기 시작했다. 이 작업 현장에서 나는 소리는 성당의 치솟은 수랑에까지 울려 퍼졌다. 다시포디우스의 백과사전적인 기계를 실제로 제작한 사람은 시계공 아이작 하브레히트와 조시아스 하브레히트였다. 당시의 마니에리즘(mannerism : 16세기 이탈리아의 지나치게 기교적인 미술 양식/옮긴이) 화가 토비아스 스티머가 또 하나의 드라마를 만들었다. 그는 모든 것들을 적절하게 포괄하는 시계 장식의 설계안을 마련하라는 지침을 받았다. "역사 문헌과 시, 성스러운 문서와 불경스러운 문서에 등장하는, 시간을 설명하거나 설명한다고 해석될 수 있는 모든 것들"을 보여주는 것이어야 했다.[2]

그에 따라서 시계의 모습은 16세기 후반에 등장할 바로크 양식의 교회 건축의 전 단계와 비슷해졌다. 당시 성당은 이미 신교의 예배 장소로 바뀌었는데도 그랬다. 장식으로 가득 찬 다시포디우스의 시계는 교회에 모인 사람들에게 신의 마음 그 자체를 힐끗 엿보게 하는 기회를 하사했다. 이는 교회 천장의 정교하고도 영화 같은 그림들이 천국의 생생한 모습을 제시하는 것과 비슷한 효과를 냈다. 그림 속 천국은 어지럽게 움직이는 천사와 성인들이 극도로 사실적으로 보이는 구름 풍경을 향해 다가가는 장면으로 묘사된다.

높이 18미터가 넘는 이 창작품을 단순히 시계라는 한 단어로 부르는 것은 적절하지 못하다. 이것은 풍요로운 시각적 성찬을 제공하는 기술적 역작이다. 시각적으로도 놀라울 뿐 아니라 이제껏 인간이 눈으로 볼 수 있었던 그 어떤 것과도 달랐다. 그 속에서는 행성들이 움직였으며 일식과 월식을 예측했다. 만세력(萬歲曆)이 윤년을 알려주었으며 해마다 바뀌는 종교 축일의 날짜도 보여주었다. 흥미롭게도 1,000년 전 가자의 대시계와 마찬가지로 옛 종교의 모습도 가지고 있었다. 고대의 신들이 그들의 이름을 딴 요일 옆에 표시되어 있었다.

시계는 교회의 영원성과 대조적으로 인간의 삶이 얼마나 빨리 지나가버리는지를 생각하게 하는 것들로 가득 차 있었다. 예를 들면 15분마다 종을 치는 일련의 인물들을 보자. 첫 15분에는 사과를 가진 어린이, 그다음 15분에는 활을 든 청소년, 이어서 벽돌(임시 건물에 사용하는, 삼 부스러기 등을 섞은 석고/옮긴이)을 든 성인, 마지막에는 목발로 종을 치는 노인이 차례로 등장한다.

자동인형은 피할 수 없는 죽음과 시간의 힘을 생생히 느끼게 해주었다. 프린스턴 대학교의 앤서니 그래프턴 교수는 이 거대한 시계 장치가 "살아 움직이는 천문력의 기능을 하면서 모든 것들을 파괴하는 시간과 변화의 힘을 구현했다"라고 설명했다.[3]

겸손함이라고는 찾아볼 수 없는 다시포디우스는 이 시계가 우주를 실시간으로 나타낸다고 주장했다. "세기, 행성의 주기, 해와 달의 연간과 월간 공전"을 보여준다는 것이다.[4] 완성된 시계는 스트라스부르의 신도들을 황홀감으로 넋을 잃게 했다. 하지만 우주에 대한 과학적 이해는 지구가 우주의 중심에 위치한다는 통념을 불신하는 방향으로 나아가고 있었다.

재림한 스트라스부르의 경이는 지동설 시대 최후의 위대한 기술적 업적으로서 프톨레마이오

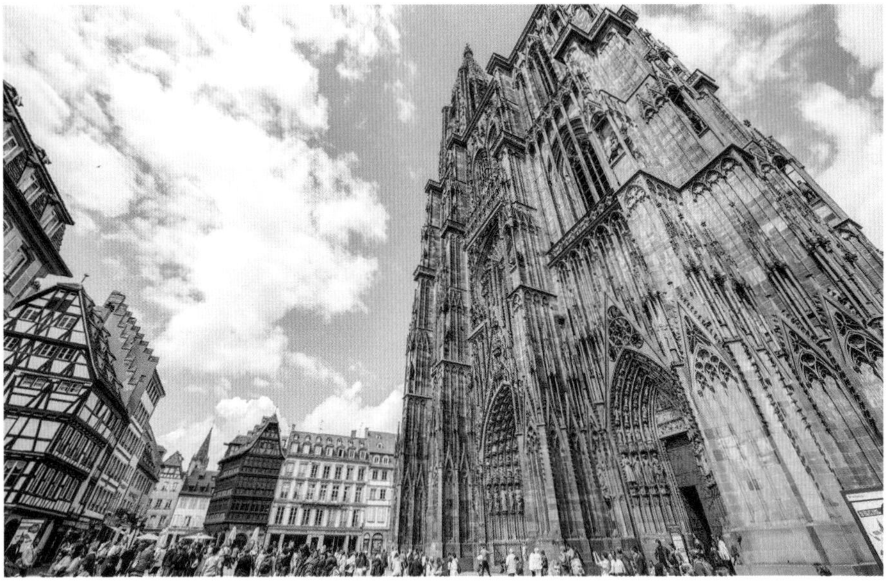

고딕 건축물의 걸작. 햇빛을 받은 성당이 거의 스스로 빛을 내는 것처럼 보인다. 이 아름다움은 수많은 세월 동안 시인과 소설가들의 상상에 새겨졌다.

스 버전의 행성계를 찬양했다. 그러나 이 위대한 시계는 또한 다시포디우스가 양다리를 걸쳤다는 증거도 보여준다. 시계의 수많은 장식들 가운데 코페르니쿠스의 이미지를 형상화함으로써 새로운 천동설을 조심스럽게 받아들인 것이다.

성당을 방문하는 사람들이 이 폴란드 출신의 이단 천문학자의 초상을 눈치채지 못하더라도 그들을 탓할 수는 없었다. 주의를 끌 만한 장식들이 너무 많기 때문이다. 시계는 인간 관람객을 압도했으며 교회 자체를 축소해놓은 것 같은 크기였다. 거대한 중심탑 위에 얹힌 정교한 구조물의 일부는 왕관을, 일부는 대사제관을 쓰고 있는 형태였다. 탑 옆에는 나선형 미끄럼틀 같은 계단이 있는 구조물이, 그 반대편에는 약간 작은 탑이 있었다. 작은 탑 꼭대기에는 14세기의 수탉이 복구되어서 울음소리를 내고 다시 날갯짓을 했다.

시계는 세계적으로 유명했으며 16세기 후반이 되자 판화를 통해서 더 유명해졌다. 판화로 만족할 수 없을 만큼 부유한 사람들은 그 제작자인 아이작 하브레히트에게 시계 제작을 의뢰했다. 스트라스부르 대성당의 시계에서 영감을 받은 복잡한 천문 카리용 시계를 소유하고 싶었던 것이다.

이렇게 제작된 시계들은 사회적 지위에 민감한 르네상스 군주들의 귀중품 소장실을 채우게 된다. 사실 이 시계들은 그 자체로 대단한 물건이었다. 현재 영국 박물관에 1.4미터 높이의 실물이 그 본보기로 비치되어 있다.

그후 몇 세기에 걸쳐서 스트라스부르 대성당에는 시간에 맞추어 종소리가 다시 정확하게 울려

스트라스부르 포위 당시의 로렌의 샤를 초상화. 멀리 또렷하게 보이는 성당은 주변 경관을 압도한다.

퍼졌으나, 1789년이 되자 시계는 침묵했다. 당시 유럽이 프랑스 혁명과 뒤이은 나폴레옹 전쟁으로 혼란스러워졌다는 점을 감안하면 시계 관리자들이 다시포디우스의 작품을 즉각 수리하지 않은 사실은 이해할 만하다.

그러나 1830년대가 되자 꼭 필요했던 복구 작업이 시작되었다. 그리고 1843년 1월 「일러스트레이티드 런던 뉴스(*Illustrated London News*)」는 다음과 같이 보도했다. 이 "(때로는 '괴물 시계'라고 불리던) 걸작 기계는 최근에 수리를 마친 뒤 스트라스부르에서 잠시 열린 '과학 회의'에 전시되면서 그에 대한 관심이 '새로운 전기를 맞이했다.'"[5] 스트라스부르의 경이는 다시 작동하기 시작했으며 거의 5세기가 지난 후에도 계속해서 과학계의 관심을 끌었다.

다시포디우스가 다시 제작했던 것만큼의 혁신은 아니었지만 장바티스트 슈월게는 이 시계를 대대적으로 정비했다. 따라서 보통 이것을 스트라스부르 대성당의 세 번째 위대한 천문시계라고 부른다. 오늘날 방문객을 맞이하는 것은 다시포디우스의 시계에 대한 슈월게의 "해석"이다.

「일러스트레이티드 런던 뉴스」의 보도에 따르면, 슈월게는 "새로운 메커니즘을 도입하여" 성능을 크게 높였다. "덕분에 12월 31일 자정이면 해마다 날짜가 바뀌는 축일과 금식일들이, 새해 어느 날에 해당하는지에 맞추어 달력상에서 스스로 자리를 잡게 되었다."[6] 또한 천문시(하루가 정오에서 시작하여 다음 날 정오에 끝난다/옮긴이)를 표시하는 획기적인 천체투영기를 비롯해서 많은 것들이 추가되었다.

그러나 슈윌게는 예전부터 인기가 있던 것을 보존하려는 주의를 기울여서 일식과 월식의 표시, 달력과 육분의 기능은 남겨두었다. 몇 세기 전의 기이한 시계가 복원되면서 그에 대한 관심이 되살아났다. 바로크 양식의 외양과 더불어 그 복잡한 구조는 빅토리아 왕조 시대의 사람들의 흥미를 끌었다. 특이하고 기이한 것을 무척 좋아한 그들의 관심은 특히 자동인형에 집중되었다. 19세기에 가장 눈길을 끈 것은 14세기 때와 마찬가지로 인형들이 수행하는 예수의 탄생 장면이었다. 인형으로 연출한 활인화(活人畵 : 살아 있는 사람을 분장시켜서 명화나 역사적 장면 속의 사람처럼 보이게 연출하는 것/옮긴이)라고 할까.

「일러스트레이티드 런던 뉴스」는 "일주일의 하루하루가 각기 다른 신들에 의해서 표시되는" 방식을 매우 좋아했다. "신들은 자신들의 명칭을 딴 행성을 관장하는 것으로 되어 있다. 오늘을 관장하는 신은 구름 속을 운행하는 차량 속에서 등장하는데 밤이 되면 다음 신에게 자리를 넘긴다. 하부구조 앞에 전시된 구(球)는 펠리컨의 날개 위에서 태어났다. 그 주위로는 해와 달이 돌고 있으며 이를 작동시키는 장치는 새의 몸속에 들어 있다."[7]

15분마다 나타나는 어린이, 청소년, 청년, 노인의 인물상과 더불어 저승사자도 설치되어 있다.

스트라스부르 대성당의 시계는 여러 세기에 걸쳐서 작가와 미술가들의 상상력을 사로잡았다. 이것은 심지어 빅토리아 시대의 선정 소설에도 등장한다. 윌키 콜린스가 쓴 『아마데일』이 그 예이다. 이 소설에 등장하는 아마추어 시계 제작 전문가인 소령은 스트라스부르 시계에서 영감을 받은 자신의 작품이 극적으로 오작동하는 장면을 본다.

마시밀리아노 페촐리니(1972년 생)가 수채화로 그린 천문시계. "스트라스부르 천문시계"의 4부 연작 가운데 하나이다.

"죽음은 무덤에서 부활한 구세주에 의해서 추방되었지만 죽음 역시 시간을 울리도록 허용되었는데"[8] 죽음은 뼈를 이용해서 종을 친다. 천사들 또한 역할이 있다. 하나는 홀(笏)로 종을 치는 것이고, 다른 하나는 1시간이 끝날 때마다 모래시계를 뒤집는 것이다. 시계의 주탑 꼭대기에 있는 카리용이 여러 선율을 연주하고, 새로운 수탉이 울음소리를 내고 홰를 치면서 일련의 절차는 마무리된다.

빅토리아 시대를 대표하는 두 인물인 찰스 디킨스와 윌키 콜린스는, 콜린스가 "환상적인 인형극이라고 부른" 이 천문시계에 대해서 매우 즐거워했다.[9] 콜린스는 이 시계에 특히 깊고 지속적인 감명을 받았다. 스트라스부르 시계와 그것의 "인형극"은 1866년에 그가 발표한 선정 소설 『아마데일(*Armadale*)』의 비극적이고도 희극적인 장면의 기초를 이루었다. 퇴역 군인이자 아마추어 시계 제작 전문가인 밀로리 소령은 여러 해에 걸쳐서 스트라스부르 시계의 형상을 이용한 시계를 만들었다. 다만 이 장치는 종교 음악이 아니라 군대 행진곡을 연주하고 자동인형은 경비대를 교대하게 만든다. 아니, 적어도 교대시키려고 시도한다. 하지만 장치는 고장나고 부조리한 "인형들의 파국"으로 끝난다.[10]

19세기 선정 소설의 원형들 가운데 하나에 영향을 미친 것 외에도,[11] 새롭게 개선된 스트라스부르 시계는 르네상스 시대에 있었던 도시들 간 시계탑 경쟁에 다시 불을 붙였다. 우선, 뛰어난 천문시계를 보유하고 있던 보베 시민들이 자신들의 것이 스트라스부르 시계보다 우월하다고 주장했다(아마도 이들은 스트라스부르 시계를 보기 위해서 줄을 섰고 지금도 서 있는 여행객들을 시기했을 것이다).

알자스 시는 재빠르게 이 같은 커다란 오해를 바로잡고 나섰다. 그리고 1869년이 되자 이 논쟁은 심지어 「사이언티픽 아메리칸」의 지면을 장식하게 되었다. "보베 시계에서 표현하는 것들을 자랑한 목록을 보고 나는 웃음을 참을 수 없었다. 우리 성당의 시계는 이 모든 것들은 물론이요, 이보다 더 많은 것들을 갖추고 있다."[12] 스트라스부르 시민 스테켈버거의 말이다.

스트라스부르의 명예를 옹호하는 화려한 이름을 가진 이 시민에 따르면 보베 시의 행정 담당자들은 어린 학생 같은 실수를 저질렀다. 자신들의 시계를 슈윌게의 새 버전이 아니라 예전 다시포디우스의 2.0 버전의 세부 사항과 비교한 것이다.

스테켈버거에 따르면 스트라스부르 시계의 핵심적인 우수성은 일부 부품이 느리고 드물게 움직인다는 데에 있다. 보베 시민들은 자신들의 시계에서 4세기에 한 번 오는 윤년(예컨대 연도가 00으로 끝나는 1800년, 1900년 등은 윤년이 아니지만 400으로 나누어떨어지는 1600년이나 2000년은 윤년이다/옮긴이)을 가리키는 부품이 4세기에 한 번 작동한다는 사실을 매우 자랑스럽게 생각했다. 하지만 이것은 스트라스부르의 시계에 비하면 매우 빠르게 움직이는 것이다.

"보베 시계는 4세기마다 한 번씩 변화를 일으킨다. 이것은 커다란 장점이다"라고 그는 관대하게 인정한다. 그러나 곧이어 그는 격언으로 넘쳐나는 다음과 같은 표현을 덧붙인다. "하지만 천문학자에게 세차운동이 무엇인지 물어보라. 별이 지구 주위를 2만5,000년에서 2만6,000년 정도에 걸쳐서 완전히 한 바퀴 공전하는 운동이라고 답할 것이다(현대의 세차운동은 지구의 자전축이 천구의 별자리를 기준으로 약 2만6,000년마다 한 바퀴 도는 것을 의미한다/옮긴이). 하지만 스트라스부르 시계에는 이 같은 운행을 정확하게 따르는 구가 있다. 2만5,920년마다 확실하게 한 바퀴 공전하도록 되어 있는 장치이다."

게다가 스테켈버거는 스트라스부르의 시계는 이 부품이 임무를 완수할 때까지 방문객이 성당을 자주 드나들 것을 기대하지 않는다고 안심시키듯이 설명한다. "이 시계는 측정과 표시가 가능하다. 때가 무르익을 때까지 기다릴 필요가 없다. 그러면 너무 오래 걸릴 것이다."[12] 설령 이 같은 시계학적 기능을 알아볼 능력이 없어도 이 위대한 시계에는 매력과 놀라움을 주는 다른 요소들이 많다.

---

1. F. C. Haber, 'The Cathedral Clock and the Cosmological Clock Metaphor', in J. T. Fraser and N. Lawrence (eds), *The Study of Time II* (Berlin Heidelberg: Springer-Verlag, 1975)
2. C. Dasypodius, *Heron mechanicus; seu de machanicis artibus atque disciplinis. Eiusdem horologii astronomici Argentorati in summo Templo erecti descriptio* (Strasbourg, 1580), quoted by Anthony Grafton, 'Chronology and its Discontents in Renaissance Europe: The Vicissitudes of a Tradition', in Diane Owen Hughes and Thomas R. Trautmann (eds), *Time: Histories and Ethnographies* (Ann Arbor: University of Michigan Press, 1995)
3. Anthony Grafton, 'Chronology and its Discontents in Renaissance Europe: The Vicissitudes of a Tradition', in Diane Owen Hughes and Thomas R. Trautmann (eds), *Time: Histories and Ethnographies* (Ann Arbor: University of Michigan Press, 1995)
4. C. Dasypodius op. cit.
5. 'The Great Clock at Strasburg', *Illustrated London News*, 28 January 1843
6. 위의 문서.
7. 위의 문서.
8. 위의 문서.
9. 다음에서 인용했다. Fred Kaplan in *Dickens: A Biography* (New York: William Morrow, 1988), p. 292
10. Wilkie Collins, *Armadale*, 'Book the Second/Chapter VI: Midwinter in Disguise'
11. See Lisa M. Zeitz and Peter Thoms, 'Collins's Use of the Strasbourg Clock in Armadale', *Nineteenth-Century Literature*, Vol. 45, No. 4 (March 1991), pp. 495-503
12. 'The Great Clock of Beauvais Cathedral and the Strasbourg Clock', *Scientific American*, 21 August 1869

르네상스 시대의 잃어버린 불가사의

데돈디의 천체투영기

천문시계(astrarium)는 지금은 사라진 중세의 가장 위대한 인공물 중의 하나로 꼽힌다. 과학과 기술과 시계 장치로서 조반니 데돈디의 천문시계는 문화적으로 예카테리나 2세의 호박방과 같은 지위를 차지한다. 사실 그 유명한 호박방이 20세기 후반에 재건되었던 것과 마찬가지로, 실제로 작동하는 천문시계의 복제품들이 그와 비슷한 어느 시기에 다시 만들어졌다. 스코틀랜드 네스 호의 괴물처럼 이것은 사람들의 상상력을 사로잡는 대상이 되었다. 그리고 이것은 실존했다.

이 천문시계는 드로잉, 목격담, 서한, 설명을 비롯한 다양한 형태로 역사에 감질나는 흔적을 남겼다. 대공이나 군주가 소유하기도 하고 심지어 황제가 가진 경우도 있었는데 그러고는 사라져버렸다. 역사의 모래에 발자국만 남긴 채로 말이다.

이 시계는 중세를 대표하는 발명품이라는 명성에서 후대의 인쇄기에 필적한다. 이 둘은 유럽이 암흑시대의 어둠으로부터 간신히 빠져나올 수 있게 해준 도구라는 공통점을 지녔다. 덕분에 유럽은 르네상스라는 태

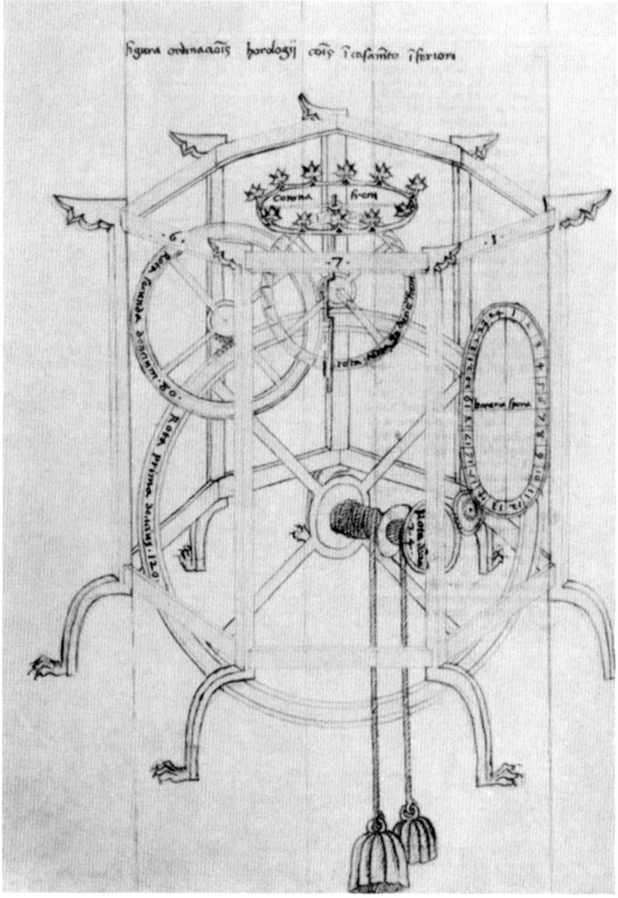

14세기 천문학 교수인 조반니 데돈디의 천문시계 설계 스케치. 천체투영기는 천문시계이자 천체투영관으로도 알려져 있다. 지금은 사라진 중세의 가장 위대한 인공물 중의 하나로 꼽힌다. 일부에서는 이것을 당대 최고의 과학적 업적이자 기적으로 꼽는다. 과거에도 없었으며 미래에도 없을 걸작이라는 것이다.

과학과 기술과 시계 장치로서 조반니 데돈디의 천문시계는 문화적으로 예카테리나 2세의 호박방과 같은 지위를 차지한다. 사실 그 유명한 호박방이 20세기 후반 재건되었던 것과 마찬가지로, 실제로 작동하는 천문시계의 복제품들이 그와 비슷한 어느 시기에 다시 만들어졌다. 사진은 스웨이츠 앤드 리드(Thwaites & Reed) 사가 다시 만든 것이다.

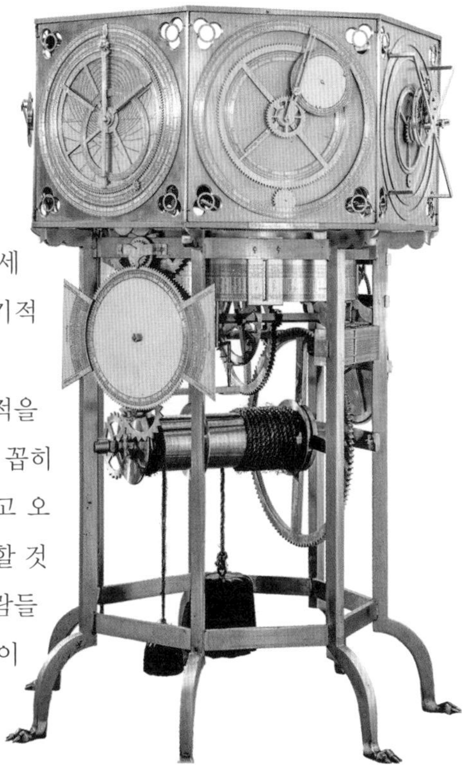

양 아래에서 도롱뇽처럼 빛을 쬘 수 있었다. 그리고 중세의 시계들 가운데 데돈디의 천문시계만큼 경이롭고 기적적인 시계는 달리 없었다.

이 천문시계를 단지 시계라고만 부르는 것은 그 업적을 크게 낮추는 평가이다. 르네상스 인문주의의 초석으로 꼽히는 시인 페트라르카는 당시 천문시계를 보았다. 그리고 오직 "교육받지 못한 사람들"만이 그것을 시계라고 표현할 것이라고 말했다.[1] 천문시계를 직접 보는 행운을 누린 사람들은 그것이 마음에 화상처럼 새겨지는 느낌을 받았고, 이를 통해서 이전과 다른 사람이 되어 돌아갔다.

그런 사람들 중의 한 명이 발명자에게 편지를 썼다. "나는 그 둥그런 시계를 다시 보았습니다. 당신의 손으로 만들었고 당신의 마음속 가장 깊은 곳에서 끌어내 형태를 부여한 걸작 말입니다. 그것은 숭고한 작품이자 멋진 추측의 결과물이며 인간의 천재성으로는 달성할 수 없는 업적이자 과거에는 결코 만들어지지 않았던 무엇입니다. 물론 고대 로마의 키케로가 포시도니우스의 작품에 대해서 찬탄한 내용도 있지요. 그 구형 물체가 밤과 낮 동안에 하늘에서 무슨 일이 일어나는지를 알려준다는 것이었습니다. 해와 달과 5개의 행성 사이를 지나며 공전하는 물체를 통해서 말입니다. 하지만 나는 믿지 않습니다. 당시에 그런 예술적인 능력이 있었다거나 지금 선생의 작품이 보여주는 수준의 숙달된 기술이 있었다는 사실을 말입니다. 나는 또한 후대의 누군가가 이것과 같거나 더 나은 작품을 만들 수 있다고는 믿지 않습니다. 세월의 흐름 속에서 우리는 이같이 숭고한 천재성이 자라는 것을 본 적이 없기 때문입니다."[2]

이 시계는 사람들을 들뜨게 만드는 물건이었다. 르네상스 시대에 사람들이 숭배했던 고대 그리스의 골동품조차도 여기에 미치지 못했고, 당대에는 이와 동등한 물건이 존재하지 않았으며 미래에도 이에 비견할 만한 것이 나타날 가능성이 없었다. 이는 인간의 천재성을 강력하게 상징하는 것이었다. 우주와 그 속에서 인간이 차지하는 위치에 대한 인간의 지식이 발달했다는 사실을 상징하기도 했다.

초대 밀라노 공작인 잔 갈레아초 비스콘티는 돈디의 잘 알려진 후원자였다. 이 채색 목판화는 1906년 밀라노 시청이 발행한 안내 책자에 실린 것이다.

이 시대의 "시계"에 대한 통념과 이 천문시계의 관계는, 프랑스의 비행가 루이 블레리오가 영국 해협을 건넌 단엽기(單葉機)와 아폴로 11호 사이의 관계와 비슷하다.

1미터 높이의 이 천체투영기는 7각형의 틀 속에 자리한 2개의 구역으로 구성되어 있다. 위쪽의 판 7개는 육분의와 비슷한 문자판을 나타내고 있다. 이것은 해와 달, 그리고 당시 알려진 행성인 수성, 금성, 화성,목성, 그리고 토성의 운동을 나타낸다(이것은 당연히 당시의 지구중심적인 프톨레마이오스의 천동설 우주관을 반영한다).

아래쪽에는 24시간을 나타내는 시계, 날짜가 고정되어 있거나 매년 달라지는 종교 축제일을 나타내는 문자판들, 태양과 달의 궤도의 교차점을 나타내는 문자판이 자리잡았다. 여기에 2개의 문자판이 더해졌는데, 이는 파도바에서 해가 뜨고 지는 시각을 가리키는 역할을 했다.

중세의 진정한 경이인 이것은 학자, 철학자, 천문학자, 당대의 지도자들을 불러들이는 세속적인 순례의 대상이었다. 이들 모두는 믿고 있었다. “천체의 운동을 섬세하게 재현한 숭고한 기구는 없었다고 말이다. 과거에 한번이라도 만들어졌다는 기록은 어떤 형태로든 존재하지 않았다. 이 시계를 직접 만든 사람은 앞에서 말한 마스터 존, 즉 조반니 데돈디이다. 그는 놋쇠와 구리만으로, 다른 누구의 도움도 받지 않고 16년 동안 다른 일은 일절 하지 않으며 섬세한 기술을 동원하여 이 시계의 제작에만 매달렸다.”[3]

프란체스코 스포르차가 밀라노의 프란체스코 1세(1450-1466)가 되어서 비스콘티 가문에 이어 밀라노를 지배하게 된 때는 천문시계가 만들어진 지 1세기가량이 지난 시점이었는데도 여전히 공작 가문의 가장 중요한 보물로 간주되었다(1460년경의 초상화. 밀라노 브레라 미술관의 소장품에서 발견되었다).

마스터 존은 중세의 가장 뛰어난 사람들 중 한 명이었다. 하지만 그가 다른 일은 일절 하지 않았다는 이야기는 그에 관해서 알려진 사실과 맞지 않는다. 그는 톱니가 달린 바퀴를 깎고 톱니 회전속도의 비율을 숙고하며 천체의 운행 궤적을 보여주는 일만 한 것이 아니다. 18세기 후반 파도바의 광대한 프라토 델라 발레 광장에 세워진 조각상은 토가(고대 로마의 헐렁한 옷/옮긴이)를 연상시키는 옷을 입고 있다. 혼천의에 섬세하게 얽혀 있는 왼손 손가락 끝은 속세를 벗어난 지성을 나타낸다. 하지만 그는 월링퍼드를 빼다 박은 중세 수도원 학자의 원형은 아니었던 것 같다. 그는 르네상스를 약동하게 만든 다채로운 인물들에 가깝다. 지식과 이해에 대한 끝없는 욕구를 가지고 궁중 생활, 수학, 외교술, 천문학, 정치, 의학 등에 재능을 쏟아부었던 사람들 말이다.

오늘날 역사에 르네상스인이라고 알려진 사람들은 모든 지식이 하나의 정신에 집약될 수 있다고 믿는 시대에 살았던 것으로 보인다. 그 정신을 담고 있는 육체가 충분히 열심히 일하고 충분히 오랫동안 산다는 가정하에서 말이다. 이것은 매우 중요한 가정이다. 예컨대 중세 유럽에서 추시계의 확산에 따른 열광이 1340년대 말 흑사병 때문에 퇴색했다는 점을 감안하면 그렇다. 이 병으로 대륙 인구의 3분의 1 내지 절반이 사망했는데, 이것은 제1차, 제2차 세계대전도 결코 넘볼 수 없는 업적이었다.

천문시계는 14세기의 예비 부품과 고철 더미인 상태에서도 여전히 상상력에 불을 지필 수 있었다. 심지어 볼로냐에서 카를 5세가 신성 로마 제국의 황제 대관식을 할 때에 그의 눈길을 끌었을 정도였다. 대관식은 16세기에 거행된 가장 성대한 의전 행사였다(영국의 물새 사냥용 개와 함께 있는 신성 로마 제국의 황제 카를 5세. 오스트리아의 야콥 자이제네거[1504/5-1567]가 1532년 제작했다).

조반니는 아마 레오나르도급은 아니었겠지만 말하자면 위대한 다빈치의 원형, 초기 모델이라는 주장을 펼 수도 있을 것이다. 그는 뛰어난 집안에서 태어났다. 그의 할아버지는 의사였고, 1290년경에 태어난 아버지 야코포는 파도바 의과대학의 교수로 명성을 떨쳤다. 또한 야코포는 여러 의학 문헌을 저술했고 카라라 공작을 위해서 시계탑을 설계하고, 건설한 것으로 이름이 알려졌다.

카라라 가문이 지배하던 14세기 파도바에서는 예술과 과학이 크게 꽃피었다. 야코포의 아들

조반니는 그중에서 가장 화려한 꽃이었다. 그는 1350년대 초에 파도바 의과대학 교수가 되었으며 그의 경력은 날개를 달았다. 1350년대 말에 그는 천문학, 논리학, 철학 부문 교수를 겸임했다. 1360년대에는 피렌체에서 강의를 했고 1371년에는 베네치아 대사로 파견되었다. 이듬해에는 베네치아 공국과의 경계선을 정하기 위한 위원회의 시민 대표 5명 가운데 1명으로 뽑혔다. 위원회는 성공하지 못했던 것 같다. 결국에는 그해에 베네치아와 의미 없는 전쟁을 벌이기로 결정이 내려졌다. 그도 여기에 찬성표를 던졌다.

프란체스코 다 카라라의 후원을 잃은 조반니는 냉전 당시 과학자들이 철의 장막을 넘어 망명을 하려는 유혹을 받았던 것과 비슷하게 또다른 후원자를 찾았다. 그는 파도바의 잔 갈레아초 비스콘티로, 조반니는 그에게 천문시계를 헌정했다.

잔인하면서도 개화한 인물이었던 비스콘티는 아버지로부터 파비아의 통치권을 물려받고 밀라노를 지배하던 삼촌을 쫓아냈으며 베로나, 비첸차, 피아첸차를 점령했다. 한동안은 파도바도 여기에 포함되었다. 그는 이들 도시를 하나로 묶어서 볼로냐와 피렌체를 공격할 기반으로 삼았다. 그는 자신의 휘하에 도시들을 복속시킨 것과 마찬가지로 탐욕적으로 문화재를 모았다. 그중에서도 데돈디의 천문시계는 최고의 전리품이었다 .

비스콘티가 그에게 "혜택과 영예를 부여한" 것은 놀랄 일이 아니다.[4] 데돈디는 70대에도 북부 이탈리아 궁정의 권력 다툼에 참여했다. 그러다가 1389년 제노바 총독을 만나러 가던 중에 병에 걸렸으며 그해 6월 22일 밀라노에서 숨졌다. 어떤 기준으로 보더라도 바쁜 삶을 살았던 그는 그 와중에도 전문서적들을 저술했고 두 차례 결혼해서 9명의 자녀를 두었다. 그리고 당연히 당대를 대표하는 기계 장치를 발명했다.

이를 설계하는 지식과 조립하는 기술도 그렇지만, 가장 놀라운 것은 그런 장치를 생각해낸 상상력이었다. 방문객들은 이 장치의 독창성에 감탄하는 동시에 이런 장치를 만들 수 있었던 정신력에 경의를 표한다. 이 장치의 목적은 "천문학이라는 고귀한 학문에 공동의 감사를 표하게 만들기 위함"이라고 데돈디는 말했다. "기존의 천문학은 점성학적 오류 탓에 약화되었고 많은 문제들이 생겼으며, 이 때문에 행성의 움직임에 대한 초기 연구 가운데 많은 부분들이 우스꽝스러워졌다"는 것이다.[5]

비스콘티는 이 기계를 프레스코로 장식된 유명한 공작령 도서관의 중앙에 설치했는데, 이곳은 높은 창문에서 빛이 쏟아져 들어오고, 가죽과 벨벳으로 장정된 책들을 지키는 은사슬이 반짝거리는 장소였다. 페트라르카가 여기에서 연구했으며 나중에 다빈치도 그랬다. 다빈치가 그린 상세한 스케치가 천문시계의 행성 문자판이라고 일부는 믿고 있다. 실제로 천문시계와 도서관은 당시의 문화적 상상력 속에서 하나로 결합했다.

스포르차 가문이 밀라노를 통치하게 되자, 천문시계는 스포르차 공작의 마음에서 큰 비중을 차지했다. 그는 고위 공무원을 1명 파견하여 파비아의 도서관 소장품 목록을 가져오게 했다. 또한 이제는 시계를 만든 데돈디가 사망했으므로, 해당 시계를 복원할 사람을 찾아내라는 지시를 내렸다.

시계가 만들어진 지 1세기 정도가 지난 1460년에는 작동이 부정확해졌지만 이 시계는 여전히 수학자 레기오몬타누스에게 강력한 인상을 주었다. 그는 파비아의 성채로 중요한 방문객을 끌어들이는 시계의 힘을 다음과 같이 기록했다. "수많은 성직자와 군주들이 마치 임박한 기적이라도 보려는 듯이 이 장소로 모여들었다. 그리고 사실 그럴 만한 이유가 있었다. 이 작품의 아름다움과 실용성은 너무나 위대하고 실제로 너무나 특별했다. 이를 보고 경탄하지 않는 사람은 한 명도 없었다."[6]

1520년대가 되자 시계는 망가졌다. 조각나지는 않았지만 불완전해진 것은 분명했다. 하지만 14세기의 예비 부품과 고철 더미인 상태에서도 이것은 여전히 상상력에 불을 지필 수 있었다. 심지어 볼로냐에서 카를 5세가 신성 로마 제국의 황제 대관식을 할 때에 그의 눈길을 끌었을 정도였다. 대관식은 16세기에 거행된 가장 성대한 의전 행사였다. 스페인 제국과 그 식민지인 신세계(아메리카 대륙)에서 흘러들어오는 엄청난 부를 상속한 젊은이의 권좌에 신의 축복을 내리는 행사였다. 이 엄숙한 의식을 수행하기 위해서 황제와 교황이 포 강 유역의 이 도시로 함께 왔다. 황제는 오늘날 프랑스 동부에 해당하는 부르고뉴 지방, 그리고 저지대 지방(라인 강, 뫼즈 강, 스헬더 강 하구에 위치한 북해 연안 지역, 오늘날 프랑스 북부 일부와 벨기에, 네덜란드를 포함한다/옮긴이), 합스부르크 왕조의 중부 유럽 지역도 상속받았다. 합스부르크 왕가의 일원으로서 그가 신성 로마 제국의 황제로 선출되는 것은 당연한 일이었다. 실제로 그는 정식으로 즉위했다.

카를 5세는 유럽 대부분은 물론이요, 바다 건너 신비한 지역을 두루 포함한 방대한 영토의 군주이자, 막대한 부와 위대한 개인적 재능을 가진 인물이었다. 르네상스 시대의 세계가 줄

계몽시대의 화신. 18세기 후반 파도바의 광대한 프라토 델라 발레 광장에 세워진 데돈디의 조각상은 고대 로마의 토가를 연상시키는 의상을 입고 있다. 혼천의에 섬세하게 얹혀 있는 왼손 손가락 끝은 속세를 벗어난 지성을 나타낸다. 그 인물의 실제 모습은 이보다 더욱 다채로웠던 것으로 보인다.

수 있는 모든 것을 소유한 사람의 대관식에 선물로 줄 수 있는 것이 무엇이 있을까? 그 답은 당연히 천문시계 부품이었다. 이미 녹이 슬고 흠집이 많이 생겼지만 이것은 지구상에서 가장 큰 권세를 지닌 인물의 흥미를 돋우기에 충분했다.

카를 5세는 장인과 천문학자와 시계공들을 불러서 녹슬고 구부러지고 부서지기 쉬운 부품들을 수리하도록 했다. 그들 가운데 수리를 자신하고 나선 사람은 단 한 명이었는데, 그는 '부품의 상태를 볼 때 고칠 만한 가치가 없을 것'이라고 젊은이다운 자신감을 담아 말했다. 그는 크레모나의 자넬로 토리아노 혹은 유아넬로 투리아노로 알려진 인물이었다. 그는 이후 20년간 천문시계의 최신 형태를 설계했고 추가로 3년 6개월에 걸쳐서 이를 만들었다. 그 무렵 카를 5세는 더 이상 볼로냐에서 클레멘스 교황으로부터 관을 수여받은 원기왕성한 르네상스 군주가 아니었다.

그는 거의 끊임없이 일어나는 전쟁 때문에 일찍 늙어버렸다. 전쟁 상대는 그의 지배령 내에 있던 반역적 요인인 프랑스, 오스만 제국, 반항적인 신교의 군주와 대공들이었다. 결국 그는 은퇴해서 스페인 서부의 엑스트레마두라 수도원으로 들어갔다. 자넬로 토리아노는 저녁 식탁 위에서 나는 새, 말을 타고 행진하며 악기를 연주하는 작은 병사들을 포함한 자동인형으로 후원자인 황제를 즐겁게 했다. 그동안 천문시계를 향한 그의 열정은 식어갔다.

일설에 따르면 토리아노는 천문시계를 완성했고 황제가 은퇴하면서 이것을 가져갔다. 시계는 계속 보관되어 있다가 반도전쟁(영국, 스페인, 포르투갈이 프랑스와 벌인 전쟁으로, 1808년부터 1814년까지 계속되었다/옮긴이) 기간에 마샬 술트에 의해서 수도원이 불태워질 때에 파괴되었다고 한다. 하지만 스미스소니언 박물관의 실비오 베디니와 옥스퍼드 대학교 과학사 박물관의 큐레이터 프랜시스 매디슨의 생각은 다르다. 이들은 문제의 시계를 철저히 조사한 논문을 통해서 사태가 이런 식으로 진행되었다는 설에 회의를 표했다.

대신에 그들은 이 시계가 어느 성에 숨겨진 채, 수세기에 걸친 잠을 깨워줄 누군가를 기다리고 있을 것이라는 희망을 나타냈다. "어느 이탈리아 성의 혼란스럽고도 어지러운 창고에서 언젠가 조반니 데돈디의 시계 원작을 알아볼 수 있을 만한 조각이 발견되는 날이 아마도 오리라고 생각할 수 있다."[7]

이것은 1966년의 이야기이다……. 그리고 앞으로도 여전히 역사와 과학이 천문시계를 다시 발견하고 기뻐하는 날이 오리라고 "아마도 생각할 수 있다."

---

1. 다음에서 인용. Silvio A. Bedini and Francis R. Maddison, 'Mechanical Universe: The Astrarium of Giovanni de'Dondi', *Transactions of the American Philosophical Society*, Vol. 56, No. 5 (1966), pp. 1–69
2. 위의 문서.
3. De Maisieres [90], Tome XVI, pp. 227–22
4. Silvio A. Bedini and Francis R. Maddison, *op. cit.* pp. 1–69
5. 위의 문서.
6. 위의 문서.
7. 위의 문서.

개인용 시계

뉘른베르크의 "향료통" 시계

1987년 어느 시계 기술자의 견습공이 런던의 벼룩시장을 어슬렁거리다가 흥미로운 부품 상자를 발견하고 10파운드에 구입했다. 상자를 열자 당구공 크기의 구멍 난 금속 구(球)가 나왔다. 반구를 서로 연결하는 걸쇠를 조심스럽게 풀자, 그 속에서 작은 기계 부품들이 모습을 드러냈다. 20세기 후반 기준에서는 어설픈 것이었지만 500년 전에 이 금속 공은 최신 기술의 정수이자 최신 유행을 반영한 물품이었다. 세계에서 가장 오래된 휴대용 시계가 500년 가까운 공백을 깨고 방금 모습을 드러낸 것이다.

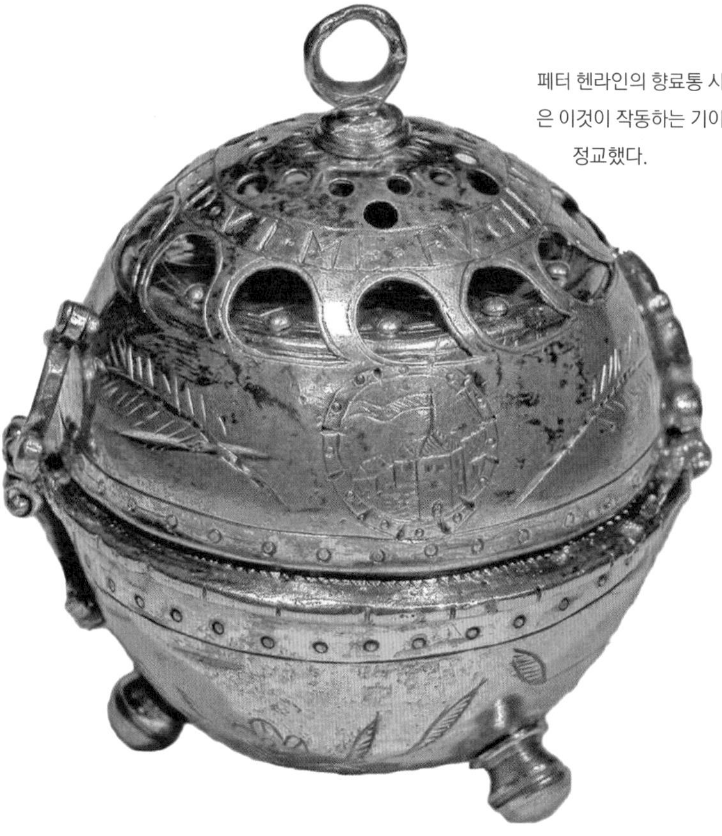

페터 헨라인의 향료통 시계의 조각과 장식은 이것이 작동하는 기이한 방식보다 더욱 정교했다.

1550년경 독일에서 제작된, 세계 최초의 휴대용 시계로 꼽히는 뉘른베르크의 달걀. 2011년 1월 17일 스위스 제네바에서 열린 제21차 국제 명품 시계 박람회에서 전시되었다. 시계 제작사들이 신제품을 선보이는 주요한 국제 행사인 이 박람회는 1월 17일부터 21일까지 개최되었다.

많은 사람들이 그것의 진위를 의심했지만, 몇 차례 주인이 바뀌면서 27년이 지난 2014년 12월 2일, 뉘른베르크에서 전문가들이 모여 이 시계가 5세기 전에 이 도시에서 만들어진 진품이라고 공표했다. 1500년대 초에 제작된 사실상 세계 최초의 휴대용 시계로서, 과학적 검사와 레이저 마이크로 스펙트럼 분석을 통해서 모든 부품에 미세한 글자가 새겨져 있는 것이 발견되었다는 내용이었다.

가장 긴 문자열은 'MDVPHN'이었는데 앞의 세 글자는 1505년을 가리키는 로마 숫자로 해독되었다. 마지막의 'N'은 뉘른베르크, 중간의 'P'와 'H'는 제작자인 페터 헨라인의 이니셜을 나타낸다고 한다. 실제로 'PH'가 새겨진 횟수를 고려할 때, 위원회는 이것이 시계 제작자 본인의 시계라고 믿었다. 역사적인 발견이었다.

1905년 뉘른베르크에 세워진 페터 헨라인의 동상.

헨라인은 독일 제3제국의 왜곡된 문화에서 너무나 중요한 인물이 된 나머지 그의 초상은 우표에까지 실렸다.

15세기 말부터 시계는 휴대용 물품이 되었다. 이것은 추시계보다 크기가 더 작은 태엽식 시계에서 발전했다. 그러나 휴대용 시계는 개인이 정확한 시간을 알 필요가 있어서 탄생한 것은 아니었다. 매우 초기의 "휴대용 시계들"은 본질적으로 믿을 수 없었다. 대강 몇 시쯤인지도 분명하지 않은 수준이었다.

측정한 시간이 너무 엉터리여서 차라리 해시계를 보는 것이 나을 지경이었다. 이들 시계에는 심지어 몇 분인지를 가리키는 바늘

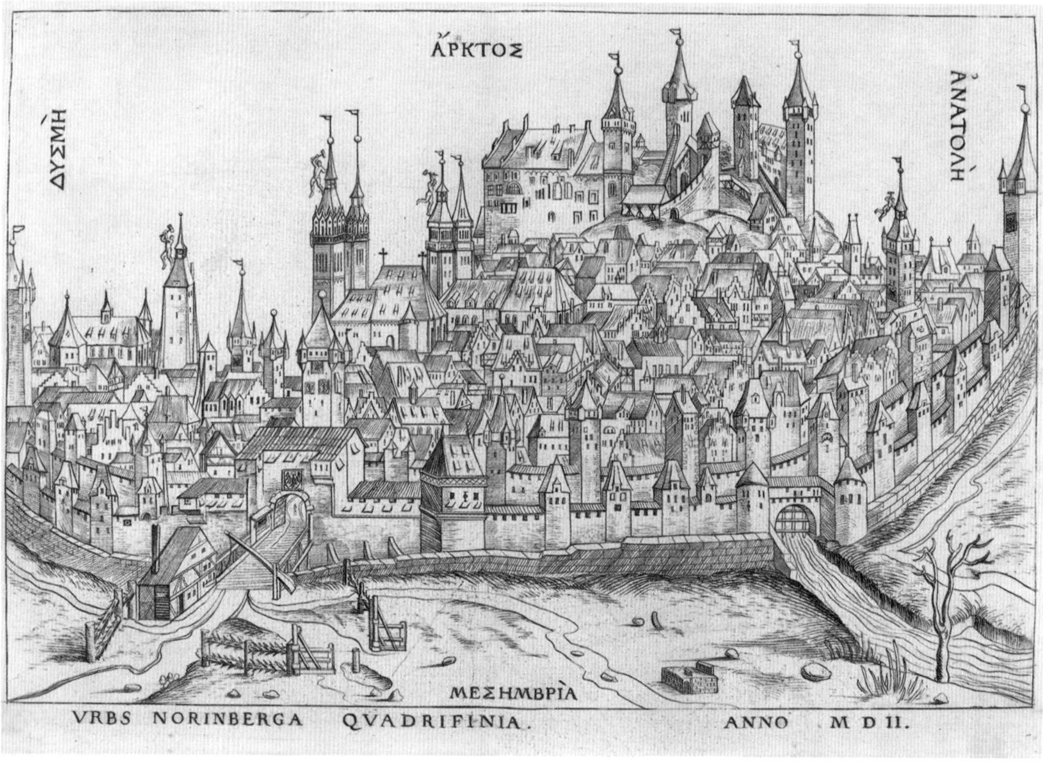

뉘른베르크는 나치 집회나 전쟁범죄의 재판과 관련되기 훨씬 이전에, 독일 르네상스의 창조적이고 지적인 중심지로 활짝 꽃피웠다.

영화「불후의 심장」의 한 장면에 등장하는 게오르게 하인리히와 크리스티나 죄더바움. 하인리히는 헨라인 역을 맡았다.

조차 없었다. 초침처럼 당치않게 의욕적인 장치는 더더욱 말할 것도 없다. 시계학적으로 볼 때, 이들 "드럼", "달걀", "양파", "향료통" 시계(드럼이나 구형이나 알 모양으로 생겨서 붙은 이름)는 쓸모없는 고철 덩어리에 지나지 않았다. 하지만 그 소유자에게는 엄청난 자부심의 근원이 되었다. 이 시계를 끈이나 금으로 줄을 만들어 목에 건 사람들의 기분은 어땠을까. 1980년대 힙합에 미친 사람들이 폭스바겐이나 벤츠의 라디이에이터 그릴에서 뜯어낸 로고를 목에 건 가수들을 회상할 때와 같았을 것이다.

르네상스 후기에 패션 리더들의 목에 부담을 주던 원통형 시계(시와 분이 회전하는 드럼의 표면에 표시되는 시계/옮긴이)의 주 기능은 착용자를 돋보이게 하고 스스로 특별하다고 느끼게 하는 것이었다. 1987년 벼룩시장에서 발견된 것과 같은 종류의 시계는 500년 전 한때 가장 소중한 재산들 중의 하나였을 것이다. 아름다움과 사치스러움과 고귀함과 최신 기술이 결합되었기 때문이다.

향료통 이전에 헨라인의 이름은 뉘른베르크의 달걀이라고 불리던 시계와 연관되어 있었다. 그리고 오늘날 헨라인은 뉘른베르크의 달걀을 발명한 사람으로 기억된다. 이것은 부분적으로 괴벨스가 총애했던 영화 제작자, 파이트 하를란의 작품 덕분이다. 그는 1939년 영화「불후의 심장」에서 헨라인이 휴대용 개인 시계를 발명하는 모습을 보여주었다.

뉘른베르크의 시계는 형언하기 어려운 매혹적인 기분을 착용자에게 선사한 지 4세기 후에 나치의 선전물로 활용되었다. 그러나 최초의 휴대용 기계식 시계로서 이들 초기 시계가 가지는 중요성은 국수주의적인 선전의 도구로서가 아니라 그보다는 인류가 발전해온 과정을 담은 대하소설의 일부로서 의미가 있다고 보아야 한다.

신성 로마 제국의 엄청난 부자

신성 로마 제국 루돌프 2세의 '음악을 울리며 움직이는 배 모양의 기계식 시계'

보이지 않는 신호에 맞추어 갤리언 선(15-17세기 유럽의 외항용 대형 범선/옮긴이)의 갑판에 있는 나팔수 군단이 악기를 들어올려 입술에 가져가면 황제의 팡파르가 대기를 헤치고 나아가고 연주자들도 북을 치기 시작한다. 수병들과 망루에서 망을 보는 군인들은 당연히 차렷 자세로 뻣뻣하게 서 있다. 이들은 황제의 위엄을 마주하고 있다. 기독교 세계에서 가장 큰 권력을 지닌 신성 로마 제국의 황제 폐하가 갑판에 있다.

금실로 짠 차양 아래의 옥좌에 앉은 그는 자신의 위대한 존엄에 대해서 차분히 명상하고 있다. 화려한 의장품과 장신구들이 그의 주위를 둘러싸고 있지만 그중에서도 단연 돋보이는 것은 큰 돛대에 거대하게 장착된 황금 쌍두 독수리이다. 금박을 입힌 표면에서 빛이 반짝인다.

황제 폐하 앞에는 그보다 약간 덜 호화롭게 차려입은 7명의 사람이 있다. 이들은 선제후(황제선출권을 가진 제후/옮긴이)로서 여기에서 황제는 '동료들 중 1인자(primus inter pares)'에 속한다. 사자를 앞세운 그들은 1명씩 복종을 맹세하고 그 보답으로 황제의 축복을 받는다.

돛을 내린 배가 좌우상하로 요동치자 돛대도 흔들린다. 이 모든 시간 동안에 북 소리는 엄숙하고도 장중하게 울려퍼진다. 이를 깨는 것은 오직 수병들에게 지시를 내리는 호각 소리뿐이다. 그리고 공기는 매운 연기로 가득 차고 대포가 포효하며 발사된다.

포연이 걷히면 열광적인 박수갈채, 기쁨과 감탄의 함성이 대기를 채운다. 모든 세부 사항을 완벽하게 갖춘 이 갤리언은 미니어처이다. 황제의 권력을 나타내는 이 축소된 형태의 연극은 황제의 저녁 식사에 초대된 손님들을 즐겁게 해주기 위한 식전 공연이다. 배의 주요 "돛대"는 식탁에서 1미터 정도 되는 높이에 있고, 그 아래에 있는 숨겨진 바퀴는 자체 동력에 의해서 천천히 굴러간다. 내부의 소형 파이프오르간과 팽팽한 가죽 북이 음악을 연주하고, 돛대는 좌우로 흔들리며 항해하는 배의 움직임을 나타낸다.

배의 움직임, 음악, 포격 소리를 포함한 모든 것들은 인간의 개입 없이 진행된다. 그리고 왁자

감수성이 예민하며 내성적인 루돌프 2세는 신비스러운 물건에 매혹되었다. 그는 대단한 황제는 아니었을지 모르지만 예술과 과학 분야에서는 누구 못지않은 후원자였다. 그는 전통적으로 빈에 자리한 궁정을 프라하로 옮겼다. 프라하는 몇십 년간 유럽의 지적이고 예술적인 나방들을 유혹하는 불꽃 역할을 했다.

지껄하는 찬탄의 소리가 잦아들면 투명하고도 낭랑하게 짤랑거리는 소리가 대기를 채운다. 돛대 꼭대기에서 망을 보는 군인들이 초소형 망치로 망대 측면을 때려서 황제의 독수리 바로 아래에 있는 시계 문자판에 나타난 시간을 알려주는 것이다.

징도, 벨도 없었고 품위 있는 시종이 "만찬이 준비됐습니다"라고 엄숙하게 알리는 일도 없었다. 대신에 시무룩해 보이는 황제는 마술 같은 기계의 쇼에 맞추어 식탁의 주빈 자리에 털썩 앉았는데, 이것은 식사 시간이 되었음을 알리는 행위였다. 이 기계는 시계이자 자동인형이며 르네상스의 주크박스이면서 예술품이었다.

황제의 외모에서 가장 먼저 눈에 들어오는 것은 그의 턱이다. 황제의 턱수염은 넓은 턱을 가리지 못했다. 아래턱은 너무 심하게 돌출되어, 아마존 원주민이 입술이 밖으로 튀어나오게 만드는 기구를 아랫입술에 넣은 것처럼 보였다. 이 탓에 목 주위의 주름 칼라가 왜곡될 정도였고, 몸에서 분리된 듯한 머리가 스스로 균형을 유지하고 있는 듯 보였다. 아래턱뼈 돌출증은 비뚤어진 커다란 아래턱과 돌출한 턱, 부풀어오른 아랫입술이 특징이며, 혀가 이상하게 큰 경우도 가끔 있다. 이것은 유전자 풀이 작다는(근친 결혼이 많았다는 의미이다/옮긴이) 증거이다. 이것은 유럽을 지배한 특정 가문의 특징으로서 지금도 합스부르크 왕가의 턱이라고 불린다.

식탁의 주빈석을 차지한 인물은 이 가문의 우두머리이기도 했다. 그는 모형 갤리언에서 왕좌를 차지하고 있는 작은 황금 인물상과는 닮은 부분이 거의 없지만 그럼에도 불구하고 신성 로마제국의 황제 루돌프 2세였다. 그는 침울한 인물이었다. 거의 기독교에서 초래된 암울함이 그의 주위를 후광처럼 둘러싸고 있었다. 그리고 턱을 제외하면 그의 가장 두드러진 특징은 어두운 눈에 있었다. 깊은 우울에 빠진 듯한 눈은 긴 코를 내려다보고 있는데, 그 시선을 오만해 보이게 해야 할지, 지쳐 보이게 해야 할지를 스스로 결정할 능력이 없는 듯이 보였다.

황제의 권위를 담은 상징이 가득한 걸작으로, 금박을 입힌 황동제 네프(nef : 배 모양의 식탁용 그릇/옮긴이)는 시계 위로 합스부르크 왕가의 쌍두 독수리를 두드러지게 보여주고 있다. 그리고 선제후들이 신성 로마 제국 황제에게 아부하는 모습도 담고 있다.

"16세기로 접어드는 전환기에 유럽의 지형에서 지배적인 사건은 합스부르크 집안의 위상이 갑자기 과도하게 높아졌다는 것이다."[1] 세기의 마지막 25년이 되자 프라하에 있는 루돌프 2세의 궁정이 문제의 과도하게 높은 위상을 대표하게 되었다.

루돌프 2세가 다스리던 신성 로마 제국은 이질적인 주권 국가들을 모아놓은 광대한 조각보 같았는데, 그 영토는 오늘날의 독일을 포함하여 각기 다른 시기에 네덜란드부터 이탈리아, 프랑스에서 폴란드에 이르는 영역의 일부 혹은 거의 전부를 아울렀다. 유럽 연합 같은 것이 이런저런 형태로 1,000년간 유지되었던 것이다. 루돌프 2세의 매우 지적인 눈썹 위에 지금 자리해 있는 왕관은 한때 위대한 샤를마뉴의 머리 위에 얹혀 있던 것이라고 전해진다.

루돌프는 1576년에 처음 이 왕관을 썼는데 샤를마뉴와 이토록 비슷하지 않은 지도자는 상상하기 힘들다. 그는 결정적인 조치를 취할 능력이 거의 없음을 스스로 보여주었으며 그의 지배하에 있는 것으로 추정되는 국가들을 한데 묶는 능력도 절망적일 정도로 모자랐다. 심지어 그는 왕가의 가장 기본적인 의무조차 이행하지 않았다. 결혼을 기피했으며 이에 따라서 제국의 안정성을 위한 최소한의 선택지가 될 수 있는 후손을 낳지 않았다(궁정의 골동품상의 딸과 동침하여 자식들을 낳았지만 말이다). 샤를마뉴가 예술을 활짝 꽃피워 소위 카롤링거 르네상스를 일으켰다면, 루돌프는 16세기 예술과 과학의 가장 큰 후원자였다.

16세기는 전쟁의 세기였다. 승계전쟁, 또 승계전쟁, 해방전쟁, 종교전쟁, 가톨릭과 칼뱅파의 전쟁, 기독교인과 무슬림 간의 전쟁, 몇 주일간 계속된 전쟁, 몇십 년간 이어진 전쟁……. 한마디로 말해서 그 시대의 유럽은 떠들썩하고 폭력적이었지만 루돌프는 그렇지 않았다. 섬세하고 우

맞은편 : 금박을 입힌 커다란 전함 모형이 신성 로마 제국의 황제 루돌프의 저녁 식탁에서 덜컹거리며 굴러갔다. 모형에서는 인물상들이 움직이고 음악이 울렸으며 극소규모의 일제 함포 사격까지 이루어졌다.

울한 지배자에게 이 모든 것들은 지나치게 공격적으로 느껴졌다. 따라서 그는 가능한 최대로 현실에서 도피하여 예술과 초자연적인 것에 관심을 집중했다.

그는 그럴 능력이 있었기 때문에 자신만의 세계를 창조하기로 결심했다. 아름다움과 마술이 함께하는 장소 말이다. 그는 전통적으로 빈에 자리한 궁정을 프라하로 옮겼다. 프라하는 몇십 년간 유럽의 지적이고 예술적인 나방들을 유혹하는 불꽃 역할을 했다. 골동품 수집가와 연금술사, 시인과 화가, 음악가와 수학자들이 이 도시에 빛을 더했다. 루돌프 치세 말기의 프라하는 파리나 런던보다 규모가 컸다. 루돌프의 궁정에서는 엘리자베스 1세의 고문이던 존 디를 만날 수 있을지도 모른다. 마술을 수학만큼이나 실질적인 것으로 보던 인물 말이다. 혹은 덴마크의 천문학자이자 점성술사, 연금술사이자 귀족인 튀코 브라헤와 마주칠 수도 있다. 이 궁정이 너무나 훌륭했던 탓에 루돌프는 자신이 샤를마뉴가 썼다고 추정되는 것보다 더 큰 왕관을 쓸 자격이 있다고 생각했다. 그래서 1602년 그는 4킬로그램에 가까운 무게의 왕관 하나를 추가로 주문했다.

루돌프의 프라하는 고결하고 예산이 많이 드는 테마 공원이자 황제의 네버랜드였다. 그곳은 사자, 호랑이, 곰, 늑대, 밝은색의 "인도 까마귀"(당시 앵무새를 그렇게 불렀다) 등의 이국적인 동물들로 가득 채워져 있었다. 당대 최고의 인재들이 모였고 가장 아름다운 예술품으로 장식되었으며 가장 정교하고 화려하며 독창적인 기계 장치를 통해서 궁정의 세련됨을 과시할 수 있었다. 그중에는 황제가 손님들을 즐겁게 해주던 시계 갤리언, 즉 "네프"도 포함되었다.

이런 종류의 작업의 대가(大家)는 북유럽 르네상스로 급격히 발전하는 중이던 아우크스부르크의 시민인 한스 슐로트하임이었다. 그가 문화적으로 저명해진 것은 루돌프의 치세가 시작된 시기와 정확히 겹친다. 루돌프가 제위를 이어받은 것은 1576년이었다. 슐로트하임은 1547년 색슨족 시계공의 아들로 태어나 1576년 아우크스부르크의 시계공 조합에서 명장 칭호를 받았다. 그로부터 10년 후에는 이 조합의 수호자 혹은 감독관으로 임명되었다.

그러나 이런 경력이 이 사람의 엄청난 창의력을 표현해주지는 않는다. 1577년 그는 자신의 집 정면에 시계를 설치했다. 15분 단위로 몇 시, 몇 분인지를 알려주는 아우크스부르크 최초의 장치였다. 도시의 시계는 동시성이라는 사회적 접착제를 만들어냈다. 예배당, 정부 기관, 상업 회사, 가정집들은 벨 소리에 맞추어 규칙적으로 일을 할 수 있었다. 그리고 15분 단위로 벨소리가 울리면 시간대가 더 정확해지고 이에 따라 위에서 열거한 활동을 정해진 시간에 더욱 효율적으로 할 수 있게 되었다. 이는 시간이 예전보다 더욱 작은 단위로 나뉜 덕분이다.

이는 시민의 편의를 위한 장치 이상의 것이었다. 당시 유럽의 주요 도시들은 문화와 과학 분야의 일종의 군비 경쟁과 같은 소프트 파워 게임에 참여하고 있었다. 당시의 시계는 냉전시대에 이 도시에서 저 도시로 옮겨지던 대륙 간 탄도탄과 같은 역할을 했다. 슐로트하임의 시계는 크기나 화려함, 복잡성에서 전설적인 스트라스부르의 경이에는 미치지 못했으나, 그의 15분 단위의 시

계는 아우크스부르크에 근대의 첨단 도시라는 지위를 가져다주었다.

그러나 이것은 슐로트하임이 자신을 후원해준 황제에게 충성을 담아 만들기 시작한 작품에는 비할 바가 못 되었다. 그의 전문 분야는 트럼펫을 연주하는 자동인형이었지만, 그는 장인의 솜씨를 발휘해서 예수의 성탄 장면을 묘사하는 자동인형, 즉 구리로 된 태엽 장치 한 쌍으로 아름답게 장식된 시계를 만들 수 있었다.

그의 후기 작품 중에는 구약의 바벨탑을 묘사한 1.2미터 높이의 놀랄 만한 시계도 있었다. 비록 황제와 신들과 7개의 인문학 분야, 즉 문법, 수사학, 논리학, 음악, 천문학, 기하학, 산술의 화신들로 장식된 것이기는 했지만 말이다. 매 분마다 탑에서 수정 구슬이 떨어져 나선형의 궤도를 구르는 동안 상자 속에서 두 번째 구슬이 위로 올라간다. 첫 번째 구슬이 자동인형을 구동시켰는데, 토성의 신은 여타의 행성과 관련된 신들의 움직임에 발맞추기 위해서 망치로 종을 쳤다. 아래층의 피리 부는 사람들은 바닥의 달력과 마찬가지로 시계와 직접 연결되어 있다. 하루 두 차례 오르간이 선율을 연주하고 이에 맞추어 연주자들은 자신의 악기들을 들어올린다. 이 탑은 고대부터 당대의 루돌프 2세에 이르는 황제들의 초상화로 장식되어 있다. 이런 방식으로 황제에게 아부를 하는 것은 르네상스 시대의 또다른 거장 셰익스피어와 매우 비슷하다. 『맥베스(*Macbeth*)』에서 그는 마녀들이 맥베스 부인에게 보여준 환영에서, 스튜어트 왕조와 관련한 왕위 계승을 가공의 인물

자크마르는 금속으로 된 "돛대 꼭대기의 망집"의 측면을 쳐서 시간을 소리로 알렸다.

시계이자 자동인형이며 르네상스 시대의 주크박스이자 예술품인 물체에 동력을 제공한 기계 엔진.

인 뱅쿼와 연결시켜 묘사했다(당시 영국의 국왕 제임스는 실존하던 뱅쿼의 후손으로 알려졌다. 셰익스피어가 참고한 영국 역사서 『홀린셰드 연대기[*Holinshed's Chronicles*]』에서 뱅쿼는 맥베스와 공모하여 왕을 살해했다고 기록되어 있지만 희곡에서는 왕의 충직한 신하이자 맥베스의 적으로 묘사된다. 뱅쿼를 가공의 인물로 묘사한 것은 작가의 착각에서 비롯된 것으로 보인다/옮긴이).

그러나 슐로트하임의 이름은 기계식 소형 갤리언 3척, 다시 말하면 식탁을 장식하는 네프 3개를 통해서 가장 널리 알려졌다. 이것은 역사의 거친 조류를 타고 넘어 오늘날까지 살아남았다. 이것들은 영국 박물관, 빈 미술사 박물관, 프랑스의 르네상스 국립 박물관에 소장되었다.

이것들은 시계 제조공, 보석상, 화가, 조각가, 함선 설계자, 총포 제작자, 음악가, 유약 칠 장인의 기술을 집약한 눈부신 예술품이다. 슐로트하임의 기술은 능력 있는 시계 제작자를 훨씬 넘어선다. 시계 제작자로서 그는 인간의 움직임과 바다에서 배의 움직임, 대포의 작동, 시간 알림을 모두 기계적으로 재현하는 톱니와 태엽, 작은 기어와 축을 고안할 능력이 있었다. 그는 또한 스튜디오 감독으로서의 재능도 갖추었다. 오늘날 이 같은 작업은 종합 프로젝트 운영이라고 해야 할 것이다. 도금사와 악기 제조자를 포함한 다양한 분야의 숙련된 장인들을 통합적으로 관리하는 일 말이다.

슐로트하임은 지식과 기술이 다양해지고 전문가의 시대가 열리기 전에 재능 있는 전문가들의 오케스트라를 지휘한 인물이었다. 당시는 박학다식한 르네상스적인 인물의 시대였다. 여기 해당하는 인물은 신하와 지배자들뿐만 아니라 슐로트하임 같은 사람들 사이에도 있었다. 이 인물은 숙련된 기술자, 예술가, 기계 전문가, 음악가로, 자신의 기술과 다른 사람들의 수완을 한데 모아 인간 지식의 총합을 마술의 경계로까지 끌어올리는 물건을 만들 능력을 갖추었다.

시계가 바로 그런 물건이었다. 시계는 16세기에 대단한 신분을 나타내는 상징이었고 끔찍한 약탈자인 시간을 시계가 길들였다는, 사람들이 가지고 있던 환상을 강화해주었다. 또한 시간은 귀중한 것이므로 시계는 공예 기술자로 하여금 시계를 소유한 사람이 중요한 위치에 있음을 드러내게 만드는 매개체가 되었다. "네프"는 이 같은 복잡한 상징을 최고로 과시한 물품이다.

그러나 이것은 단순히 부유층이 애호하는 장치 이상의 것이었다. 전기작가들 가운데 한 사람이 말하듯이, 루돌프는 "인간이 만든 기구가 인간 감각의 한계를 확장할 수 있다는 믿음"에 사로잡혀 있었다.[2] 그리고 인간이 만든 기구들 중에서 시계는 루돌프에게 특히 귀중했다. 과학과 마술의 만남을 상징하는 강력한 물체였기 때문이다.

갤리언 시계는 은유와 의미로 가득 차 있었다. '국가(상징적인 의미이다/옮긴이)'로서 그것은 완벽하게 기능했고, 시계인 만큼 그에 걸맞게 정확하게 작동했다. 대포는 감히 황제의 권력에 의문을 제기할 수도 있는 존재들에게 보내는 경고였다. 그리고 선제후들의 복종을 나타내는 무언극으로서 황제의 종주권을 분명하게 강조하고 있었다.

1999년 3개의 네프를 한 자리에 모아서 전시한 큐레이터, 줄리아 프리치는 루돌프가 갤리언 시계들을 주문한 이유가 따로 있다고 넌지시 말했다. 갤리언 시계들은 신성 로마 제국과 오스만 제국 사이에 50년간 평화가 유지된 데에 대해서 술탄에게 경의를 표시하기 위한 물품이었다는 것이다.[3] 작센 지방 선제후의 소장품 목록(2004년 해당 문서가 확인되었다)에는 네프들 중 하나에 관한 다른 언급이 있다. 이에 따르면 이 네프는 제국 내에서 영향력이 큰 선제후의 환심을 사기 위한 (이와 동시에 루돌프의 위상을 다시 일깨워주는) 외교적 선물이었을 가능성이 있다.

만일 이것이 의도된 목표였다면 통렬하게 이율배반적이라고 할 수 있다. 네프는 오스만 제국과의 화합이나 제국 내에서의 황제 권위 중 어느 것도 보장해주지 못했기 때문이다.

루돌프는 매력적이고 사려 깊은 인물였으며 역사상 가장 괴팍한 사람이기도 했다. 하지만 그는 르네상스 시대의 지도자로서의 자질을 갖추지 못했다. 마침내 그가 오스만 제국에 대한 전쟁에 돌입했을 때, 이것은 너무나 큰 재앙이었던 나머지 그의 동생이 쿠데타를 일으켜 황제를 가택연금했다. 루돌프는 마법의 힘으로 자신의 동생을 처벌하려고 시도한 것으로 알려져 있다. 하지만 애석하게도 그가 바란 힘은 나타나지 않았으며 프라하에서 죽음을 맞은 사람은 본인이었다.

---

1. Norman Davies, *Europe: A History*, p. 524
2. Peter Marshall, *The Mercurial Emperor* (London: Pimlico, 2007), p. 99
3. Julia Fritsch, *Ces curieux navires: Trois automates de la Renaissance* (Paris: Réunion des Musées Nationaux, 1999), p. 19

묻혀 있던 보물

치프사이드 보물창고의 에메랄드 시계

1912년 6월, 런던 치프사이드(런던을 동서로 가로지르는 큰길. 중세에 유명한 시장이었다/옮긴이)와 프라이데이 가(街) 모퉁이에서 250년간 버티고 있던 건물이 돌 더미로 변했다. 이 자리에 새로 들어설 건물에는 예전보다 깊은 지반이 필요했다. 따라서 일꾼들은 지하 저장고 위에서 곡괭이로 바닥을 파면서 17세기의 마지막 흔적을 제거하고 있었다. 그러다가 한 사람이 땅에서 반짝거리는 무엇인가를 발견했다. 곡괭이로 썩은 나무상자의 뚜껑을 쪼갠 탓에 과거를 향한 창이 열린 것이다. 제임스 1세 시대(1603–1625)의 런던을 향하는 창이었다.

상자 조각을 서둘러 치운 일꾼들은 자신들에게 찾아온 행운을 믿을 수 없었다. 20세기 초 일꾼들의 삶은 그다지 선망의 대상이 아니었다. 그러나 이들은 지금까지

치프사이드 보물창고의 별.
커다란 콜럼비아산 에메랄드에
박혀 있는 회중시계.

발견된 17세기의 보석들 가운데 가장 뛰어난 소장품을 우연히 발굴한 것이다. 모두 합쳐 수백 점에 달했다. 경질석으로 만든 파딩(farthing : 페니의 4분의 1에 해당하던 영국의 옛 화폐/옮긴이) 크기의 세공물, 고리로 길게 이어진 사슬 목걸이, 브로치와 펜던트들이 런던의 진흙 속에 엉켜 있었다.

이 건물은 런던에서 가장 유명한 동업 조합으로 꼽히는 '고매한 금세공인 협회'의 소유였다. 그리고 건물 철거 계약서에는 임차인이 원한다면 건물에서 나온 물건을 가질 수 있다는 조항이 있었다. 다만 "흥미를 끌거나 가치가 있는 모든 유물이나 물품들은 예외로 한다. 이런 것들은 임차인이 보관했다가 임대인에게 넘겨야 한다"라는 단서가 붙어 있었다.[1]

그러나 임대인과 임차인 사이의 계약은, 평생 삽질과 괭이질을 하면서 손에 못이 박인 사람들에게는 알 바가 아니었다. 법률 문서의 잉크를 손에 묻히던 사람들이 아니었던 것이다. 일꾼들은 자신들이 매장된 보물을 발견했다는 사실조차 몰랐을 가능성이 있다. 그들 중 한 명의 말에 따르면, 오래된 장난감 가게를 파낸 줄 알았다고 한다. 하지만 그들은 무엇인가 중요한 것을 찾아냈다는 사실을 알았으며 이것을 가지고 어디로 가야 할지도 정확히 알고 있었다.

"그곳은 아마도 런던에서 가장 이상한 가게라고 해야 할 것이다. 문 위에 붙은 간판은 이집트의 무덤에서 발굴된 조각상(Ka-figure : 부활을 기다리는 영혼이 머물 자리를 제공한다는 고대 이집트의 조각상/옮긴이)으로 40년 가까운 겨울을 겪는 동안 쪼개지고 낡은 상태였다. 창가에는 놀라운 물품들이 뒤죽박죽 진열되어 있었다. 고대 이집트의 사발 옆에 일본도(日本刀)의 날밑(칼날과 자루 사이에 끼워서 손을 보호하는 테/옮긴이)이 있었으며, 엘리자베스 시대의 항아리에는 색슨족의 브로치, 부싯돌로 된 화살촉이나 로마 시대의 동전이 들어 있었다."[2]

이것은 원즈워스 웨스트힐 7번지의 골동품 상점에서 일하던 H. V. 모턴이 쓴 글이다. 가게의 소유주는 조지 페이비언 로런스였다. 에드워드 7세 시대에 런던에 있는 수많은 신축 공사장에서 힘들게 일한 수천 명의 일꾼들에게 그는 스토니 잭이라는 이름으로 널리 알려졌다. 콧수염을 기르고 안경을 썼으며 숨을 쌕쌕거리며 쉬는 키 작은 사내로 싸구려 시가를 무척 좋아했다. 한마디로 그는 상냥한 은행 직원처럼 보였다. 그는 하워드 카터 같은 명성을 누리지는 못했지만 그럼에도 불구하고 당대 최고의 고고학자였다. 1890년대부터 그가 사망한 1939년까지 그는 런던의 고고학적 탐구를 혼자서 해냈다.

당시 런던은 대규모 재개발이 진행되면서 점점 확대되던 중이었다. 가장 힘든 일은 여전히 곡괭이와 삽으로 한 탓에, 런던의 옛 물건들은 계속해서 일꾼들에 의해서 발굴되었다. 로런스는 이 도시에서 건물을 새로 짓는 지역을 돌아다니면서 노동자들과 대화를 나누었다. 그는 출토되는 물건이 있으면 무엇이든 사들이겠다는 의사를 밝혔다. 화살촉 1개가 되었든 이번 경우처럼 금속이 꽂혀 있는 진흙 덩어리가 되었든 말이다.

스토니 잭이 진흙을 씻어내자 250년 넘게 빛을 보지 못했던 보석이 다시 한번 반짝였다. 그의

평생에 다시는 마주하지 못할 엄청난 발견이었다.

"장물아비"이자 "골동품상"인 그는 나중에 길드홀(Guildhall : 장인 조합의 집회소/옮긴이)과 영국 박물관의 직원이 된다. 그는 건축 현장과 런던의 주요 박물관을 잇는 비공식적인 통로였다. 완전히 합법적이지도 완전히 범죄도 아닌 어스름한 영역에서 일했다. 고고학은 아마추어의 전유물인 경우가 흔했고 박물관의 큐레이터들은 소장품을 구매할 때에 오늘날과 달리 규정에 얽매이지 않았으며 재량권이 컸다. 때때로 그는 작은 물건들을 현장에서 바로 구입하기도 했다. 하지만 부지 소유자나 공사 감독의 주의를 끌 만큼 크거나 중요한 발견물은 토요일에 웨스트힐로 밀반출하는 일이 잦았다. 로런스가 이 일을 한 이유는 돈에 대한 과도한 욕심은 아니었다. 그는 유물을 파는 일꾼들에게나, 그에게서 이것들을 기꺼이 사들이는 박물관에나 공정하기로 유명했다. 말년에 그가 주장한 바에 따르면, "15년간 런던에서 발굴해 런던 박물관에 넘긴 물건만 해도 1만5,000점이었다."[3] 그를 움직인 주된 동기는 과거에 대한 진정한 사랑이었다. 런던의 건물과 포장도로 아래에 보존된 물건이 간직하고 있는 과거 말이다.

메디치 가 출신의 마리 왕비가 1637년 10월 29일 런던에 입성하는 장면을 담은 치프사이드 풍경. 그녀는 프랑스 앙리 4세의 부인이자 루이 12세의 어머니이다.

그는 당시 아직 개관하지 않은 런던 박물관이 이 저장물들을 소장해야 한다고 믿었다. 그리고 박물관의 이사들이 이 물건들에 관한 문제를 논의하기 위해서 회의를 개최한 당일에 그는 발굴 조사관으로 임명되었다. 저장물의 존재는 2년간 비밀에 부쳐졌다가 1914년 3월 조지 5세와 메리 왕비가 공개했다. 스태퍼드 하우스를 새 런던 박물관으로 단장하여 문을 여는 행사에서였다. 「타임스」는 "가장 눈길을 끈 것들 중 하나는 금과 은의 방"이라고 보도했다.

> 이 방에는 런던에서 발견된 17세기 초반의 보석 소장품이라는 유일무이한 유물이 전시되었다. 이 보물은 상자에 든 채 매장되어 있었는데 원래 어느 보석상의 소유였다. 많은 복제품들이 있었으며 일부 물품은 완성되지 않은 상태였다. 모두 340점이 발견되었는데 반지, 펜던트, 사슬, 향수병, 향료통과 시계, 그리고 수정과 금으로 만들어진 성찬식 세트의 일부가 여기에 포함되었다. 디자인은 섬세하고 우아하며 만듦새는 뛰어났다. 제임스 1세 시대에 만들어진 장식품들임에도 불구하고, 그것들 중 한두 점은 오늘날의 아르 누보와 비슷해 보인다는 점이 흥미로웠다.[4]

이 모든 것들 중에서 특히 두드러진 물품이 하나 있었다. 달걀 크기의 에메랄드를 깎고 경첩을 달아서 그 속에 시계를 넣을 수 있게 만든 것이었다.

1600년경의 물품으로 추정되는 "에메랄드 케이스에 들어 있는 시계는, 치프사이드 보물창고에서 가장 호화로운 물건이기만 한 것이 아니다." 런던 박물관 큐레이터인 헤이즐 포사이스에 따르면, 이것은 "세계에서 가장 진기한 보석 중의 하나이다."[5] 시계 자체는 조각된 문자판, 균력차(均力車, fusee), 3개의 톱니바퀴 열을 갖춘 아주 작은 걸작품이다. 물론 특별히 정확했을 리는 없다. 하지만 이런 점은 중요하지 않다.

이것은 부자의 장난감이자 지위를 상징하는 물건이었다. 심지어 제임스 1세의 궁정에서 유행하던 개인적인 치장의 기준으로 보더라도 눈에 확 띄었다. 이곳에서 정평이 나 있던 유행의 선두주자인 버킹엄 공작 조지 빌리어스를 보자. 그는 "보통의 무도회"에도 "커다란 다이아몬드 단추가 달린 의상을 입고 나타났으며 모자에 두른 띠와 코케이드(cockade : 계급, 소속 정당 등을 나타내기 위해서 모자에 다는 표지/옮긴이)와 귀걸이 모두 다이아몬드로 만들어진 것이었다. 여러 겹으로 매듭 지은 커다란 진주 목걸이를 멍에처럼 차고 있었다. 한마디로 말해서 보석으로 된 수갑과 족쇄

장로 존 드 크리츠가 그린 제임스 1세의 초상(1552-1642년경). 그는 보석으로 치장한 남녀들이 드나드는 궁정을 통치했다.

를 차고 보석 감옥에 갇힌 형상이었다."[6]

17세기의 이 빛나는 유물은 제임스 1세 시대 궁정의 퇴폐적인 화려함을 우아하게 웅변해준다. 그뿐 아니라 세계가 점점 확대되고 런던이 세계에서 가장 큰 상업 도시들 가운데 하나로 부상하던 시대에 대해서도 말해준다. "시계 케이스와 뚜껑을 만드는 데에 사용된 에메랄드는 무조 광산에서 왔으며 '중요한 보석'으로 지정되었음이 거의 확실하다." 그러나 유명한 무조 광산은 남아메리카에 있는 데에 반해서 이 보석은 동방에서 영국으로 온 것일 수도 있다. 왜냐하면 수천 개의 콜롬비아산 에메랄드가 인도와 버마 현지의 수요를 충족하기 위해서 공급되었기 때문이다. 버마인들은 에메랄드를 엄청나게 좋아했고, 그것을 얻기 위해서 루비와 맞바꾸었다. 그리고 1580년대 고아(인도 남서 해안에 있는 옛 포르투갈 영토/옮긴이)에서 에메랄드는 "다이아몬드와 비슷하거나 그보다 더 큰" 가치를 지닌 것으로 평가되었다. 유럽의 상인들도 동방의 시장에서 이것을 사려고 목을 맸다. 동방의 보석은 프랑스, 독일, 영국을 포함하는 저지대 지방에서 최고가로 팔렸기 때문에 "동방"의 보석이라는 이름을 붙이고 싶어했다.[7]

시간을 알려주는 이 진기한 보석의 연대는 영국이 상업적인 면에서나 세계에 미치는 권력 면에서나 점점 중요해지던 핵심적인 시기로 거슬러올라간다. 스페인 함대를 격파하고 북아메리카에 식민지를 건설한 영국은 세계의 다른 지역을 탐욕 어린 시선으로 바라보았다. 그리고 1600년 늙어가던 엘리자베스 1세는 동인도 회사에 칙허장(Royal Charter)을 수여하여 거의 300년간 이어질 상업적 기회주의를 인가했다. 노예 무역과 아편 밀수 등이 포함되는 이 사업은 국가와 개인을 모두 부유하게 만들었으며……미래의 제국을 위한 초석이 되었다.

치프사이드 보물창고가 묻혀 있었던 이유는 아무도 몰랐다. 안전하게 보관하기 위함이라는 목적은 알 수 있었지만 말이다. 소유자가 해외로 나갔던 것일까? 만일 그렇다면 왜 돌아오지 않았을까? 전쟁이나 흑사병 혹은 화재의 위협을 받은 보석상이 자신의 재산을 묻은 뒤, 결국은 이런 재난에 희생되었을까? 이와 비슷하게 이것이 17세기 런던에 도착한 경위도, 이것을 만든 사람에 대해서도 짐작만 할 수 있을 뿐이다. 심지어 헤이즐 포사이스도 이해할 수 없었다.

그녀는 말했다. "시계의 에메랄드는 세비야나 리스본의 보석상에서 세공되거나 여타의 경로로 제네바에 도착했을 가능성이 있다. 이 도시는 시계 및 보석 케이스 제작술로 유명하다."

16세기 종교개혁 당시 제네바에 있었던 개신교 지도자 장 칼뱅은 칙령을 선포하여 개인이 갖출 수 있는 장신구의 수준을 제한했다. 사치금지법이 제정되었으며 금세공인들은 시계 케이스를 만들라는 강요를 받았다. 제네바가 시계학으로 명성을 날리게 된 시작점이다.

에메랄드가 가공된 장소가 런던이었을 가능성도 물론 있다. 확실한 점은 이것이 당대에 가장 사치스럽고 값비싼 물건이었으리라는 점이다. 헤이즐 포사이스는 다음과 같이 말했다. "시계 케이스를 만든 장인의 보석 세공술이 최고 수준이라는 점은 의심의 여지가 없다. 소재를 다루는 기

세계 에메랄드의 수도인 콜롬비아 무조에 자리한 광부들의 목조 오두막 거리.

술에 통달했음이 시계 케이스에서 드러난다."[8]

이같은 수수께끼는 시계에 더욱 주목하게 만든다. 혼을 빼놓을 듯한 아름다움과 발견 과정의 다채로움을 제외하면 시계에 관한 확실한 사실은 없다. 그 탓에 이것을 보는 사람의 마음은 17세기 초반의 세상을 떠돌게 된다. 콜롬비아에서 새로 발견된 무조 광산에서부터 해적들이 날뛰는 공해를 지나 인도와 버마의 보석 시장을 거쳐서 제네바로 갔다가, 다시 저지대 지방 혹은 프랑스나 독일이나 스페인 제국의 거대 도시들 가운데 하나를 거쳐 결국 런던의 치프사이드에 자리잡는 여정을 상상하게 만든다. 영국의 튜더 왕조와 스튜어트 왕조의 중심을 가로지르는 떠들썩한 대로, 즉 상인과 매춘부, 금세공인과 화려하고 속된 귀족들이 활약하는 곳 말이다. 영국의 극작가 토머스 미들턴으로 하여금 희곡『치프사이드의 순결한 아가씨(*A Chaste Maid in Cheapside*)』를 쓰도록 영감을 준 것은 치프사이드라는 삶의 생생한 교차로였다. 외설적인 이 희곡에는 치프사이드의 부유한 보석상이 자신의 딸을 하급 귀족에게 시집 보내려고 애쓰는 내용이 나온다. ……바로 이런 사람이라면 보석을 지하 저장고에 보관할 수도 있었을 것이다.

---

1. *The Cheapside Hoard: London's Lost Jewels*, Museum of London (11 October 2013–27 April 2014) 전시에 맞춰 출간된 Hazel Forsyth, *London's Lost Jewels* (London: Philip Wilson Publishers, 2013)에서 인용.
2. Smithsonian.com에서 H. V. Morton의 말을 인용.
3. Hazel Forsyth, *London's Lost Jewels*, *op. cit.*에서 인용.
4. 'Romance and Colour of London', *The Times*, 19 March 1914, p. 6
5. Hazel Forsyth, *London's Lost Jewels*, *op. cit.*
6. MS in the Harleian Library, 다음에서 인용 : James Robinson Planche, *History of British Costume* (London: Charles Knight, 1834), p. 275
7. Hazel Forsyth, *London's Lost Jewels*, *op. cit.*
8. 위의 문서.

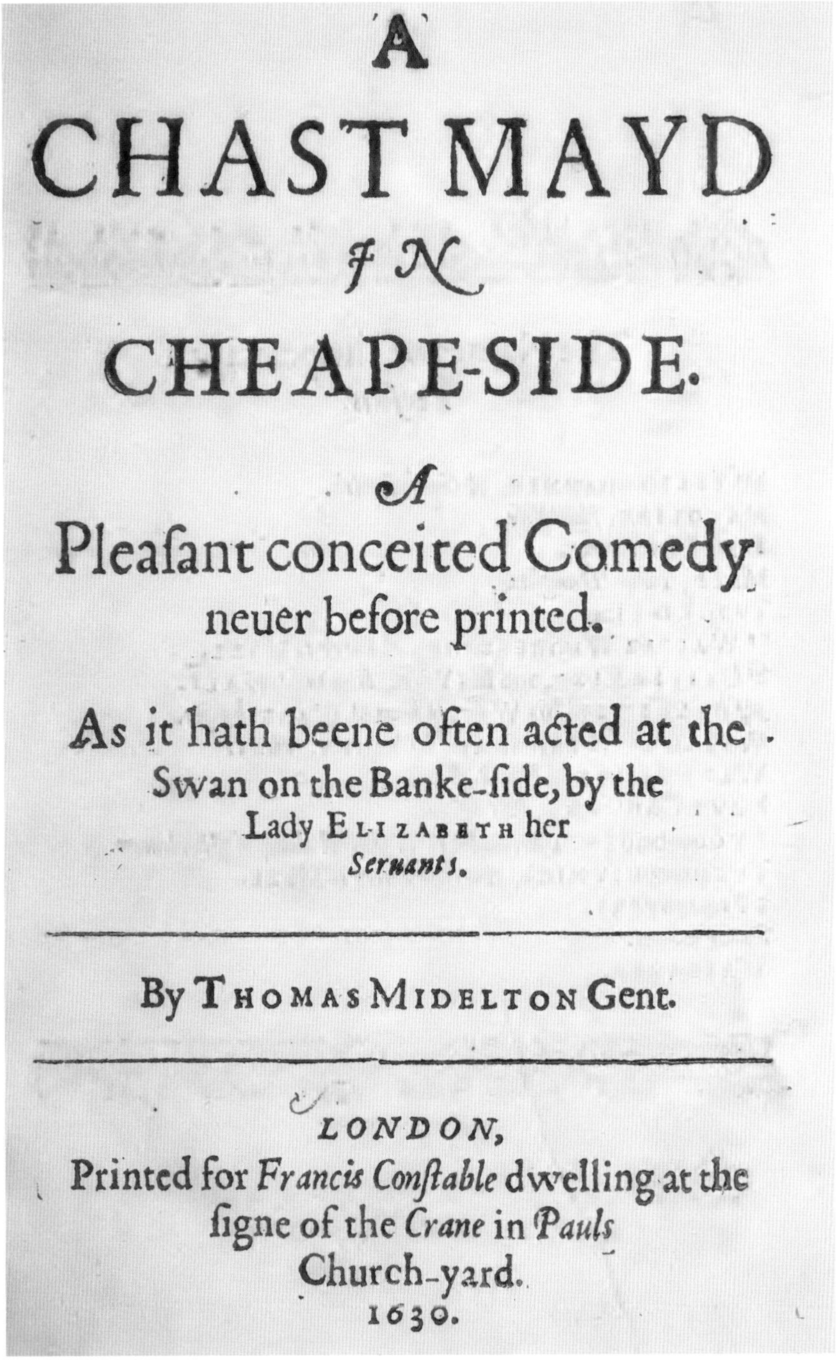

A

CHAST MAYD

IN

CHEAPE-SIDE.

A

Pleaſant conceited Comedy

neuer before printed.

As it hath beene often acted at the

Swan on the Banke-ſide, by the

Lady ELIZABETH her

Seruants.

By THOMAS MIDELTON Gent.

LONDON,

Printed for *Francis Conſtable* dwelling at the

ſigne of the *Crane* in *Pauls*

Church-yard.

1630.

토머스 미들턴의 외설적인 희곡『치프사이드의 순결한 아가씨』에는 치프사이드의 부유한 보석상이 자신의 딸을 하급 귀족에게 시집 보내려고 애쓰는 내용이 나온다. ……바로 이런 사람이라면 보석을 지하 저장고에 보관할 수도 있었을 것이다. 나중에 치프사이드 보물창고라고 불리는 곳 말이다.

일본의 탄력적인 시간

화(和)시계

영혼의 목동인 성 프란시스코 사비에르는 지구의 끝까지 여행했다. 그는 인도, 인도네시아, 말레이시아, 티모르에 복음을 전했으며 1549년 8월 15일, 성모 몽소승천 대축일에 일본의 가고시마 항에 도착했다. 43세가 된 이 신부는 가톨릭 교회 역사상 가장 위대한 선교사였다. 그로부터

비범한 영혼의 목동인 성 프란시스코 사비에르는 예수회 창립자 7명 가운데 1명이었으며, 예수회의 가르침을 인도, 보르네오뿐 아니라 일본을 포함한 수많은 오지에까지 전했다. 그는 일본에 기계식 시계를 도입한 장본인이다(이 그림은 17세기 스페인 화가의 작품으로 전해진다).

지적이고 영적인 교환 : 예수회 선교사인 프란시스코 사비에르가 일본의 불교 승려들과 말을 하고 있다.

15년 전에 그를 포함한 7명은 몽마르트르 성당에서 동정과 청빈을 지키겠다는 서원을 했다. 이들 7명은 스스로를 '예수의 친구회'라고 불렀다. 나중에는 이보다 간략하게 '예수회'로 알려졌다.

프란시스코 사비에르는 가장 영향력 있는 수도회를 창시한 사람이었으며, 이 모임이 초기에 성공을 거둘 수 있었던 이유는 열정과 에너지 덕분이었다.

유럽인들이 일본에 간 것은 최근의 일이며 그것도 우연히 입국했다. 6년 전 폭풍우를 만나 항로에서 벗어난 2명의 포르투갈 상인이 다네가 섬의 작은 만에 대피했다. 그러나 이곳이 로마로부터 멀리 떨어진 신비에 싸인 섬이었음에도 불구하고 외국을 여행한 경험이 많았던 예수회는 이곳에서 수많은 신자들을 얻을 수 있음을 알아챘다. 그가 도착하면서 일본 역사에서 기독교의 세기라고 알려진 시대가 시작되었다.

기독교의 인류애와 평화와 선의의 정신은 16세기 중반 일본에 그것이 없었던 탓에 더욱 두드러져 보였다. 사비에르는 지방 영주인 다이묘들 사이에서 거의 항시적인 전쟁이 일어나고 있는 나라에 처음 발을 디뎠다. 교토에 천황이 있었지만 실권은 오우치 요시타카 같은 인물에게 넘어가 있었다. 그는 일본 본토 남쪽 끝에 있는 야마구치 시를 중심으로 한 자신의 봉토를 다스렸다.

기독교가 동력을 얻지 못한 데에 좌절하고 천황에게 강론할 기회도 거절당한 사비에르는 지방 영주에게서 기회를 찾기로 했다. 야마구치 방문은 기독교적 온화함의 정신을 담아서 이루어졌으나, 성공하지 못했다. 그는 다음번에는 다른 방법을 쓰기로 했다. 1551년 그는 완전히 달라진 모습으로 요시타카 앞에 나타났다. 나라를 대표하는 대사와 같은 복장을 하고 대사로서의 선물을 들고 간 것이다. 덕분에 그는 자신의 종교 활동과 포교를 허락받았으며 심지어 비어 있는 불교 사원을 사용할 수 있는 기회 또한 얻었다.

사비에르가 설교를 하고 개종시키러 다니는 동안 요시타카는 새로운 친구가 가져온 선물을 즐겼다. 그것은 공교롭게도 르네상스 시대 유럽의 위대한 기술적 불가사의의 하나인 시계였다. 요시타카가 시계를 즐기고 사비에르가 이교도를 개종시킬 시간은 많지 않았다. 영주는 그해에 전쟁에서 패배하여 얼마 후 살해당했다. 신부는 이듬해인 1552년 12월에 사망했다. 그러나 그리스도의 가르침과 기계식 시계는 일본에 뿌리를 내렸다. 더 많은 기독교 신부들이 일본에 도착했고 1600년이 되자 나가사키에 선교 학교가 세워졌으며 그곳에서 가르치는 과목에 시계 제작이 포함되었다.

그리고 1603년 오늘날 도쿄에 해당하는 에도에서 쇼군 1명이 권력을 잡았다. 그는 도쿠가와 막부라는 봉건주의 시대를 열었다. 이때부터 250년 가까운 세월 동안 외국과의 교류가 사실

막부 시대 일본의 시계공.

1850년에 제작된 그림 속의 남자와 칼은 쇄국주의 에도 시대의 전통적인 삶의 방식을 웅변해준다. 이 기간에 독특한 시계 제작 방식이 발달했다. 이 그림이 그려진 시기로부터 불과 20년 후에 에도 시대의 가치관과 시계는 밀려나고 서구의 근대화가 자리잡는다.

상 단절되었다. 1610년대에 서로 싸우던 영주들은 도쿠가와에게 복종했다. 선교 학교는 문을 닫았고 1630년대에 기독교는 전면 금지되었다. 1639년에 쇄국정책이 시행되었다. 외국인은 추방되었고 일본인의 해외여행은 금지되었으며 거의 모든 대외무역이 종말을 맞았다.

유럽 문화의 흔적은 거의 남지 않았지만 그중 시계 제조는 확실히 에도 시대에 꽃을 피웠다. 일본 통치의 본산인 에도는 또한 일본 시계학의 본산으로 자리잡는다. 그리고 이로부터 250년간 일본의 시계 제조는 유럽과는 다른 진화의 길을 걷기 시작했다. 흥미진진한 대안적 시계 문화가 탄생한 것이다.

프란시스코를 비롯한 유럽인들이 일본에 들여온 시계는, 시간은 고정된 것이며 삶에 질서를 부여하는 개념적 눈금망이라는 인식에 얽매여 있었다. 하지만 일본인의 삶과 관습을 수십 년간 연구한 사회 인류학자인 조이 헨드리 교수에 따르면, 일본인의 관념은 그보다 탄력적이었다. "시간을 가리키는 일본의 고유한 언어는 특정한 시각을 가리킨다고 보아야 한다. 추상적으로 지속되는 실재라기보다는 특정한 순간이나 사건을 말하는 것이다. 심지어 생태적이거나 사회적인 요구에 맞추어 시간이 '접히거나' '조작될' 수 있다는 인식까지 존재한다."[1]

그리고 일단 가톨릭 교도들이 쫓겨나면서 시간은 고정되어 있으며 변하지 않는다는 인식이 함께 축출되자, 쓰다 스케자에몬 같은 시계 장인은 시계를 자유롭게 개발할 수 있었다. 당시 일본인이 이해한 시간의 속성, 즉 복잡하고 수시로 변한다는 성질을 반영하는 시계 말이다. 이것은 화(和)시계라고 불렸으며, 이를 발명한 일본에만 존재하는 독특한 물건이었다.

"화시계는 극도로 복잡했는데 그 이유는 음력을 사용하던 일본인의 시간 체계의 속성 때문이다."[2] 세이코 시계의 역사를 서술한 존 구달의 말이다. 일본은 해 질 녘에 하루가 시작되며 시계의 태엽을 감고 시간을 맞춘다. 중요한 사실은 현세의 시간이 정해진 시각, 예컨대 자정 같은 때가 아니라 해가 질 때에 시작된다는 점이다. 해돋이와 해넘이의 절대적인 지배를 받는 하루는 낮과 밤으로 나뉘는데, 각각은 고쿠[刻]라고 불리는 6개의 단위로 잘게 나뉜다. 고쿠의 길이는 계절에 따라 달라지는 낮과 밤의 길이에 맞추어 계속 변한다.

일본의 시계 장인들은 서구 시계의 규칙성을 일본 사회의 특수한 필요에 맞게 응용한 체계를 고안했다. 낮과 밤의 불규칙한 시간을 6개의 단위로 쪼개는데, 해당 단위의 길이는 날마다 달라지지만 개별 단위는 다른 단위와 모두 똑같은 길이를 지닌다. 이에 따라서 하지에는 밤의 고쿠가 가장 짧아지고 낮의 고쿠는 가장 길어진다. 동지에는 그 반대가 된다. 폴리오(foliot : 축의 맨 위에 수평으로 고정되어 있는, 균형을 잡아주는 장치/옮긴이)의 균형을 이용해서 균형추를 폴리오의 팔 양 끝으로 옮기거나 중앙을 향해 모이게 하여 시간이 흐르는 속도를 느리게 하거나 빠르게 할 수 있었다. 이렇게 하면 각기 다른 밤의 길이에 맞추어 시간이 흐르는 속도가 바뀌었다. 하지만 밤과 낮의 길이가 매일 조금씩 달라지기 때문에 하루에 두 차례 균형추를 옮겨야 했다.

에도 시대가 이어지면서 알람과 카리용을 갖춘 복잡한 시계가 나왔고 그다음에는 세계 어디에서도 볼 수 없던 발전이 이루어졌다. 17세기 말에 "이중 폴리오 균형"을 갖춘 시계가 개발된 것이다.[3]

세이코 박물관의 영구 소장품에는 1688년에 제작된 랜턴 시계가 있는데 제작자는 쓰다 스케자에몬이다. 언뜻 보기에 이것은 당시 유럽의 랜턴 시계와 비슷하다. 그러나 이 작품에는 엄청난 역사적 중요성이 있다. 낮과 밤을 자동으로 변환시킬 수 있는 "이중 폴리오 균형을 갖춘 현존하는 가장 오래된 시계"이기 때문이다.[4] 이 덕분에 인간이 조작해야 하는 횟수가 크게 줄어들었다. 계속해서 달라지는 고쿠의 길이를 조절하기 위한 조작 말이다.

시간 단위의 변화에 대응하기 위한 또다른 체계는 에도 시대 말기에 고안되었다. 폴리오 균형추 자리를 진자나 용수철 조절 장치가 차지한 것이다. 이것들은 좀더 신뢰도가 높았지만 계절에 맞추어 시간이 흐르는 속도를 올리거나 낮추기가 더 어려웠

에도 시대 초기로 거슬러올라가는 시계. 쓰다 스케자에몬(3세)의 작품이라고 한다. 이것은 이중 폴리오 균형을 갖춘 현존하는 가장 오래된 시계이다. 2개의 폴리오 균형추를 이용해서 낮과 밤을 자동으로 변환할 수 있도록 설계되었다.

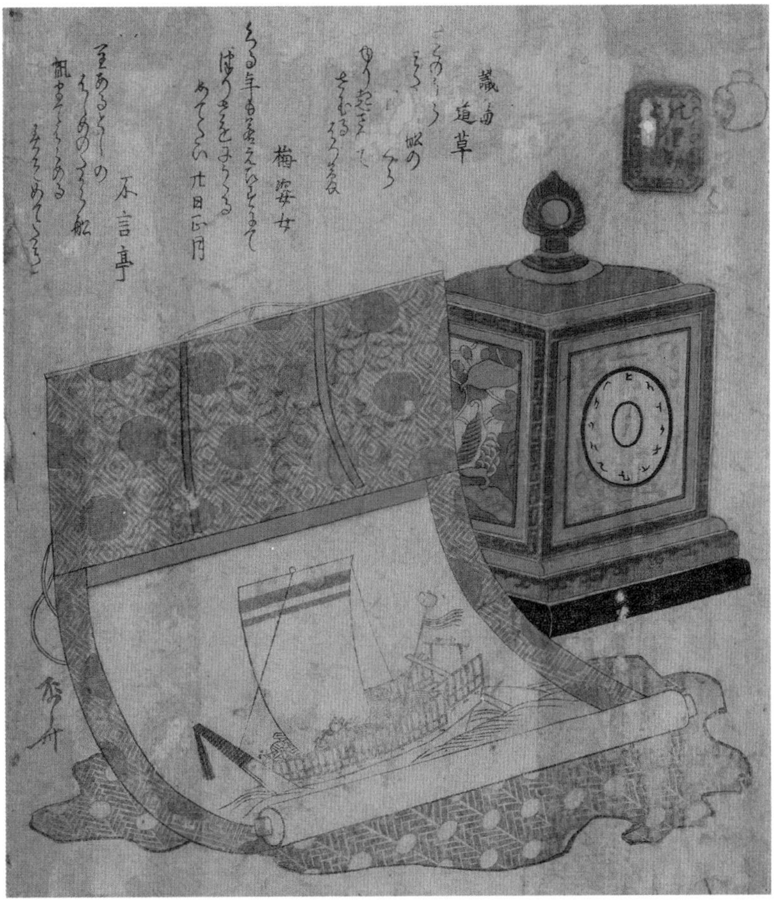

나무 상자 표면에 일본식으로 그려진 서구의 시계 문자판. 류류코 신사이(1764-1820년경)의 그림이다.

다. 이 문제에 대한 단순하고도 우아한 해결책은 문자판 주위에 테두리 레일을 도입하는 것이었다. 레일을 따라서 시간 표시 간격(예컨대 자시와 축시 사이의 간격/옮긴이)을 더 길거나 짧게 만들 수 있게 된 것이다.

일본식으로 변형된 것은 하나 더 있다. 12개의 단위로 된 고쿠는 숫자가 아니라 일본 12지신의 이름이 붙었다. 고정된 시간은 2개뿐이었다. 오시(午時, 정오)와 자시(子時, 자정)이다. 이런 동물들은 문자판 주위를 돌면서 낮 시간의 길이에 따라서 가까이 모였다가 멀리 흩어진다. 그러므로 해돋이는 "묘시(卯時)"에, 해넘이는 "유시(酉時)"에 일어난다. 이는 아마도 서구의 시간 기록 방식과 다르다는 점을 강조하기 위한 목적일지도 모른다.

19세기 중반이 되자 일본의 시계는 서구의 것과는 완전히 다른 모습으로 진화했다. 기둥 시계는 장치의 대부분을 차지하는 길다란 문자판의 꼭대기와 바닥 사이를 바늘이 오가는 방식으로 시간을 나타냈다. 이 시계는 마치 벽에 세워진 기압계처럼 보였다.

그러다가 1873년이 되자, 화시계는 대량으로 제거되는 고통을 겪는다. 1860년대 말 세계의 다른 지역과 250년 가깝게 격리된 후에 막부가 쫓겨나고 메이지 천황이 자리를 되찾은 것이다.

메이지 시대는 수십 년(1868-1912)밖에 지속되지 않았지만 그동안에 에도의 쇄국정책이 폐지되었으며 일본은 급격한 근대화의 길로 접어들었다. 세상은 프란시스코가 일본에 도착한 지 3세기가 흐르는 동안 바뀌었다. 대항해 시대는 식민지 시대로 전환되었으며 막부 시대를 벗어난 일본은 이미 근대화와 산업화를 이룩한 서방의 군사 강국들 가운데 한두 곳의 식민지가 될 불명예스러운 전망을 마주하고 있었다. 이런 전망은 만일 일본 자체가 근대화와 산업화를 이룩한 선진 군사대국이 된다면 피할 수 있는 것이었다. 하지만 이런 과정이 진행되려면 서방 세계가 사용하는 시간 측정 체제에 합류할 필요가 있었다.

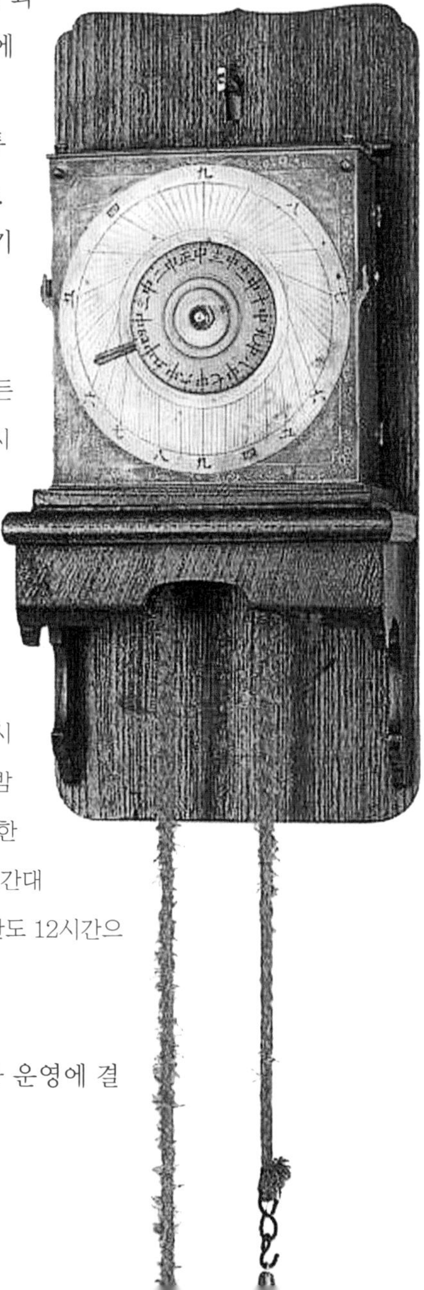

1872년 메이지 5년에 천황의 칙령이 발표되었다. 전통적인 일본 책력을 서구의 태양력으로 바꾸는 내용이었다. 칙령에는 달력뿐 아니라 시간을 측정하는 방법도 국제 기준에 맞추어야 한다는 내용이 포함되었다.

> 우리 나라가 다른 나라와 국제적인 유대를 확립한 이래로 모든 측면에서 우리 정부에 도움을 준 이 [새로운] 시스템은 반드시 채택되어야 한다……. 따라서 짐은 다음과 같이 명한다. 태양력은 방방곡곡에 알려져야 하며 낮과 밤은 동일한 숫자의 시간으로 나누어져야 한다. 그렇게 함으로써 시간 체계를 개혁하는데, 그 목적은 책력법을 바로잡기 위해서일 뿐 아니라 사람들이 계몽되는 속도를 촉진하는 데에 있다…….
>
> 지금까지의 시간 체계는 낮과 밤의 길이에 맞추어 하루 12시간의 길이가 달라지도록 되어 있었다. 이제 우리는 낮이든 밤이든 1시간의 길이가 동일한 하루 24시간 체계를 새로 선포한다. 자시에서 오시에 이르는 시간을 12시간으로 나누며 이 시간대를 "오전"이라고 부른다. 그리고 오시에서 자시에 이르는 시간도 12시간으로 나누어 이를 "오후"라고 부른다.[5]

정권은 시간과 날을 계산하는 방식을 바꾸는 것이 국가 운영에 결정적으로 중요하다는 사실을 분명히 알고 있었다. "우리 나라를 근대화하고 낡은 관습을 개혁하는 것은 민족으로서 문명의 영역으로 이행하려는 데에 그 목표가 있다. 우리가 여기서 책력법을 개정하는 것은 최고로 급박한 일이다."[6]

1905년 근대화한 일본 함대가 러시아를 격파함으로써 일본이 20세기의 세계 강국으로 등극했다는 사실은 부정할 수 없는 일이 되었다. 그러나 이 같은 뛰어난 업적은 희생이 없었더라면 달성할 수 없었을 것이다. 화시계를 포함한 일본 문화의 많은 전통적인 측면이 희생되어야 했다.

왼쪽 : 에도 말기에 제작된 이 벽시계는 "원 그래프 문자판"을 가지고 있다. 계절별 시간 체계에 따라서 눈금이 매겨진 원 그래프에 시간을 표시한다. 일본의 시계 제작술의 궁극의 기술적 진화를 보여준다. 일본이 세계의 다른 지역으로부터 고립되어 있던 수많은 세대 동안 독자적으로 발전시킨 기술이다. 시곗바늘이 계절에 따른 시간을 나타내기 위해서 자동으로 팽창하고 수축한다(바늘은 하지에 가장 길어지고 동지에 가장 짧아진다).

아래 : 고티 요시카게가 1890년에 제작한 "일본 제국 의회 삽화." 메이지 시대는 수십 년밖에 지속되지 않았지만 그동안에 에도 막부의 쇄국정책이 폐지되었으며 일본은 급격한 근대화의 길로 들어섰다. 근대화에는 서구의 시간 인식을 도입하는 것이 포함되었다.

1. Joy Hendry, 'Time in a Japanese Context', essay in exhibition catalogue 'The Story of Time' (London: Merrell Hoberton, in association with National Maritime Museum, 1999)
2. John Goodall, *A Journey in Time: The Remarkable Story of Seiko* (Herts, UK: Good Impressions, 2003), p. 8
3. https://museum.seiko.co.jp/en/knowledge/wadokei/variety/
4. 위의 문서.
5. Hoshimi Uchida, 'The Spread of Timepieces in the Meiji Period', *Japan Review*, No. 14 (2002), pp. 173–192
6. 위의 문서.

경도를 찾아서

해리슨의 항해용 정밀시계

1707년 10월의 일이었다. 영국 해군의 함대가 지중해에서 프랑스의 해상 활동을 성공적으로 방해하며 승리의 여름을 보낸 뒤 본국으로 돌아왔다. 함대의 제독은 유명한 클라우드슬리 쇼벨 경이었다. 열세 살에 군함의 사환으로 경력을 시작한 그는 44년 뒤인 지금 작고 단단한 눈매를 지닌 뚱뚱한 남자가 되었다. 이중 턱은 목도리로도 가릴 수 없는 상태였다. 그에 관한 가장 중요한 점은 대단한 명성을 지녔다는 사실이다. 바다에서 약 반세기를 보낸 그는 거의 2주일에 걸쳐서 자신의 항행을 방해한 안개와 강풍의 위험성을 알고 있었다. 하지만 항해사의 계산 덕분에 영국

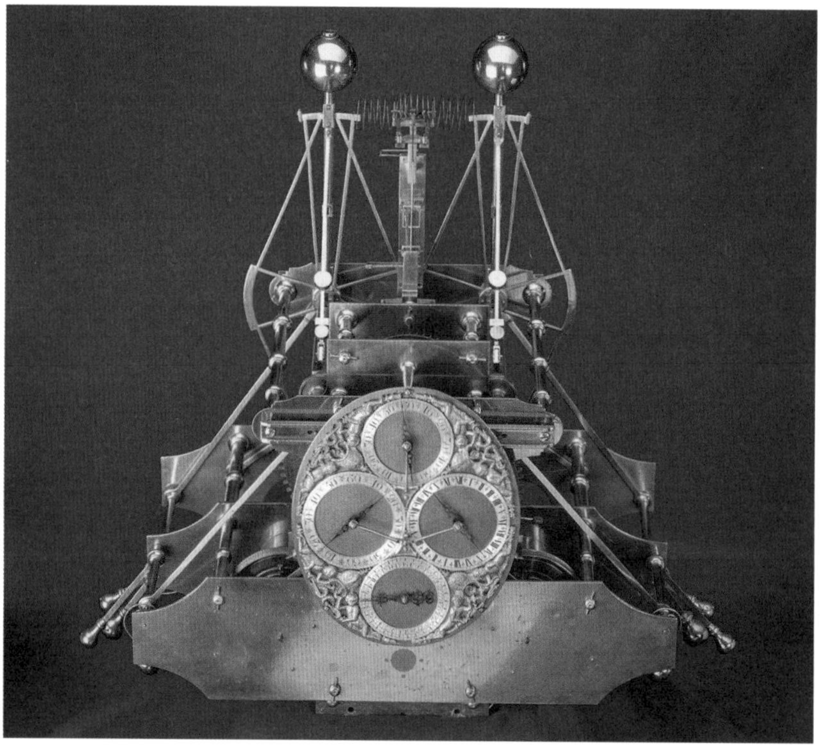

존 해리슨이 경도 문제를 해결하기 위한 최초의 시도로 만든 시계인 H1. 현재 영국 해양박물관의 자랑스러운 소장품이며 시계학 역사상 위대한 이정표의 하나로 평가된다. 이 걸작은 당시 기술의 한계를 넓혔으며 과학자들과 시계 제작 전문가들을 동시에 황홀하게 만들었다.

해협의 입구에 무사히 도착할 수 있었다.

그는 용감한 해군 장교이자 노련한 선원이었으며, 일설에 따르면 불복종을 엄벌에 처하는 엄격한 원칙주의자였다. 제독의 계산이 부정확하다고 말한 선원을 반역죄로 즉각 교수형에 처했다는 이야기가 전해진다. 이는 가혹한 처벌이었으며 궁극적으로 부당한 것이기도 했다. 분명히 없었어야 할 암초가 안개 속에서 갑자기 튀어나왔기 때문이다.

실리 제도가 제독 배의 항로 정면으로 나타났다.

배 4척이 침몰했으며 2,000명 가까운 목숨이 희생되었다(1세기 뒤 트라팔가르 해전에서 발생한 사망자와 부상자 수보다 많았다). 여기에는 제독도 포함되었다(또 다른 설에 따르면 그는 살아서 해변에 도착했지만 끼고 있던 에메랄드 반지 때문에 즉각 살해되었다).[1]

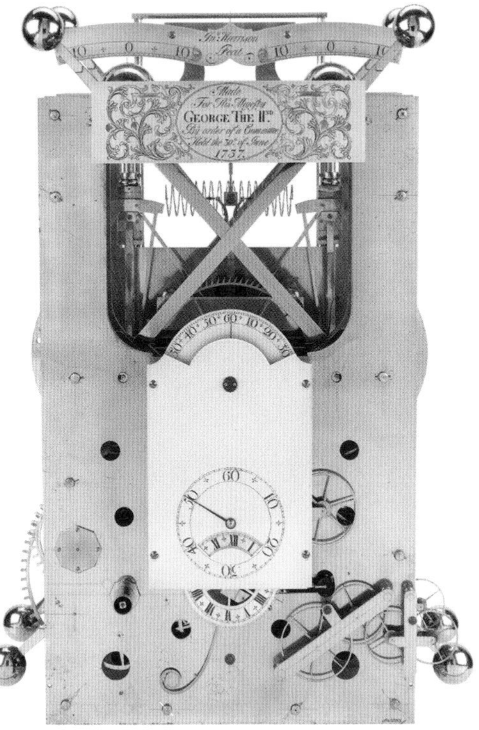

존 해리슨의 두 번째 해양 시계 H2. 전작인 H1의 성공을 기반으로 제작되었지만 이전과 같은 화려한 외관은 갖추지 않았다.

이 같은 재난과 인명 손실은 전투가 아니라 잘못된 항해의 결과였으며 이는 영국에 커다란 충격을 안겨주었다. 더욱 심각한 점은 이것이 단 한 번의 사건이 아니라는 사실이었다. 17세기 전환기 즈음 몇 년마다 대형 해양 참사가 일어났다. 1691년에는 플리머스 항 인근에서 수많은 전함이 실종되었다. 1694년에는 휠러 제독이 이끄는 함대가 이미 지나왔다고 생각한 지브롤터 반도와 충돌했다. 1711년에는 세인트로런스 강 인근에서 더 많은 선박들이 희생되었다. 단 하루 동안에 항로를 72킬로미터나 벗어났던 탓이다.[2] 이 모든 참사가 항행 오류 때문에 일어났다.

1700년대가 되자 정부에서 무슨 대책을 세워야 한다는 대중의 압력이 커졌다. 하지만 무슨 일을 해야 할까?

"해군 선박의 선장들, 런던의 상인들, 상선의 선장들은 자신들의 이익을 위해서, 그리고 대영제국의 항해를 걱정하는 모든 사람들은" 무엇이 필요한지를 확신하고 있었다. 1714년 5월 23일 이들은 의회에 탄원을 제출했다. "경도를 발견하는" 것은 "대영제국에 엄청나게 중요한" 문제라는 내용이었다.

그것이 없는 탓에 많은 선박들의 항해가 늦어지고 많은 선박들이 침몰했습니다. 하지만 이 문제를 해결하

> 는 방법을 발견할 누군가에게 국가가 적절한 보상을 제시한다면 누군가가 나타나 가장 적절한 심사관 앞에서 이를 증명할 것입니다. 이는 그 자신에게도 만족스러울 뿐 아니라 제국의 해군과 사람들의 생명을 지키고 교역을 증대하는 데에도 도움이 되며, 잉글랜드와 아일랜드 및 그 주변 섬을 모두 포함하는 군도의 해운업과 영국의 지속적인 영광에도 기여할 것입니다.[3]

경도 문제를 해결하기 위한 해리슨의 세 번째 시도.

대항해 시대는 최고조에 이르렀다. 1세기에 걸쳐 유럽 국가들이 앞다투어 세계를 돌며 해외의 영토를 싹쓸이하는 중이었다. 바다를 지배한 나라가 세계를 지배했다. 영국의 미래가 걸려 있는 일이었다.

만일 선박이 경도를 확인할 수 있다면 해상 활동에서 발생하는 인명 손실의 대부분은 피할 수 있었을 것이다. 위도는 천문 관측으로 결정할 수 있었다. 하지만 이것은 필요한 정보의 절반에 지나지 않았다. 사실 클라우드슬리 경의 선박들 가운데 일부는 위도를 파악할 수 있었지만 재앙을 피할 수는 없었다. 위치를 정확하게 결정하기 위해서는 위도뿐 아니라 경도를 참조해야 했다. 그리고 클라우드슬리 경이 최후를 맞을 당시, 뱃사람들은 신뢰할 수 없는 것으로 악명 높은 추측항법을 이용했다. 나무 조각을 배 옆으로 던져 배가 이것을 통과하는 데에 걸리는 시간을 측정하여 경도를 추측하는 방법이었다.

경도 측정은 당대의 가장 중대한 과학적 문제였다. 말하자면 냉전시대의 과학자들이 핵무기와 우주선에 사로잡힌 것과 비슷하다고 할 수 있다. 하지만 핵무기나 우주 개발 경쟁과 달리 경도를 확정하는 데에는 직접적이고 충분히 이해할 수 있는 이득이 있었다. 인명을 구할 수 있게 되고 교역이 확대되며 영국은 위대해질 것이다. 이는 미지의 과학적 영역으로 들어가는 여행이었으며 정말로 기괴한 해결책도 검토 대상이 되었다. 주요 무역로를 따라 선박들을 정박시키고 그곳에서 매일 자정에 불을 피우게 하려는 계획도 여기에 포함된다. 완전히 미친, 실행 가능성이 말도 안 되게 낮은 이런 계획을 진지하게 검토했다는 사실은 그 당시 사람들이 얼마나 절박했는지를 알려준다.

이것은 정부의 우선 과제가 되었다. 기억력이 좋은 사람들이 기시감을 느끼는 것도 무리가 아

영국의 발명가이자 시계 제작 전문가인 존 해리슨이 1767년 그의 설계에서 따라서 제작된 시계를 들고 탁자 옆에 앉아 있다(토머스 킹의 유화).

니다. 그로부터 40년 전인 1674년 12월 15일, 세계에서 가장 큰 무역 선단을 거느리고 있던 찰스 2세 시절에 "경도 문제"를 해결하기 위한 왕립위원회가 구성되었던 것이다. 이듬해에는 항해 문제에 깊은 관심을 가진 국왕 덕분에 그리니치에 왕립 천문대가 건립되었다. "항해술을 완성하기 위해서 너무나 필요한 경도 파악 문제를 해결하기 위해서"였다.[4]

그럼에도 불구하고 1714년에 의회 위원회가 구성되었고 여기에 전문가들이 증인으로 출석했다. 6월 11일에는 당대의 천재이자 왕립협회 회장인 아이작 뉴턴 경이 증언했다. 그는 위원들에게 과학자들이 당면한 어려움을 설명했다. 앞서 바다 한가운데에서 불을 피우는 대책을 기각한 그는 아직도 세 가지 대안이 있다고 말했다.

> 그중 하나는 '시간을 정확하게 측정하는 것이다. 하지만 배의 흔들림, 온도와 습도의 변화, 위도에 따라서 달라지는 중력을 극복한 시계는 지금까지 만들어진 일이 없다.'
>
> 또다른 방법은 '목성의 위성들에 일어나는 식(蝕)을 이용하는 것이다. 하지만 이를 관측하기 위해서는 망원경이 엄청나게 길어야 하는데다가 항해 중인 배는 흔들리므로 이 같은 식은 아직도 관찰된 바 없다.'
>
> 세 번째는 '달의 위치를 이용하는 것이다. 하지만 이 방법은 목적에 부합할 만큼 정확하지 못하다. 배의 경도를 2-3도 이내로 결정할 만큼 정확하지만 1도 이내로 정하지는 못한다.'[5]

경도를 찾아내기 위한 위원회에서 뉴턴이 한 증언은 한마디로 요약된다. "행운을 빈다."

혹시라도 이 같은 헛고생을 하기로 마음을 먹는다면 시계가 필요할 것이라고 뉴턴은 말했다. 앞에서 말한 "우선적인 세 가지 방식에는 (지금이) 몇 시인지를 알려줄, 태엽으로 조절되는 시계가 반드시 필요하다. 이 시계는 해돋이나 해넘이를 육안으로 확인할 수 있을 때마다 시간을 맞춰야 한다." 이에 덧붙여 "첫 번째 방법의 경우 2개의 시계가 필요하다. 지금 말한 것과 앞에서 언급한 것이다."[6] 예를 들면 "지금까지 만들어진 일이 없는" 시계 말이다.

위원회는 경도를 파악하려면 먼저 바다에서 시간을 정확하게 측정할 방법이 있어야 한다고 확신하게 되었다.

경도를 정하려면 두 종류의 시간에 대한 지식이 필요하다. 하나는 배 위에서의 시간으로, 현지의 태양이 정오가 될 때에 맞추는 것이 보통이다. 또 하나는 출발 항구처럼 경도가 이미 알려진 곳에서의 시간이다. 동시에 두 장소의 시간을 알면 시간 차를 이용해서 기준점으로부터의 거리를 계산할 수 있다. 이를 계산하기 위한 수학은 어려운 부분이 전혀 없다. 지구 둘레의 경도 360도를 도는 데에는 24시간이 걸린다. 그러므로 1시간 차이가 난다는 것은 경도가 15도 차이가 난다는 뜻이다.

문제는 계산이 간단한 데에 비해서 시계 장치가 복잡하다는 점이다. 뉴턴이 유익하게 지적했다시피 정확도를 망가뜨리는 공격에 끄떡없는 시계는 존재한 적이 없다. 무엇보다 배는 격렬히 움직인다. 게다가 더위와 추위에 따라서 금속이 팽창하고 수축하며 윤활유의 점성도 변화한다.

수단이 고갈되자 위원회는 창의성을 자극하는 가장 대표적인 방법인 탐욕에 매달렸다. 1714년 7월 20일 죽어가는 앤 여왕은 '경도법'을 발효하는 데에 동의했다. 여러 세대에 걸쳐서 뱃사람과 자연철학자(당시에는 과학자를 그렇게 불렀다)들을 당황하게 만든 과학적인 문제를 해결하는 사람에게 엄청난 포상금을 지불한다는 내용이었다.

장치가 경도 1도 이내의 정확도를 갖추면 1만 파운드, 3분의 2도 이내의 정확도를 갖추면 1만 5,000파운드, 2분의 1도의 정확도를 갖추면 2만 파운드의 상금을 준다는 것이다. 1도는 적도에서 약 111킬로미터 차이에 해당하며 남북극에서는 아무런 차이가 없다. 21세기 사람들은 휴대전화와 GPS를 사용해서 위치 오차가 1–2미터인 상황에 익숙하다. 이런 기준으로 보면 당시의 오차 범위는 엄청나 보이지만 17세기에는 달성 불가능한 정확도였다.

포상 조건에는 다음 사항이 주의 깊게 강조되었다. 상을 받기 위해서는 해당 방법이 바다에서 검증되어야 하며 "실용적이고 유용해야" 한다는 것이다. 하지만 작은 인쇄물에 담긴 이런 모호한 경고 문구는 사람들의 의욕을 꺾지 못했다. 2만 파운드(2018년 기준으로 375만 파운드[7])의 유혹은 괴짜와 사기꾼뿐만 아니라 시계 제조공과 발명가들까지도 계획서를 들고 '경도위원회'로 홍수처럼 밀려들게 만들었다. 위원회는 저명한 수학자, 천문학자, 항해 전문가로 구성되었다. 심지어 80대의 크리스토퍼 렌 경까지 이 문제에 달려들었다. 그는 3개가 한 세트로 된 장치를 제안했는데 보안을 위해서 그 내용을 암호화했다.

경도를 발견하고 빛나는 2만 파운드를 받으려는 경쟁은 오래 지나지 않아서 영국 내의 모든 도시들에 알려졌다. 상금은 대부분의 사람들에게 상상을 초월하는 액수였다. 장인이나 숙련된 목수의 1년 수입이 40파운드였다. 하지만 경도법이 발효된 해에 스물한 번째 생일을 맞은 링컨셔

네빌 매스켈린은 18세기의 야심가였다. 케임브리지 대학교 트리니티 대학의 교수인 그는 스물다섯 살에 왕립협회 회원으로 선출되었다. 30대 초반에는 왕실 천문학자가 되었다. 역사는 그를 해리슨이라는 영웅에 맞서는 악당으로 묘사하는 경향이 있다.

주의 존 해리슨은 솜씨 좋은 목수 이상의 인물이었다. 맹렬한 독학자인 그는 어느 성직자가 빌려준 과학 문헌을 탐독했다. 그리고 스무 살이 되기 전에 처음으로 자신의 시계를 만들었다……순전히 나무로만 말이다.

그의 솜씨는 나날이 발전했고 명성도 함께 높아졌다. 30대 후반 무렵 그는 준비가 되어 있었다. 1730년 그는 다른 많은 사람들이 이전과 이후에 그랬듯이 출세를 위해서 런던으로 갔다. 이후 50년 가까운 세월을 바쳐 그는 경도를 찾는 데에 헌신했다. 그의 출세는 오직 그것에 달려 있었다.

그 당시 경도는 불가능한 임무를 에둘러 표현하는 유명한 문구가 되어 있었다. 1726년 소설 『걸리버 여행기(*Gulliver's Travels*)』를 쓴 조너선 스위프트는 이 문제는 해결할 가망이 아예 없다고 보았다. 영구 운동 장치나 만병통치약 같은 것이라고 말이다. 사실 1730년이 되자 많은 사람들은 상금을 탈 사람이 없을 것이라고 보았다. 경도를 정확히 결정하기란 앞으로도 불가능한 일일 것이기 때문이다. 심지어 경도위원회도 문제 해결의 불가능성을 믿는 측에 속하는 듯했다. "위엄 있는 위원회는 만들어진 지 15년이 넘었지만 공식적인 본부가 없었다. 사실 회의도 한번도 열리지 않았다."[8] 그러나 해리슨은 그리니치에서 가장 저명한 위원들 가운데 한 명을 찾아내게 될 것임을 알고 있었다.

그 인물은 존 플램스티드의 뒤를 이어서 왕실 천문학자가 된 에드먼드 핼리였다. 핼리는 해리슨을 따스하게 맞이해주었다. 그는 시골 목수의 아이디어를 들은 뒤 커다란 관심을 보였다. 하지만 그는 별을 관측하는 사람이지 시계 제조공이 아니었다. 그래서 그는 해리슨에게 당대의 가장 유명한 시계 제작 전문가인 조지 그레이엄을 만나보라고 제안했다. 왕립협회 회원인 그레이엄은 멋진 시계 장치를 만드는 사람 그 이상이었다. 그가 첨단 기술을 동원해서 만드는 물체는 지식의 한계를 넓혔으며 무지의 가장 어두운 부분을 환하게 밝혔다. 그는 해리슨보다 엄청나게 저명한 인물이었다. 하지만 목수에서 시계 제조공으로 변신한 이 인물에게는 사람을 끌어당기는 무엇인가가 있었다. 아침에 만난 두 사람은 해가 질 때까지 대화를 나누었다. 해리슨에게 감명을 받은 그레이엄은 그에게 약간의 돈을 빌려주었으며 동인도회사를 통해서 더 많은 개발 기

존 로저 아널드가 아내, 아들과 함께 정밀시계를 검사하고 있다. 아널드는 해리슨의 원리를 채택하고 해양 정밀시계를 시리즈로 제작한 영국 시계 제조공 세대에 속했다.

금을 모아주었다.

해리슨은 고향으로 돌아와 작업한 끝에 오늘날 H1이라고 알려진 시계를 만들었다. 완성하기까지는 5년이 걸렸다. 21세기의 시각으로 보면 이것은 시계라기보다는 모종의 달 착륙선 모듈처럼 보였다. 히스 로빈슨(단순한 기능을 지나치게 복잡한 장치로 수행하는 것을 의미한다/옮긴이)의 설계대로 조립한 듯한 분위기였다. 그것도 스팀펑크(역사적 배경에 공상과학이나 판타지적인 요소를 적용하고 전자제품 대신 증기로 작동하는 기계가 등장하는 문학 장르/옮긴이) 양식의 모듈 말이다. 이것은 91센티미터 높이의 반짝이는 황동 구조물이었다. 긴 막대와 선, 단추와 구가 이상한 각도로 튀어나와 있었고 무게는 34킬로그램이나 나갔다. 프랑켄슈타인 박사의 연구실에나 걸맞을 만한 물건이었다. 이제껏 아무도 보지 못한 형태였지만 핼리와 그레이엄의 열린 마음은 칭찬할 만했고, 그렇게 바다에서 시험할 준비가 갖추어졌다. 공모에서 구체적으로 제시한 조건은 카리브 해 여행이 아니라 리스본까지 왕복하는 것이었다. 항해 중에 폭풍우로 인해서 해리슨은 뱃멀미를 심하게 했지만 H1 시계는 끄떡없었다.

H1의 항해는 너무나 성공적이어서 경도위원회는 전에 없던 일을 벌였다. 회의를 소집한 것이다. 이것이 창설 이래 첫 회의라고 말하는 사람도 있었다. 이 자리에는 영국 최고의 지성이 모두 모였다. 케임브리지와 옥스퍼드 대학교의 교수, 해군 최고위 장교, 그레이엄과 핼리, 그리고 왕립협회 회장이자 지적인 수다쟁이 한스 슬론 경 등이다. 이들은 H1의 정확도에 깜짝 놀랐다. 만일 기회주의자였다면 가장 확실하게 서인도제도까지 항행 시험을 밀어부쳤을 것이다. 하지만 해리슨은 시계를 더 개량할 수 있다고 생각했고, 따라서 2차 검증에 나서는 대신에 39킬로그램의 H2를 만들 자금을 지원받기를 원했다. H2는 H1보다 아주 조금 더 전통적인 시계 모양에 가까웠고 높이가 더 높은 장치였다(H1은 그 이후에 그레이엄의 상점에 전시되어 유럽 전역에서 관람객을 끌어들였다). H2는 여전히 기이하게 생긴 부모(H1)를 매우 닮았다. 사각형의 황동 구조물은 기이하게도 세월이 흘러도 변하지 않을 것처럼 보였다. 그리고 만일 이 장치를 조지 2세에게 헌정한다는, 소용돌이 무늬가 정교하게 새겨진 명판이 없었다면, 한 번 보아서는 연대를 알아내기 어려웠을 것이다.

H2를 만드는 데에는 2년이 걸렸다. 하지만 H2가 완성될 즈음 완벽주의자인 제작자는 이것이 시대에 뒤떨어졌다고 믿었다. 그후 자금을 좀더 지원해달라는 요청을 하러 이따금 외출하는 것 외에는 그는 공방으로 모습을 감추었다. H3를 만들기 위해서 20년 가까운 기계적 여정을 떠난 것이다. H3는 완성된 지 얼마 되지 않아서 받침 접시 크기에 1.4킬로그램이 나가는 새 시계에 자리를 빼앗겼다. 새 시계는 자신이 30년 동안 만들어오던 황동의 괴수 못지않게 정확한 것이라고 그는 믿었다.

해리슨은 자신이 받아 마땅하다고 믿은 상금을 달라고 조지 3세에게 청원했다. 여기에 얽힌 사연을 포함한 해리슨의 이야기는 데이바 소벨의 책『경도 이야기(*The Illustrated Longitude*)』에 훌륭하게 설명되어 있다. 이보다 나은 내용은 찾아보기 어렵다. 소벨이 보기에 해리슨은 지위가 높고 무정한 거인, 즉 기성체제와 싸우는 개성이 강한 독학자였다. 18세기 동안에 과학계에서 합의된 내용에 따르면, 경도는 인간이 만든 시계가 아니라 천문 관측을 통해서 믿을 만한 측정이 가능했다. 이 같은 기성 과학계의 의견을 가장 잘 표현한 사람은 웨스트민스터 대성당과 케임브리지 대학교에서 교육을 받은 고위 신부 리브렌드 네빌 매스켈린일 것이다. 소벨은 다음과 같이 표현했다. "영웅을 찬양하는 이야기에는 야유해야 할 악당도 있어야 한다. 이 경우 리브렌드 네빌 매스켈린이 악당에 해당한다. 역사에 '뱃사람의 천문학자'로 기록된 인물 말이다."[9]

매스켈린은 18세기의 야심가였다. 케임브리지 대학교 트리니티 대학의 교수였으며 20대 초반에 제3대 왕립 천문학자 제임스 브래들리의 직계 제자였다. 게다가 불과 스물다섯의 나이에 왕립협회 회원이 되었다. 1761년 협회는 그를 세인트헬레나 섬으로 보내서 금성의 (태양면) 통과를 관측하게 했다. 시리우스 별의 연주시차(annual parallax : 별을 관측할 때 지구의 공전에 따라 생기는 시차/옮긴이)에 관한 전문가인 그는 이 임무에 적임자였다. 그는 30대 초반에 왕실 천문학자로 임명되었다. 이는 놀라울 정도로 빠르게 지위가 올라간 것이어서 더는 올라갈 자리가 없었다.

나폴레옹이 나중에 고향이라고 부를 세인트헬레나 섬으로 가는 길에 매스켈린은 달을 관측하여 경도를 계산하는 장비를 실험했다. 그는 우주에 있는 랜드마크, 달과의 거리를 측정하는 방법으로 경도 문제를 곧 해결할 수 있다고 믿었다. 뱃사람들은 주어진 장소에서 달이 특정한 별들에 가까이 다가가는 것을 관측할 수 있는 시간을 일련의 표를 통해서 알 수 있었다. 관측 장소의 시간을 감안하여 적절한 천문 관측을 시행하면 계산을 통해서 경도를 확정할 수 있었다. 물론 이를 위해서는 밤하늘이 맑아야 했으며 하늘에 대한 상세한 지식이 있어야 했다. 필요한 관측과 계산에는 4시간가량이 걸렸다. 천문학자로서 매스켈린은 이 방법을 선호했다. 왕실 천문학자로서 그는 경도위원회의 한자리를 차지했다. 그리고 해리슨이 시계학적 해결법을 완벽에 가깝게 가다듬는 동안 하늘에 대한 지식도 나날이 쌓였다. 달과의 거리와 표를 이용하는 방식이 점점 믿을 만해졌다. 해리슨은 H1 시계를 위원회에 제출할 당시 세 살배기 아이였던 이 조숙한 젊은이보다 자신이 뒤처질지도 모른다고 걱정하기 시작했다.

이제 70대 후반으로 병이 든데다가 상을 받을 수 없게 되었다는 절망에 빠진 해리슨은 조지 3세에게 직접 청원을 올렸다. 왕은 해리슨의 최신 시계인 H5를 런던 서남부의 큐 지역에 있는 그의 개인 천문대에서 시험을 한 뒤 말했다. “하늘에 맹세코, 해리슨, 당신을 내가 돌봐주지!” 그는 경도 상금 계좌에 남아 있는 액수에 거의 맞먹는 돈을 지급하라고 의회에 압력을 넣었다. H4의 복제품이 해리슨의 허락을 받아 만들어지자 추가 검증이 이루어졌다. 해당 시계는 제임스 쿡 선장의 배에 실려서 남극과 열대를 포함한 대발견으로 유명한 3년의 항해를 같이했다. 시계의 성능은 모범적이었다. 1776년 3월 24일 쿡 선장이 귀국한 지 불과 8개월 만에 해리슨은 83세의 나이로 세상을 떠났다. 하지만 그는 무덤으로 향할 때 이미 자신이 인생의 대부분을 바친 물체가 성공을 거두었다는 것을 알았다. 이제 항해용 크로노미터(chronometer), 즉 정밀시계를 개발하는 임무는 다음 세대의 젊은 시계 제작자들에게 넘어갔다. 그중 유명한 사람은 존 아널드와 토머스 언쇼, 토머스 머지였다.

그러나 매스켈린이 틀렸다는 사실이 역사적으로 증명되었다는 의미는 아니다. 1760년대 중반이 되자 그는 자신의 『항해력 및 천체력(*Nautical Almanac and Astronomical Ephemeris*)』을 이용해서 계산에 필요한 시간을 30분으로 줄이는 데에 성공했다. 게다가 케임브리지의 학자 알렉시 베이커 박사에 따르면, 해리슨이 만든 유형의 해양 정밀시계는 1800년대 이전에 “광범위하게 사용되기에는 값이 비쌌다.” 베이커가 정말하게 복원한 매스켈린 4부작은 2011년(그 천문학자가 사망한 지 200주년이 되던 해)에 영국 해양박물관 웹사이트에 게재되었다. 무엇보다 관련 시계 장치의 가격이 항해 선박 값의 3분의 1가량이나 된다면 해리슨의 해결책이 실제로 활용되는 범위는 제

영국의 항해가이자 탐험가이자 수계(水界) 지리학자였던 제임스 쿡(1728-1779). 그는 1772년 남태평양을 향한 두 번째 탐험 여행에 아널드의 정밀시계를 가져갔다. 그림은 샌드위치 섬 주민들의 환영을 받고 있는 장면이다. 모든 원주민이 이처럼 친절했던 것은 아니다. 하와이 주민들은 그보다 비우호적이었고 결국 그를 살해했으며, 이 때문에 그의 탐험 항해는 갑자기 끝이 났다.

한되었을 것이다. "그동안, 달과의 거리를 이용하는 방법의 개선안을 추구하는 과정에서 천문학과 항해의 여타 분야의 개선을 이끌어냈으며 지금도 출판되고 있는 해양력을 확립하는 성과를 올렸다. 오늘날에도 이용되는 기본적인 육분의가 발달한 것도 그의 공로이다."[10]

독학자 해리슨이 불가능할 정도로 정확한 항해용 정밀시계를 만든 데에 비해서 깔끔한 성격의 매스켈린은 표와 지도와 차트를 만들었다. 역사가 어느 편을 더 선호하는지는 단언하기 어렵다. 하지만 지적으로 뛰어난 두 사람이 이룩한 발전은 영국의 해양 지배에 막대한 기여를 했다. 그 덕분에 영국은 18세기 이래 독보적인 식민세력이자 궁극적으로는 역사상 가장 광대한 제국을 보유하게 되었다.

1. Dava Sobel and William J. H. Andrewes, *The Illustrated Longitude* (New York City: Walker & Co., 2003), p. 17
2. Derek Howse, *Greenwich Time and the Discovery of the Longitude* (Oxford: Oxford University Press, 1980), p. 47
3. *House of Commons Journal*, 25 May 1714, quoted in Derek Howse, Ibid.
4. Warrant for foundation of Royal Observatory, quoted in Derek Howse, pp. 50-51
5. 위의 문서.
6. 위의 문서.
7. Bank of England inflation calculator (https://www.bankofengland.co.uk/monetary-policy/inflation/inflation-calculator)
8. Dava Sobel and William J. H. Andrewes, *The Illustrated Longitude* (New York City: Walker & Co., 2003), p. 93
9. 위의 문서, p. 138
10. 'Rehabilitating Nevil Maskelyne-Part Four: The Harrisons' accusations, and conclusions', Royal Museums Greenwich blog, 12 February 2011 (https://www.rmg.co.uk/discover/behind-the-scenes/blog/rehabilitating-nevil-maskelyne-part-four-harrisons-accusations-and)

굉음을 내는 시간

태양의 대포

루이 필리프 조제프 도를레앙 : 귀족이자 혁명가이며 프랑스 팔레 루아얄을 바꾸는 데에 막후에서 큰 역할을 한 선지자. 정치적 급진주의자로서 프랑스 혁명 이후 '평등의 필리프'로 불렸고 자신의 사촌인 루이 16세의 처형에 찬성표를 던졌다. 이 같은 정치적 신념에도 불구하고 그후 기요틴에서 목이 잘렸다. 그는 프랑스의 마지막 왕인 루이 필리프의 아버지이다.

1780년대 후반 오를레앙 공작은 세계에서 가장 부유한 사람들 가운데 한 명이었다. 1787년 그가 거두어들인 집세와 토지세는 750만 리브르(오늘날 가치로 4,800만 파운드를 넘는다)였다. 그가 소유한 엄청난 토지는 "오늘날 데파르트망(département : 프랑스에서 두 번째로 큰 행정구역. 우리나라의 광역시보다 넓다/옮긴이) 3-4곳을 아우른다."[1]

프랑스 왕가의 분가(分家 : 장자가 아닌 아들의 집안/옮긴이) 수장으로서 이처럼 엄청난 부를 소유한 덕분에 막대한 권력이 따라왔다. 그의 증조부는 루이 15세의 치세 때 프랑스의 섭정이었으며 그의 아들은 나중에 왕위에 올랐다.

1780년대 파리에서의 이 같은 부와 권력의 집중은 팔레 루아얄(왕의 궁전이라는 뜻/옮긴이)이라는 물리적인 표현으로 나타난다. '팔레 루아얄'은 1785년 자신의 아버지를 승계한, 진보적이며 유행의 첨단을 걷는, 영국 예찬론자인 젊은 공작을 일컫는 건축학적인 은유이다. 역사학자 조지 암스트롱 켈리에 따르면, "베르사유가 프랑스를 지배했듯이, 그의 팔레 루아얄이 파리를 지배했다."[2]

당초 1630년대 리슐리외 추기경이 건축한 이 건물은 그의 임종 당시에는 정부 소유가 되었고 명칭 또한 추기경 궁에서 팔레 루아얄로 바뀌었다. 루이 14세의 동생인 오를레앙 공작 필리프가 잉글랜드의 찰스 1세의 딸과 결혼하자, 팔레 루아얄은 오를레앙 가의 주된 생활공간이 되었으며

팔레 루아얄의 정원의 우아한 정경.

팔레 루아얄의 통상적인 저녁 풍경.

파리에서 유행의 중심지가 되었다. 1780년 당시의 오를레앙 공작은 팔레 루아얄을 아들에게 물려주었다. 아들은 대대적인 개조를 단행하면서 정원을 뒤쪽까지 개발했다. 또한 정원을 세 겹으로 둘러싸는 아케이드 상점을 만들었으며 상점 위층으로는 주거용 아파트를 지어 세를 주었다.

새롭고도 논란이 많았던 이 건물은 외부인의 출입을 제한하는 주거지와 도시 내의 휴양지, 쇼핑몰을 결합한 형태였다. 팔레 루아얄은 사람들의 쇼핑 방식을 바꾸었으며 소매상점의 역사를 새로 썼고 1930년대까지 이어지는 아케이드의 시대를 열었다는 평가를 흔히 받는다. 상점과 카페와 극장이 있었을 뿐 아니라, 영국의 복스홀 및 라넬러그 유원지를 본떠서 중앙 공간을 만들었다. 인생의 즐거움을 추구하는 이 같은 시대정신은 18세기의 화가 프라고나르의 화폭에도 담겨 있다. 오를레앙 공작과 그의 건축가인 빅토르 루이는 그림에 나타난 바와 같이 건축에서도 우아하고 정교한 천박함이라는 정신을 추구했다.

이전에 파리에는 그 비슷한 것도 존재하지 않았다.

런던과 달리 파리의 도로는 포장이 되어 있지 않았다. 이곳을 걷는 일은 더럽고 위험했다. 위험하게 달리는 부자의 마차에 치일 위험이 있었으며 이를 모면한다고 해도 물과 진흙과 이보다 더 나쁜 무엇인가가 튀는 것을 피하기 어려웠다. 게다가 오스만 남작이 대대적으로 파리를 재건설하기 이전의 도로와 골목은 비좁고 악취가 풍겼다. 밤이 되면 불 꺼진 거리는 더더욱 위험해졌다.

이와 대조적으로 팔레 루아얄의 상점가는 불이 밝혀졌으며 포장이 되었고 사설 경찰의 보호를

19세기 초반 루소가 제작한 해시계. 둥그런 대리석 판에 해시계가 새겨져 있다. 움직이는 렌즈를 장착한 작은 청동 대포가 판에 부착되어 있다. 정오가 되면 렌즈를 통과한 햇빛이 화약에 불을 붙여 대포가 발사된다. 이 같은 이유로 정오의 대포라는 이름이 붙었다.

받았다. 그리고 파리의 나머지 지역과 달리 해 뜰 무렵이면 청소부들이 또다른 방탕의 날을 맞이할 수 있도록 일을 시작했다.

방문객들은 매우 깜짝 놀랐다.

다음과 같이 쓴 사람도 있다. "팔레 루아얄에서 평생을 지낼 수도 있겠다. 아무리 오래 살더라도 말이다. 황홀한 꿈에서처럼, 죽는 순간 '모든 것을 보았고 알았노라'라고 말할 수 있을 것 같다."[3]

밤은 특별히 매혹적이었다.

> "상가의 불빛이 녹색의 나뭇가지들을 비추기는 했지만 불빛은 그림자들 사이로 사라졌다. 다른 길에는 부드러운 음악 소리가 달콤하게 감돈다. 가벼운 바람이 나무의 작은 잎들을 흔든다. '기쁨의 요정들'이 차례로 우리에게 다가와 꽃을 던지고 산들거리고 웃음 지었으며 우리에게 전례 없는 기쁨을 준다는 약속을 하며 그들의 동굴로 초대했다. 그리고 그들은 사라졌다. 달빛이 비치는 밤의 유령처럼 말이다."

파리에서 가장 좋은 것이 한자리에 모였다. "파리에서 찾을 수 있는 모든 것들(그리고 파리에 없는 것이 무엇이 있겠는가?)이 팔레 루아얄에 있었다."[3] 그리고 이 쾌락의 궁전에서 찾을 수 있는 많은 것들 중에는 정확한 시간도 포함되었다.

5월과 10월 사이 정오 이전의 어느 시간에, 유행의 첨단을 달리는 사교계 사람들이 팔레 루아얄의 정원에 모여들고는 했는데 다들 손목시계를 차고 있었다. 하늘이 맑으면 맑을수록 정원의 군중은 더 많았다. 태양이 자오선을 지나는 정오가 되면 기대에 찬 군중은 작은 폭발이라는 보상을 받았다.

1786년 영업 정신이 뛰어난 독창적인 시계 장인 루소는 정원 중앙의 대리석 위에 작은 청동 대포를 설치했다. 그는 아케이드의 보졸레 회랑 96번지에서 가게를 운영했다. 대포에는 정밀하게

정오에 의례적으로 울리는 대포 소리는 도시의 사람들을 끌어모았으며, (남의 이목을 끌기 위한) 시계의 시간을 맞추는, 당시까지는 지극히 평범했던 행위는 이 덕분에 신분을 상징하는 독특하고 눈에 띄는 행태로 전환되었다.

위치를 잡은 강력한 확대경이 장착되어 있었다. 확대경의 렌즈는 태양이 자오선을 지나는 정오 즈음에 빛을 집중시켜 심지에 불을 붙여 대포의 장약이 터지게 만들었다. 이 소리에 따라서 사교계 인사들은 자신들의 시계를 맞추었다.

이것은 오늘날 같으면 "팔레 루아얄 체험"이라고 불릴 것이 분명하다. 시인 자크 데릴은 어느 날 오를레앙 공작과 함께 팔레 루아얄을 거닐었는데, 오를레앙 공작은 그에게 그 장소에 대한 간결하고도 풍자적인 시를 써달라고 요청했다. 그는 청을 받아들여 위트 있는 4행시를 썼다(프랑스어로는 1행과 4행, 그리고 2행과 3행의 각운이 딱 맞는다/옮긴이).

이 정원에는 모든 것들이 존재한다,
없는 것은 그림자와 꽃뿐이다,
이곳에서 도덕적인 탈선을 할지라도
적어도 시계는 제대로 맞출 수 있다.

그러나 곧이어 파리 사회는 시간을 맞추는 것보다 신경 써야 할 일이 더욱 많아졌다. 인공의 즐거움을 주는 이 세상 위로 프랑스 혁명의 그림자가 드리운 것이다. 그리고 역설적이게도 오를레앙 공작은 자신의 출신 배경에도 불구하고 이 같은 변화를 기꺼이 받아들였으며 스스로를 '평등의 필리프'라고 칭했다. 그는 팔레 루아얄의 이름을 평등의 궁전으로 바꾸었고 이곳은 쾌락을 찾는 이들뿐 아니라 혁명 당시의 하층민 공화당원들로 붐볐다. 그는 심지어 자신의 사촌인 루이 16세의 처형에 찬성표를 던졌지만 나중에는 자신도 기요틴에서 처형당했다. 그의 아들은 탈출해서 살아남아 프랑스의 마지막 왕인 루이 필리프가 되었다.

태양의 대포는 혁명 기간에 팔레 루아얄의 카페에 보관되어 있다가 1799년 다시 정원의 대리석에 자리를 잡고 임무를 재개했다. 그러나 1911년 이후 그리니치 표준시(Greenwich Mean Time : GMT)가 채택되면서 쓸모가 없어지고 말았다. 한동안 유리 덮개로 보호되었는데, 그 독특한 모양을 보고 "작은 수족관에 들어 있는 청동 두꺼비"라고 표현한 작가도 있었다.[4] 하지만 1970년대가 되자 부식이 시작되어 산화되었고, 확대경 및 많은 부속들이 사라졌다.

1975년 복원 사업에 착수한 결과, 그해 5월에 작동하는 대포가 팔레 루아얄에 돌아왔다. 새로운 대포는 단순히 해당 지역의 정오를 나타내는 것뿐만 아니라 파리와 그리니치의 자오선 차이에 따른 시간 차를 고려하여 조정을 할 수도 있었다. 균시차(均時差, equation of time)와 계절에 따른 시간의 변화를 반영할 수 있게 된 것이다.

낙성식은 1975년 5월 14일에 있었다. 낮 12시 47분에 태양이 자오선을 지날 예정이었지만 안타깝게도 그보다 2분 전에 구름이 지나가는 바람에 멋진 장면을 망쳤다. 대포는 1998년 도난당했으며 이를 단순화한, 작동하지 않는 복제품이 2002년에 자리를 대신했다.

오늘날 이 대포는 팔레 루아얄과 비슷하게 조용하고 평화롭다. 시계를 맞추는 행위는 과거와 달리 더 이상 주요한 사회적 이벤트가 아니다. 더구나 1780년대 모여들었던 군중은 엄밀히 말하자면 시계를 진정한 파리 시간에 맞추지 않았다. 대포는 파리의 자오선에 정확하게 놓이지 않고 60미터 정도 서쪽으로 벗어난 곳에 있었다. 하지만 이처럼 짧은 거리를 벗어난 것 정도는 유행을 따르기 위한 사소한 희생으로 받아들여졌다.

루이 마르케는 태양의 대포에 대한 1979년의 에세이에서 다음과 같은 기발한 주장을 내놓았다. "해당 위도에서 소리의 속도는 태양의 '운동(속도)'과 거의 동일하다. 따라서 대포의 서쪽, 즉 개선문 방향에 있으면서 대포 소리를 듣는 사람들은 자신이 있는 지역의 실제 정오에 시계를 맞추었다."[5]

이 같은 궤변과는 별도로, 팔레 루아얄에서 모인 사람들은 시간을 정확하게 맞추는 것보다 유행을 따르는 것을 훨씬 더 중요하게 여겼음이 틀림없다.

---

1. George Armstrong Kelly, 'The Machine of the Duc D'Orléans and the New Politics', *The Journal of Modern History*, Vol. 51, No. 4 (1979), pp. 667–84
2. 위의 문서.
3. Quoted in *Country Life*, 30 January 1986
4. Louis Marquet, 'Le canon solaire du Palais–Royal à Paris', *L'Astronomie*, Vol. 93 (1979), p. 369
5. 위의 문서.

미국의 박식가
프랭클린

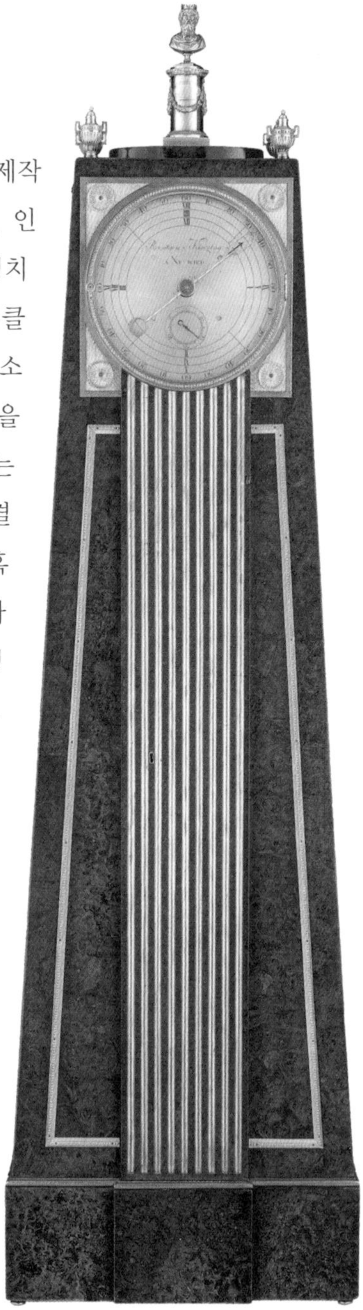

정치인, 우체국장, 출판인, 과학자, 풍자 작가, 외교관, 안경 제작자, 해양학자, 윤리학자, 대기 과학자, 금융 이론가, 혁명가, 인구 통계학자, 연 날리는 사람, 체스 선수, 작곡가, 교육자, 정치 지도자, 여러 나라의 언어를 구사하는 사람……. 벤저민 프랭클린은 비범한 사람이었다. 맥가이버 칼처럼 다재다능했다. 최소한 그는 주위에 두면 매우 쓸모가 많은 사람이었다. 평화조약을 교섭하든(1783년 파리 조약), 시야를 개선하든(2중 초점 렌즈는 그의 아이디어였다), 끔찍한 비뇨기 통증이 있든(그는 신장결석을 앓는 동생 존을 위해서 신축성 있는 도관을 설계했다), 혹은 그저 독재의 멍에를 뿌리치고 세계 최강의 군사대국을 쫓아내기를 원하든(미국 독립전쟁이라는 사소한 일) 말이다. 프랭클린이 손댈 수 없는 분야는 존재하지 않는 것처럼 보였다. 그래서 그가 재능 있는 시계 제작자였다는 사실은 놀랍지 않다.

전시실 553번은 메트로폴리탄 박물관의 전시 공간 중에서 가장 붐비는 곳은 아닐지 모른다. 매년 의상 연구소 전시회에 모여드는 수십만 명의 군중은 신고전주의 가구와 물품이 전시된 이 작은 방을 건너뛰는 경향이 있다. 근처에 있는 페트리 코트 카페에서 간단한 식사를 하기 위해서 그 작은 방을 가로지르는 경우를 제외하면 말이다. 하지만 그곳에 멈춰서는 사람은 떡갈나무와 측백나무로 만든 오벨리스크 형태의

뉴욕 메트로폴리탄 박물관에 소장된 특이한 시계 장치 중에는 프랭클린의 무브먼트를 장착한 18세기 후반의 "오벨리스크 시계"가 있다. 추의 흔들림을 조절하는 이집트 스타일의 오벨리스크 형태는 고대 그리스 문명에 대한 관심이 높아지고 있었음을 반영한다.

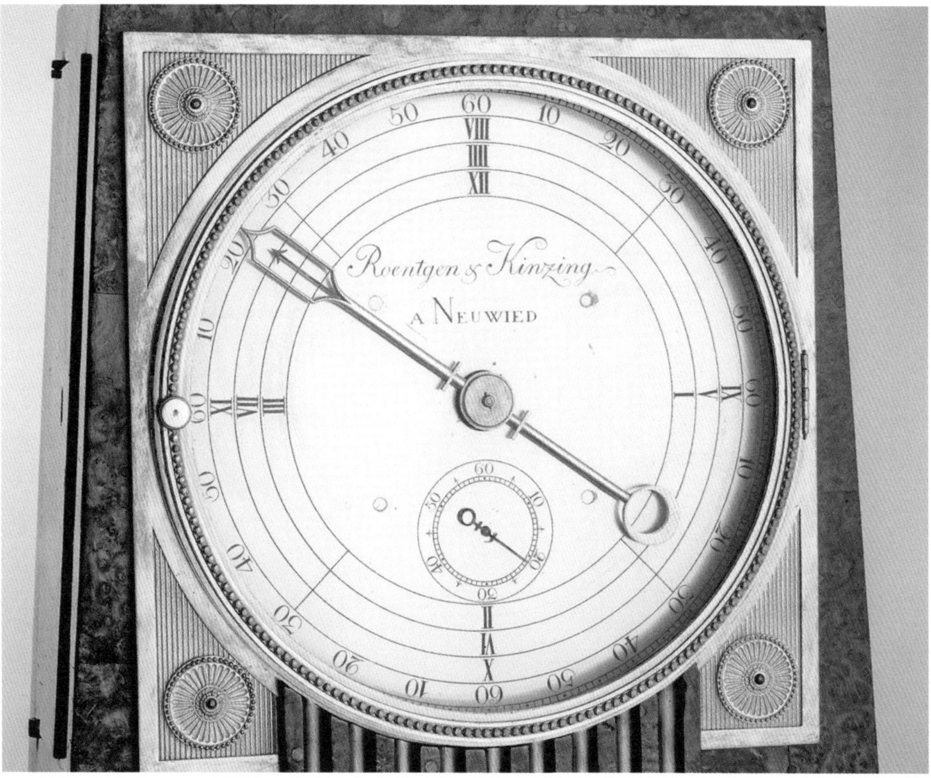

벤저민 프랭클린의 의도는 자신의 단순화한 시계 무브먼트가 상업용 시계에 사용되도록 하는 것이었다. 바퀴 3개와 4시간짜리 나선형 문자판 1개, 분침 1개로 구성된 장치였다. 하지만 루이 16세와 마리 앙투아네트가 총애하던 장인 두 사람, 즉 가구 제작자 데이비드 뢴트겐과 시계 제작자 피터 킨징은 이 장치로 사치스러운 시계를 만들었다. 프랭클린은 파리에 체류할 당시 이들과 접촉했을 수도 있다.

이상한 모양의 시계와 친숙해질 것이다.

문자판에는 데이비드 뢴트겐과 피터 킨징의 이름이 적혀 있다. 두 사람은 루이 16세와 마리 앙투아네트의 총애를 받았다. 국왕 부부에게 사치스럽고도 정교한 기계 장치를 제공한 덕분이다. 뢴트겐은 심지어 "왕과 왕비의 가구 제작자"라는 칭호까지 얻었다. 창의적인 이 두 사람이 만든 대표적인 작품은 기계 책상이었다. 여기에는 수많은 비밀 서랍들이 있었으며, 킨징이 만든 시계가 12개의 각기 다른 멜로디를 연주한다는 점이 이 책상의 특징이었다. 시계를 특히 애호한 왕은 책상 값으로 8만 리브르(오늘날 50여 만 파운드에 해당)를 지불했다.[1]

그러나 이 시계의 흥미로운 점은 문자판에 있는 이름이 아니라 문자판 자체이다. 시침 없이 중앙에 분침이 1개뿐이며 4개의 동심원으로 눈금이 있다. 바깥의 원은 4등분이 되어 있는데 각각 60분을 나타낸다. 그리고 나머지 3개의 원은 각각 4시간을 나타낸다. 시곗바늘은 4시간마다 문자판을 한 바퀴 회전하며 동심원을 통해서 1시부터 12시까지 시간을 읽을 수 있다. 이것을 발명

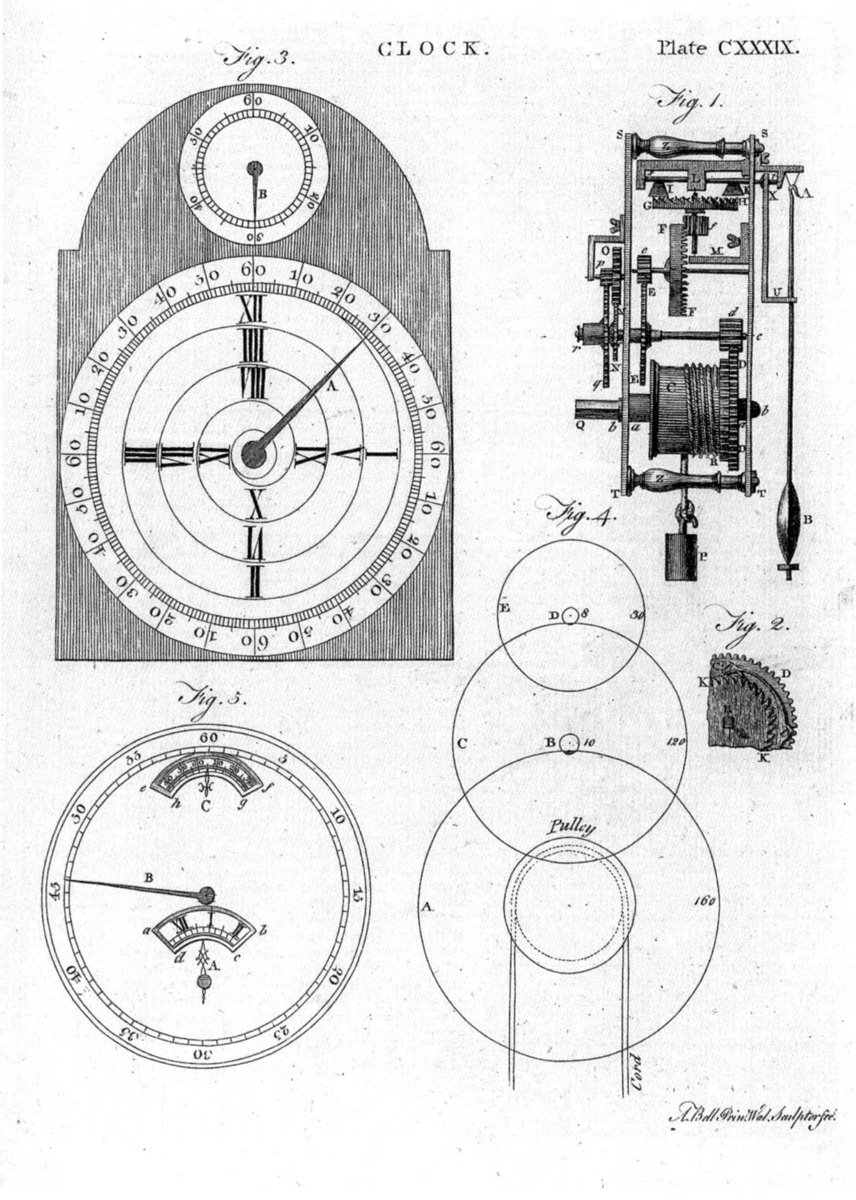

프랭클린의 시계 무브먼트는 이 판화가 보여주듯이 단순함 그 자체이다. 판화는 앤드루 벨(1726-1809)의 작품이다.

한 사람은 뢴트겐이나 킨징이 아니라 당연히 벤저민 프랭클린이다.

그의 아이디어 대부분이 그렇듯이 이 시계는 완전한 천재의 작품으로서 이를 만드는 데에 필요한 부품의 수를 획기적으로 줄였다.

이 발명품은 "퍼거슨의 시계"라는 이름으로 처음 등장한 1758년에 만들어졌다고 추정된다. 영

여러 나라 언어를 구사하는 프랭클린이 자신의 광범위한 천재성을 상징하는 물품들에 둘러싸여 있다. 슬프게도 이 그림은 희극 작가로서의 그의 기량을 내비치지 못한 것으로 보인다.

국의 시계 제작자 퍼거슨은 프랭클린의 설계에 따라서 단 3개의 톱니바퀴와 2개의 작은 톱니로만 구성된 무브먼트(movement)를 갖춘 추시계를 완성했다.

그것은 절약과 단순성을 결합한 걸작이다. 게다가 최소한의 부품으로 시간을 이용할 수 있게 한다는 점에서 거의 도덕적인 이념적 특질을 지닌다. "수많은 시계들이 이 박사[프랭클린은 당연히 여러 개의 박사 학위를 가지고 있었다]의 독창적인 계획에 맞추어 제작되었다. 그리고 나는 그중 하나를 보았다고 단언할 수 있다. 시간을 대단히 잘 측정하는 장치였다"라고 퍼거슨은 적었다. "기계장치는 단순할수록 개선하기가 더욱 좋다. 과학 분야의 모든 사람들에 의해서 말이다."[1]

메트로폴리탄 박물관에 있는 시계에 관해서는 당연히 재미있는 역설이 존재한다. 청교도 태생의 민주주의자이자 공화제 지지자의 초간단 무브먼트를 사용한(도용했다고 말할 수도 있다) 사람은, 유럽의 가장 퇴폐적인 궁정을 위해서 사치스러운 기계 장치를 만든 18세기의 가장 주목할 만한 장인들이었다.

그러나 초기 미국의 저명한 유머 작가였던 벤저민 프랭클린은 이 농담을 들었다면 즐거워했을 것이 틀림없다.[2] 사실 그의 초기 작품들 중에서 일부는 재미있고 웃기다.

---

1. James Ferguson, 'Account of Franklin's Three-Wheel Clock, 1758', *Founders Online*, National Archives, last modified 13 June 2018 (http://founders.archives.gov/documents/Franklin/01-08-02-0060) [Original source: Leonard W. Labaree (ed), *The Papers of Benjamin Franklin, Vol. 8, April 1, 1758*, through *December 31, 1759* (New Haven and London: Yale University Press, 1965), pp. 216–20]
2. Benjamin Franklin, *The Sayings of Poor Richard: Wit, Wisdom, and Humor of Benjamin Franklin in the Proverbs and Maxims of Poor Richard's Almanacks for 1733 to 1758*.

기요틴과 대분규

마리 앙투아네트의 브레게 시계

날카롭게 생긴, 빰이 홀쭉한 남자는 자신의 작은 심카(Simca) 1000 해치백 자동차를 주차하고 엔진을 끄고 잠시 기다리면서 지적인 눈으로 주위를 둘러보았다. 차에서 내린 그는 트렁크로 가서 도구상자를 꺼낸 뒤 꿀색의 돌로 지어진 커다란 건물을 향해 천천히 걸어갔다.

그는 차량용 잭을 이용해서 어떤 문의 빗장을 조용하고 신속하게 떼어낸 뒤에 몸을 뒤틀어 안으로 들어갔다.

1983년 4월 15일, 금요일 저녁이었다. 꿀색의 건물은 예루살렘의 L.A. 메이어 이슬람 예술 연구소(현재 명칭은 이슬람 예술박물관/옮긴이)였다. 이 사건은 이스라엘 건국 이래 가장 큰 규모의 도둑질이었다.

박물관은 9년 전에 개관했다. 이곳은 작고한 베라 샐로몬스가 자신의 친구이자 학자이며 고고학자인 레오 아리 메이어 교수를 기념하기 위해서 건립했다. 이슬람 예술의 가장 중요한 소장품들 중 하나를 간직한 곳이었다.

그러나 이 박물관은 보석, 유리 공예품, 카펫, 고대『쿠란』문서뿐 아니라 유일무이한 시계 장치를 다수 소장한 곳이기도 했다. 이 가운데 많은 것들은 흔히 역사상 최고의 시계 장인으로 평가

세계에서 가장 유명한 시계임이 거의 틀림없는 "마리 앙투아네트."

프랑스의 왕비 마리 앙투아네트를 위해서 주문한 시계이지만 그녀는 이것을 살아생전에 보지 못했다.

되는 시계학의 천재가 18세기 후반과 19세기 초반 프랑스에서 제작했다. 그중에 하나는 "시계 장치의 모나리자"라는 극적인 이름으로 알려졌는데, 딱히 부정확한 명칭은 아니었다. 이것은 세계에서 가장 유명한 시계였다. 제작자가 부여한 이름, 즉 '160'은 그 중요성과 가치, 복잡성을 전혀 나타내지 못했다.

18세기 시계 장인의 주문 책자에 160번째로 올라 있는 이 시계는, 원래 받기로 했던 사람, 마리 앙투아네트의 이름으로 더 잘 알려졌다.

도대체 왜 프랑스의 가장 유명한 왕비를 위해서 제작된 시계가 예루살렘의 이슬람 예술박물관에 있는 것일까? 이것을 이해하려면 1762년, 오늘날 스위스의 호반 도시 뇌샤텔로 시간 여행을 떠나야 한다. 이곳에서 열다섯 살 소년이 파리로 향하는 역마차에 올랐다. 그의 아버지는 최근 사망했고 어머니는 재혼했다. 어머니의 새 남편은 시계 제작자였는데 소년은 1년간 양아버지 밑에서 도제 생활을 하면서 엄청난 재능을 보였다. 그 결과 그는 파리로 떠났고 나중에 그곳에서 명성과 부를 쌓고 역사를 만들 예정이었다.

인류의 발전에 너무나 중요한 기여를 한 나머지 분수령이 된 사람들이 있다. 천문학의 코페르니쿠스와 갈릴레오, 탐험의 콜럼버스, 영어의 셰익스피어, 그림의 피카소가 그런 경우이다. 그리고 시계에는 역마차를 타고 덜컹거리며 파리를 향하는 10대 아브라함 루이 브레게가 있다. 브레게는 개인용 시계를 전무후무할 정도로 크게 바꾸어놓았다. 한마디로 말해서 그는 오늘날 우리가 아는 기계식 시계의 부품 대부분을 발명하거나 개선했다.

브레게의 주요 업적은 언뜻 보기만 해도 인상적이다. 1780년 그는 처음으로 태엽이 자동으로 감기는 시계를 내놓았다. 3년 후 그는 리피터 시계(repeater watch : 버튼을 누르면 소리로 시간을 알려주는 시계/옮긴이)를 위한 벨 스프링을 발명했다. 1790년에는 파라슈트 완충 장치를 발명했으며, 1796년에는 최초의 캐리지 시계(carriage clock)를 내놓았다. 물론 그의 업적 중에서 가장 유명한 것은 1801년 특허를 낸 투르비용(tourbillon : 지구 중력의 영향으로 발생하는 시간 오차를 개선하기 위해서 고안한 시계 부품/옮긴이)이다. 심지어 그의 이름은, 시계의 미적이고 기술적인 다양한 측면을 서술하는 형용사로 날이면 날마다 사용되고 있다. 브레게 바늘(시침과 분침/옮긴이), 브레게 번호(판매한 제품마다 각각 번호를 매기고 장부에 기록했다/옮긴이), 브레게 오버코일(태엽 장치를 이루는 용수철의 마지막 부분이 기존 용수철의 위쪽에서 급격하게 안으로 휘게 만든 장치. 고정된 끝에 꽉 죄었을 때에 용수철이 균일한 힘으로 풀리게 해준다/옮긴이). 그는 재능 있는 시계 제작자로서의 능력을 넘어서는 화려한 홍보 감각도 있었다. 한번은 탈레랑 앞에서 자신의 시계를 꺼내 땅에 팽개친 적도 있었다. 새로운 충격 방지 장치를 보여주려는 쇼였다.

더 말할 것도 없이 그는 프랑스 궁정 모임의 총아였다.

그러나 그는 또한 위험을 즐겼다. 프랑스 인민들의 끓어오르는 불만이 프랑스 혁명이라는 유혈극으로 폭발했을 때, 그는 바스티유 감옥의 해방과 프랑스 인권선언의 발표에 따른 흥분에 휩쓸렸다. 그는 당시 헌정수호협회에 가입했는데 이 단체는 곧이어 자코뱅파로 알려졌다. 이는 회원들이 모였던 파리 튀일리 궁전 인근에 있는 옛 수도원의 이름을 딴 것이다.

아브라함 루이 브레게는 개인용 시계의 작동 메커니즘을 획기적으로 바꾸어놓았다. 한 개인으로 그와 비교될 만한 업적을 이룩한 사람은 전무후무하다.

1792년 9월의 대학살을 계기로 브레게의 급진주의는 완화되었다. 좀더 온건해진 그는 로베스피에르와 충돌했다. 그는 목숨이 위태로워졌고 오랜 친구인 장 폴 마라에게 도움을 청했다. 마라 역시 뇌샤텔에서 파리로 온 인물로, 브레게가 프랑스를 떠날 수 있도록 도움을 주었다. 1793년 6월 24일 프랑스 국민의회의 일반 보안 감시위원회는 시민 브레게에 관한 청문회를 열고 그와 직계 가족에게 여권을 내주기로 결정했다. 시의 적절한 조치였다. 그로부터 얼마 후인 7월 13일 마라는 욕조에서 살해당했다.

브레게는 몇 주일을 긴장 상태로 기다리며 보냈지만 결국 여권이 도착했다. 8월 11일 그는 자신이 30년간 구축해온 사업을 접었다. 그가 망명하면서 가져간 짐 속에는 "160번"이라고 언급된 미완성 프로젝트가 있었다. 자신에게 어떤 일이 일어날지, 혹은 파리로 돌아올 수 있을지 알 수 없는 상태에서 그는 시계 부품 뭉치를 복잡한 심정으로 쳐다보았을 것이다.

그의 두꺼운 장부에 주문이 기재된 것은 정확히 10년 전이었다. 하지만 커다란 비밀이 있었으니 주문자가 여왕 근위대 소속의 이름 없는 장교였다는 사실이다. 이 같은 주문이 들어온 것을 여왕 본인이 알고 있었는지, 이 장교가 누구를 대신해서 주문을 했는지는 알려지지 않았다. 이 수수께끼를 더욱 미궁에 빠뜨린 것은 주문 내용이었다. "자동으로 태엽이 감기는 초소형 리피트 시계, 완전한 만세력과 균시차, 잔여 동력 표시계, 금속 온도계, 독립된 별도의 대형 초침, (째깍거리지 않고) 물 흐르듯 회전하는 작은 초침, 레버식 탈진기, 황금 브레게 오버코일, 마찰과 구

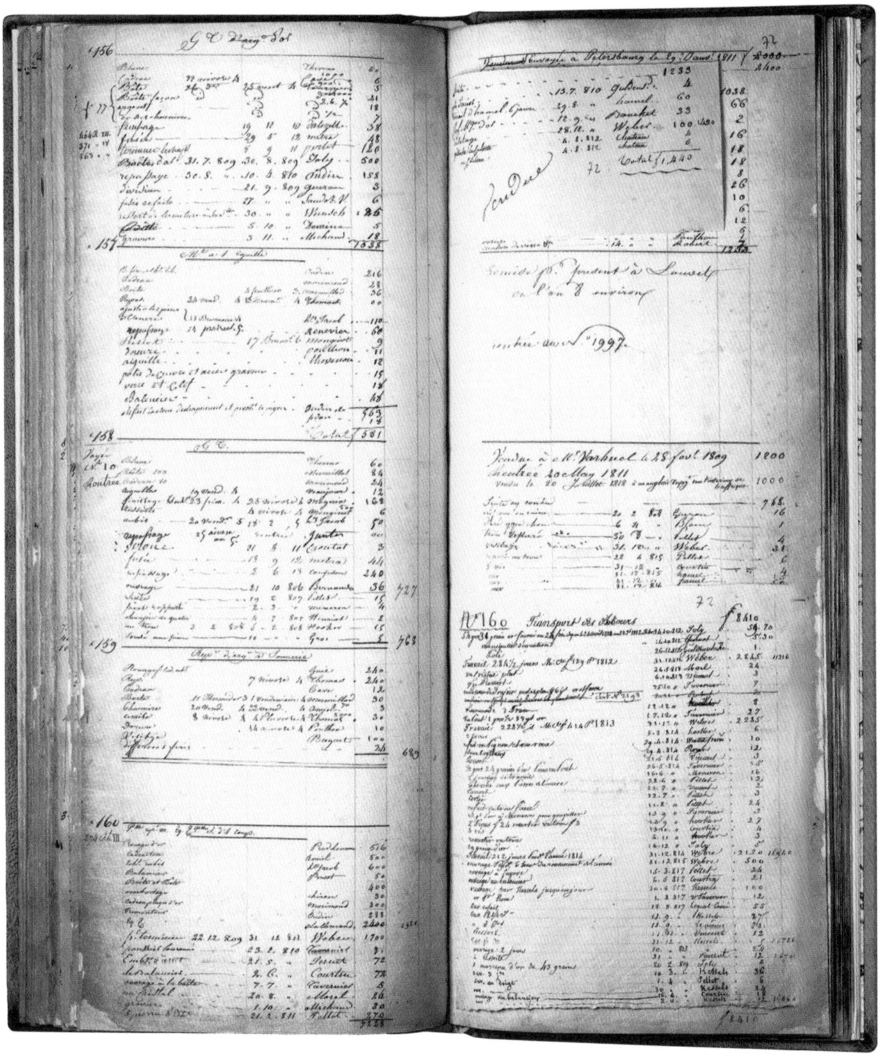

"마리 앙투아네트"라는 이름이 붙은 브레게 160번의 제조 단계를 기록한 제작 대장(출처: 몽트레 브레게 컬렉션).

오늘날 자동시계의 원조인 "영구 시계." 착용하고 걸으면 큰 태엽이 감긴다. 회전축의 가로대에 자리잡은 추가 위아래로 움직이는 덕분이다.

멍과 롤러가 있는 모든 곳에 있는 이중 파라슈트 완충 장치, 금과 사파이어로 만든 케이스, 수정 문자판, 금과 금속으로 된 시곗바늘" 등 당대에 알려진 모든 기능들을 합쳐놓은 백과사전적인 최고의 휴대용 시계를 설계하라는 것이었다.[1]

이 주문에는 마감 기일이나 가격 상한이 없었다. 유일한 조건이라면 가능한 모든 곳에 금을 사용하라는 것이었다. 사실상 브레게가 받은 요청은 르네상스 시대에 기술적으로 가장 앞서 있던 물건인 성당 시계를 만들어달라는 요청이었다. 다만 주머니 속에 들어가는 크기여야 한다는 제약이 붙었다. 이는 시계학적으로 최고의 기술을 집약한 궁극의 제품을 만들라는 것이었다. 유럽을 영도하는 궁중에서 착용해서 사람들의 찬탄을 받을 수 있도록 기술적으로 전례 없이 복잡하면서도 크기는 공학적으로 최소화한 걸작을 만들라는 주문이었다.

이것은 브레게가 마리 앙투아네트를 위해서 만든 첫 번째 시계는 아니었다. 1782년 브레게는 왕비에게 "영구시계"를 만들어준 바 있다. 달력이 장착되었으며 태엽이 자동으로 감기는 리피터 시계였다. 루이 16세는 기계 장치와 시계 제작에 푹 빠진 것으로 유명한 인물이자 브레게의 고객이기도 했다. 하지만 160번을 제작해달라고 주문한 남자는 왕이 아니었다. 주문자는 그녀의 애인이라는 소문이 돌았던 스웨덴의 악셀 폰 페르센 공작이라는 추측이 널리 퍼져 있다. "그 시계는 왕비의 사랑을 받는 남자들 중 한 명에게 선물로 주기 위한 것"이었다는 또다른 설도 있다.[2] 그 남자는 페르센으로 추정된다.

진상이 무엇이었든 이 선물은 그녀가 받지도, 그녀가 남에게 주지도 못하게 될 운명이었다. 브레게가 프랑스의 수도를 탈출한 지 불과 몇 주일 만에 그녀는 기요틴에서 죽음을 맞았다. 피로 물든 '혁명의 장소'(오늘날에는 콩코드 광장이라는 평화로운 이름이 붙어 있다)로 몰려든 으르렁거리는 군중 앞에서 말이다.

2009년 7월 21일 예루살렘의 이슬람 예술박물관에서 열린 "잃어버린 시간의 미스터리" 전에 전시된 브레게의 시계는 관람객들의 감탄을 자아냈다. "마리 앙투아네트" 시계는 도난 이후 이때 처음으로 전시되었다.

브레게는 자신의 고객보다 운이 좋았다. 나중에 파리로 돌아와 나폴레옹 시대 엘리트의 시계 장인으로 임명되어 더욱 큰 영광을 누렸다. 사실 기록에 나타난 최초의 손목시계는 나폴레옹의 동생이자 나폴리 왕국의 왕비인 카롤린 뮈라를 위해서 그가 제작한 것이었다. 심지어 나폴레옹은 "시계 제작소로 자주 잠행을 가서 자신이 열정을 가졌던 대포와 소총을 개선하는 방법에 대한 대화를 나누었다"는 추측까지 나오고 있다.[3] 나폴레옹 가문은 1797년부터 1814년 보나파르트라는 노다지 열차가 탈선할 때까지 모두 합쳐 100개 안팎의 시계와 직접 연관되어 있다. 하지만 체제가 바뀌어도 브레게의 고객은 늘어날 뿐이었다. 특히 러시아의 알렉산드르 황제와 웰링턴 공작이 그에 해당한다. 후자는 리피터 시계에 300기니아를 지불했다고 알려져 있다(당시 영국 기병 연대의 기병 1명이 받는 연봉의 약 30배에 해당한다).

한스 악셀 폰 페르센.

브레게의 특별한 이력에는 부르봉 왕조, 혁명, 나폴레옹, 왕정복고 시대의 프랑스가 모두 포함된다. 이 같은 역사 소설 같은 삶에도 불구하고 한 가지 변하지 않은 것이 있었다. 죽는 날까지 160번의 제작에 매달렸다는 점이다. 이것은 마리 앙투아네트가 기요틴에서 처형된 지 34년이 흐른 1827년에 이르러서야 비로소 완성된다. 악셀 폰 페르센 공작이 폭도들에게 살해당한 지 17년이 지난 시점이기도 했다. 또한 브레게 자신이 사망한 지 4년이 흐른 때였다(그는 아들에게 작업을 완수하라는 유언을 남겼다).

그것은 세상에서 가장 정교한 시계라는 독보적인 명성을 1세기 동안 유지하기 위해서였다. 그리고 이어지는 이야기는 시계 제작과 관련된 사건들만큼 매혹적이다. 이 시계는 그로예 후작에게 팔렸다. 그는 어린 시절에 마리 앙투아네트를 위한 견습 기사(騎士)들 중의 한 명이었다. 시계는 1838년 수리를 위해서 브레게에게 돌아갔으나 회수되지 않고 있다가 1887년 영국에서 온 스펜서 브룬턴 경에게 팔렸다. 이것은 이후 동생에게 넘겨졌고 수집가이자 예술품 거래상인 머리 마크스에게 판매되었다. 그의 고객에는 J. P. 모건도 포함되었다. 머리는 브레게 복원가로 유명한 루이 데사우터에게 시계를 팔았다. 그리고 이 시계는 1917년 어느 봄비 내리는 날 런던 웨스트엔드의 상점을 지나던 데이비드 라이어널 샐로몬스 경의 눈에 띄었다. 그는 시계를 보고 첫눈에 반해버렸다.

보통과는 다르게 생긴 신기한 시계에 눈길이 갔다. 시계 옆에는 "마리 앙투아네트"라는 이름이 적힌 꼬리표가 있었다. 나는 창가로 다가가서 시계를 좀더 자세히 보았다. 그리고 이것이 불운한 왕비를 위해서 브레게가 제작한 시계임을 알았다. 매우 비싼 가격이 매겨져 있었다. 하지만 그만한 가치가 있었고 매우 잘한 구매임이 판명되었다. 나중에 이것을 넘기라는 매혹적인 제안을 여러 번 받았다는 점으로 볼 때 그렇다. 나는 매일 저녁 가장 복잡하고 흥미로운 이 시계를 연구했다. 그 결과 브레게를 제외한 어느 누구도 걸작에 가까운 이런 시계를 만들 수 없다는 의견을 가지게 되었다.[4]

샐로몬스가 사망하자 시계는 그의 딸인 베라에게 넘겨졌고 그녀는 1969년 사망했다. 5년 후인 1974년에 이것은 이슬람 예술박물관이 개관하면서 대중에 공개되었다. 건물이 완공되고 박물관이 개관한 1974년이었다. 시계는 1983년의 따스한 봄날 저녁까지 그곳에 소장되어 있었다.

진취적인 도둑이 시계학의 역사적인 보물을 훔치려고 몸을 뒤틀며 박물관 문을 통과한 그해에 시계 제작의 미래가 스위스에서 시작되었다.

160번은 가격이 가장 비쌌던 반면, 스와치는 적당한 가격을 강점으로 삼았다. 160번은 제작되까지 40년이 걸렸지만 스와치는 빠르고 쉽게 만들어지도록 설계되었다. 160번은 1개뿐이고 이제는 사라진 데에 반해서 스와치는 수백만 개의 시계를 만들 수 있었고 실제로 그렇게 되었다. 이 플라스틱 시계는 지구에서 가장 흔한 물건이 될 예정이었다. 사실 이것은 너무나 성공한 나머지 1999년 그 유명한 브레게 사를 매입할 것이었다.

스와치의 성공을 설계한 사람은 레바논 출신의 경영 컨설턴트인 니콜라스 하이에크였다. 스위스 시계 산업의 구원자라고 흔히 묘사되는 인물이다. 그는 삶의 후반부에 브레게에게 깊이 매혹된 나머지 아브라함 루이 하이에크(브레게의 이름을 그대로 따서 붙였다/옮긴이)라는 익살스러운 이름으로 알려지기도 했다.

160번이 도난당한 지 21년이 되도록 시계가 나타나지 않은 데에 좌절한 그는 잃어버린 보물을 다시 만들기로 했다. 스와치 그룹의 무시무시한 자원을 쏟아붓기로 작정한 것이다. 심지어 21세기의 기술로도 복제품을 만드는 데에는 4년이나 걸렸다. 하지만 복제품을 선보이기 전인 2006년 나만 딜러라는 도둑이 죽기 직전에 고백을 했다. 그는 군대 조종사 출신으로 위조와 도둑질과 범죄에 관해서 박사가 된 인물이었다. 그에 따르면 시계들을 훔친 뒤 신문지에 싸서 상자에 넣어 어느 창고에 보관했다. 160번이 담겨 있던 상자는 21년째 그 자리에 있었다.

이제 160번은 박물관으로 돌아와 훨씬 더 엄중한 보안 장치의 보호를 받고 있다. 최초의 2세기보다 앞으로 다가올 세기들이 더욱 다사다난할지 지켜보고 있을 터이다.

---

1. Emmanuel Breguet, *Breguet: Watchmakers Since 1775* (Paris: Gourcuff, 1997), p. 48
2. Sir David Lionel Salomons, *Breguet* (London: 1921)
3. Rees Howell Gronow, *Captain Gronow's Last Recollections: Being The Fourth And Final Series Of His Reminiscences And Anecdotes* (Palala Press, 2015), p. 76
4. Sir David Lionel Salomons, *Breguet* (London: 1921), p. 4

문 앞으로 배달된 시간

벨빌의 정밀시계

"**잉글랜드 서리 주의** 윌링턴에서 여든아홉의 나이로 숨진 엘리자베스 루스 벨빌은 정확한 GMT를 런던의 상점들에 알려주는 데에 반세기를 바쳤다. 그 작업의 기반은 100년 된 시계였다. 그녀는 일주일에 세 번 그리니치를 방문하여 자신의 시계가 정확하다는 보증서를 발부받았다."[1]

빅토리아 시대의 커플이 그리니치 왕립 천문대 정문 밖의 벽에 있는 셰퍼드 게이트 시계를 보고 있다. 당시 GMT는 웨스트엔드에서 판매되는 귀중한 상품이었다.

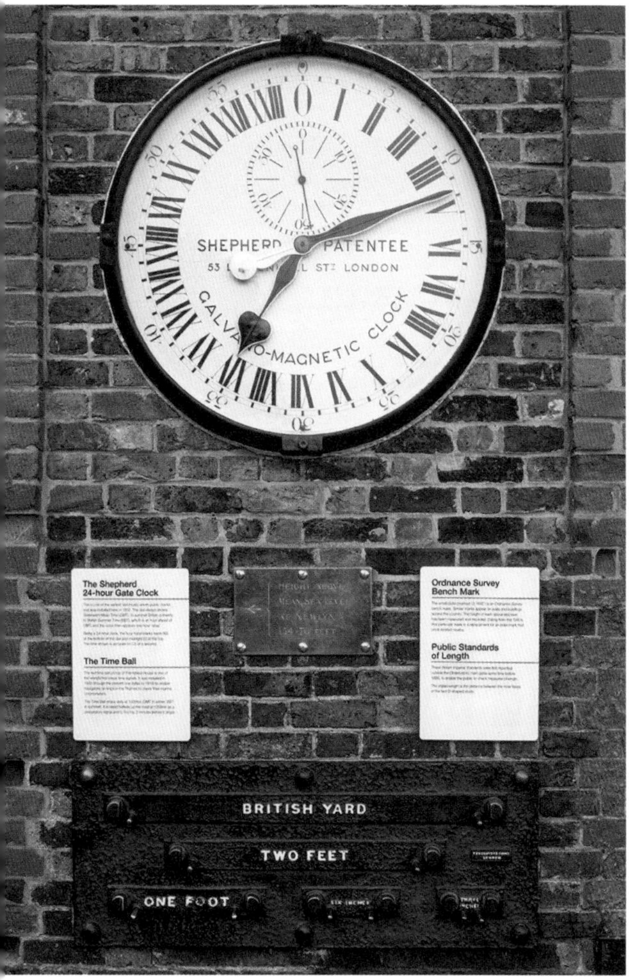

OCTOBER, 1929 POPULAR SCIENCE MONTHLY 63

Erased Writing Revealed by Ultra-Violet Rays

ULTRA-VIOLET rays, used in the treatment of rickets and other ailments, now are being called to the aid of the historian and antiquarian. Recently Professor G. R. Köbel, of the University of Vienna, Austria, discovered that, by means of ultra-violet rays, the now invisible writings on palimpsests, the doubly-written parchments of Medieval times, may be photographed and deciphered.

Parchment often was used twice and sometimes three times by the scribes of the Middle Ages, because of its cost and scarcity. The chronicler would erase, and frequently not very carefully, the writing from a document and use the same parchment again. By the new use of ultra-violet light, important historical, literary, and scientific data may be revealed.

American scientists have further discovered that various kinds of ancient inks may be brought to light by ultra-violet rays of different wave lengths.

Woman Sets Office Clocks by 100-Year-Old Watch

A WATCH that is said to have kept perfect time for a hundred years has provided its owner, Miss R. Belville, of London, England, with a steady income for forty years. Known as "The Clock-woman of London," she makes daily trips to a number of business houses, setting their clocks to the correct Greenwich time as told by the old timepiece, known as "Arnold 345."

The watch was made for the Duke of Sussex, son of King George III of England. Later it came into the possession of Miss Belville's father, an attendant at the Greenwich Observatory. He discovered its remarkable ability and started the unique occupation of supplying the correct time to offices, which his daughter, now seventy-five years old, still pursues.

London's "Clockwoman" supervising setting of office clock by her hundred-year-old watch.

Automobile "Tight-Ropes" on Power Line

H. Kambrinow, German dare-devil, driving his automobile on hundred-foot-high power lines.

A TIGHT-ROPE-RIDING automobile recently thrilled watchers in the vicinity of Berlin, Germany, when H. Kambrinow, a dare-devil rider, drove the machine along parallel high tension wires for almost a fifth of a mile. At some places the swaying wires were a hundred feet from the ground, with yawning limestone quarries below, yet the heavy machine completed the trip safely at fifteen miles an hour.

The pneumatic tires had been removed, and the car ran on clincher rims, which held it to the wire. Before the perilous ride, the electric current in the wires was turned off at the power house to make the feat possible. Near the end of the performance, Kambrinow stopped the machine for a moment and, standing up in the seat, waved reassuringly to watchers in a gully below.

Three-Color Flashlamp Serves as Signal

A RED, green, or white light is possible with a new electric flashlamp pictured above. It is designed especially for policemen, motorists, and campers, for whom it serves as a handy method of night signaling. When both buttons on the front of the device are at the bottom, the light is white. Sliding one of the buttons up pushes a red shield between the lens and bulb and the light changes to red. If, instead, the other button is moved up, the light becomes green. The first button to be manipulated must be returned to the lower position before the other one can be pushed up.

Another feature of the lamp is the arrangement of the three buttons at the top. One turns on the light, when pressed down completely. Given a slight pressure it can be used for flashing the light on and off in any of the three colors for "dot and dash" signaling. The center button locks the mechanism so that the lamp cannot become accidentally lighted while being carried in the pocket. The other button switches off the light. An adjustable leather strap permits the lamp to be carried in the hand, hung on the wall, or, whenever it is necessary, attached to a belt or button of a garment, leaving both hands free.

Plant and Bird Species Outlived Monsters

PLANTS and birds descended from species that lived millions of years ago still exist, while the large mammals and reptiles of prehistoric times, such as mastodons, dinosaurs, and giant armadillos, have been extinct for centuries.

This fact was revealed by recent excavations in two widely separated parts of the world. In the Sutschansk mines near Vladivostok, Siberia, a Russian paleontologist, found fossil plants 155,000,000 years old. What he discovered were really leaf prints in the rock, but these could clearly be distinguished as belonging to a genus of which the American wild sarsaparilla and the Hercules shrub are descendants.

In Florida, representatives of the Smithsonian Institution unearthed a fossil bed in which bones of ducks, geese, storks, and other present-day birds lay side by side with the remains of mammoths, ancient horses, and other creatures of at least a million years ago.

위쪽 : 1929년 월간 「파퓰러 사이언스(*Popular Science*)」지에 '런던의 시계 여인'으로 소개된 벨빌 여사.
왼쪽 : 그리니치 왕립 천문대에 있는 시계. 좀더 최근의 것이다.

1943년 12월 13일 「타임스」의 1면은 평소와 다름없이 광고, 탄생과 죽음, 개인적인 발표, 공직 인사, 법적 공지 등으로 채워졌다. 신사용 사향쥐 모피 코트, "완벽한 조건"을 웨스트엔드에서 판매한다는 광고, 비콘스필드 학교에서 "라틴어와 프랑스어가 필수"인 교사를 모집한다는 글, 쿠바 아바나 시가 300-400개를 사고 싶다는 "신사"의 발표, 그리고 레스터 왕립 병원에서 여자 마사지사를 구한다는 광고……. 신문 안쪽 면은 국제 소식으로 가득 채워졌다. 키예프 돌출부의 전투, 체코-소련 조약, 대서양의 독일군 잠수함 U보트, 그리스 군주제의 미래, 알제리에서 드골 장군이 수만 명의 무슬림에게 프랑스 시민권을 부여하겠다고 한 발표…….

대체로, 그날 「타임스」의 독자들이 6면 하단의 십자말풀이 위에 있던, 딱 55개 단어로 압축된 기사를 놓쳤더라도 이에 대해서 뭐라고 할 사람은 없었을 것이다. 그 기사는 크로이던 사의 음식 공급 매니저 부음 옆에 있었다. 하지만 벨빌 여사의 사망과 함께 영국 시간 지키기의 역사 가운데 아주 작은 부분이 사라졌다.

그녀의 할머니는 프랑스 혁명을 피해서 영국에 도착한 뒤, 1795년 여름에 아들 존 헨리를 낳았다.[2] 소년이 다섯 살 무렵에 어머니가 사망하자, 그는 존 폰드에게 입양되었다(폰드가 그의 아버지라는 설이 있다).[3] 폰드는 경도를 알아내려는 시도에서 해리슨의 경쟁 상대였던 네빌 매스켈린의 뒤를 이어 제6대 왕실 천문학자가 되었다. 그리고 1816년 존 헨리가 그의 두 번째 조수로 합류했다. 그는 40년 후에 사망할 때까지 왕립 천문대에서 계속 근무했다.

1830년대가 되자, 폰드가 정신질환을 앓고 있으며 그가 왕립 천문대를 혼란에 빠뜨렸다는 사실이 분명해졌다. 그의 후임 조지 에어리 교수는 열정적인 인물이어서 지체 없이 질서를 바로잡기 시작했다. 당시의 정밀시계 제조업자들에게는 왕립 천문대에 심부름꾼을 보내서 정확한 시간을 알아보는 관습이 있었는데 에어리는 이를 성가시게 생각했다. 그래서 방문을 월요일로 제한했고 그의 전임자가 제시한, 존 헨리 벨빌이 시간 배달 책임자가 되어야 한다는 방안에 의견을 같이 했다. 21세기에는 세계 어디에서나 정확한 시간이 존재한다. 라디오나 전화를 통해서 쉽게 알 수 있게 된 지 이미 몇 세대가 지났다. 그러나 1830년대에는, 그리니치의 "(시간) 제작자"로부터 직접 전달받는 정확한 시간은 귀중한 것이었다.

존 헨리 벨빌(1794-1856)의 세 번째 부인 마리아 벨빌(1811-1899). 그녀는 남편이 사망한 후에 GMT를 웨스트엔드에 "배달하는" 역할을 맡았다.

폰드는 병으로 정상적인 생활이 불가능해질 때까지 천문대의 지붕에 시간 공을 올려놓는 역할을 했다. 공은 매일 오후 1시에 떨어졌다(하필 1시가 된 이유는 천문학자들이 정오를 정확하게 측정하는 데에 필요한 시간을 충분히 확보하기 위해서였다). 이 장면은 템스 강에 정박한 배에서도 볼 수 있어서 항해용 정밀시계의 시간을 맞출 수 있었다.

에어리는 여기에서 한발 더 나아갔다.

벨빌에게는 천문대 정문에 새로 설치된 24시간 시계를 운영하는 책임이 주어졌다. 그리고 1836년 6월부터[4] 그는 매주일 웨스트엔드와 런던을 방문해서 자신의 시계로, 천문대로부터 직접 가져온 GMT를 알려주었다. 대상은 해당 업무에 연회비를 지불한, 시의 정밀시계 제조업자들을 비롯한 여러 사람들이었다.

아침에 잡은 생선이나 갓 구운 빵과 마찬가지로, 시간은 되도록이면 이제 막 측정되었을 때에 제공되는 것이 가장 좋았다. 1836년 수도의 첫 증기 선로가 런던과 그리니치 사이에 개통되자, GMT는 런던 중심부로 몇십 분 내에 뜨끈뜨끈하게 제공될 수 있었다. 철도는 878개의 벽돌 아치로 구성된 구름다리 위로 승객들을 실어날랐다. 철도는 시장에 판매할 채소를 재배하는 농장들과 런던 남부에서 확장 중이던 교외 지역 위를 통과했다.

존 헨리 벨빌이 사망할 무렵인 1856년이 되자, 시간은 전신과 갈바니즘(galvanism : 당시 전기에 붙여진 이름이다)을 통해서 이미 쉽게 전달될 수 있었다. 하지만 이 주제에 대해서 짧지만 멋진 책을 저술한 데이비드 루니 교수에 따르면, "존에게 회비를 내는 많은 사람들은 그들이 알고 신뢰하는 기술을 계속 유지하기를 간절히 원했다."[5]

마리아는 벨빌의 세 번째 부인으로서 슬하에 늦둥이 딸 루스를 두었다. 아이는 아빠가 사망할 당시 두 살이었다. 마리아는 에어리에게 편지를 써서 해군성 연금을 받게 해달라고 요청했다. 청원이 기각되자 그녀는 남편이 하던 일을 이어받으려고 노력했고 결국 허락을 받았다. 그녀는 업무 때마다 딸을 데리고 다녔다.

사업은 너무나 번창했다. 벨빌이 판매하는 시간을 재판매하는 시장까지 있었다. 루

"런던의 시계 여인"으로 국제적으로 알려진 루스 벨빌의 사진. 엄청난 능력과 신뢰성을 갖춘 미스 마플(애거사 크리스티의 추리 소설의 주인공인 할머니 탐정/옮긴이)과 메리 포핀스(영국 작가 패멀라 트래버스가 지은 동화 시리즈의 주인공인 유모/옮긴이)를 섞어놓은 듯한 인상을 준다.

벨빌 가의 회중시계 “아널드.” 임무를 마칠 때까지 1세기 넘게 GMT를 런던 중심부에 전달했다.

스는 만년에 다음과 같이 회상했다.

> 나는 어릴 때 엄마와 같이 방문하던 클러컨웰 지역의 어느 회사에 대한 모종의 추억이 있다……. 엄마가 정밀시계 옆의 조절장치를 점검한 다음……우리는 사무실로 들어서는 사람 서너 명을 지나쳤는데 이들은 손에 정밀시계를 들고 있었다. 엄마의 설명에 따르면 이들은 시간을 소매로 구매하기 위해서 이 큰 회사에 약간의 회비를 낸 정밀시계 제조자들이었다.[6]

게다가 1892년 마리아 벨빌이 은퇴할 때에도 그녀의 딸이 사업을 이어받기에 충분한 규모의 시장이 여전히 존재했다. 런던 주변을 바삐 돌아다니면서 벨빌은 유명 인사와 비슷해졌다. 걸어다니는 런던의 랜드마크가 된 그녀는 언론과 인터뷰를 했으며 「파퓰러 사이언스」지에 한 차례 이상 등장했다. 열광적인 독자들에게 그녀는 “런던의 시계 여인”이라는 별명으로 알려졌다.[7] 70대의 그녀를 촬영한 사진은 미스 마플과 나이 든 메리 포핀스를 섞어놓은 것만 같은, 엄청난 능력과 신뢰성를 갖춘 듯한 인상을 준다. 사진 속 그녀는 작고 단정한 모자와 발목까지 내려오는 구식 외투를 걸치고 활기차고 권위 있게 고객에게 시간을 알려주고 있다. 해당 고객이 극장의 가스등 조명 감독관이든, 접이식 사다리 위에 발끝으로 서 있는 사무실 직원이든 마찬가지이다. 후자는 그녀가 아래쪽에서 정밀시계를 손에 들고 지시하는 내용에 맞추어 커다란 벽시계의 시침과 분침을 조정했다.

그녀의 명성과 생계의 원천이 된 정밀한 대형 회중시계는 그녀의 어머니가 썼고 그에 앞서서 아버지가 이 업무를 시작할 때에 쓰던 것이기도 하다. 그녀가 1940년에 일을 그만둔 점을 고려할 때, 이 시계는 1세기 넘게 GMT를 런던 중심부에 전달했다. 그녀는 전쟁 탓에 런던 거리가 위험해진 시기에 일을 그만두었다(그녀는 당시 여든다섯 살이 넘었다).

놀랍게도 이 시계의 역사는 해당 사업의 역사보다도 길다. 이 시계는 존 헨리가 태어나기 전인

1794년에 정밀시계 제작자 존 아널드가 만들었다. 그리고 제2차 세계대전이 발발했을 때에도 벨빌 여사의 핸드백에 담겨서 런던 주변을 돌아다니고 있었다.

그녀가 이 훌륭한 시계에 큰 애착을 가졌다는 점은 이해할 만하다. 그리고 세월이 흐르면서 그녀는 이 물체와 사람과 비슷한 관계를 형성하게 되었다. "그녀는 언제나 이 시계를 '아널드'라고 불렀다. 마치 절친한 친구의 세례명이라도 부르듯이 말이다." 말년의 그녀와 친분이 있던 한 사람의 회상이다. "그녀가 고객과 하는 사업은 다음과 같은 식으로 진행되었다. '좋은 아침입니다, 벨빌 여사. 오늘 아널드는 어떤가요?', '안녕하세요. 아널드는 오늘 4초 빨리 가요.' 그리고 그녀는 핸드백에서 아널드를 꺼내 상대에게 건네주고는 했다……. 고객 시계의 조절장치나 표준시계가 점검을 마치면 시계는 다시 그녀에게 건네졌다. 이로써 일주일치의 거래가 종료된 것이다."[8]

역사적으로 중요한 위치를 차지하는 시계 제작자 존 아널드는 브레게와 (경도 문제로 유명한) 해리슨을 모두 알았다. 후자가 확립한 원칙에 따라서 그는 해양 시간 측정법을 크게 발전시켰다. 그는 또한 왕가를 위한 시계도 만들었다. 사실 벨빌 시계는 조지 3세의 아들인 서식스 공작을 위해서 만들어진 것이다. 하지만 당사자는 너무 크다는 이유로 거부했다.

아널드의 시계들 중에서 걸작이라고는 결코 말할 수 없는 벨빌의 정밀시계는 런던의 과학박물관에 전시되어 있다. 관람객들은 화려하지 않은 외관의 은제 케이스 시계를 가볍게 지나친다. 이것이 시계 제작자 아널드의 천재성을 가장 잘 드러내는 시계라고 주장할 수도 있다. 사람들이 가발을 쓰고 승마용 바지를 입던 피트(영국의 정치가 윌리엄 피트 부자 가운데 아들[1759-1806]을 가리키는 것으로 보인다/옮긴이) 시대에 만들어진 시계 하나가 엄밀한 전문적 능력을 유지한 채 윈스턴 처칠의 시대까지, 그리고 원자력 시대의 문턱까지 사용되었다는 점에서 말이다.

---

1. *The Times*, 13 December 1943, p. 6
2. J. L. Hunt, 'The Handlers of Time: The Belville Family and the Royal Observatory, 1811–1939', *Astronomy & Geophysics*, Vol. 40, Issue 1 (1 February 1999)
3. 위의 문서.
4. 위의 문서.
5. David Rooney, 'Ruth Belville: The Greenwich Time Lady', Science Museum Blog, 23 October 2015
6. 다음에서 인용. David Rooney, 'Ruth Belville: The Greenwich Time Lady', Science Museum Blog, 23 October 2015, p. 52
7. *Popular Scientist*, October 1929, p. 63
8. 다음에서 인용. Derek Howse, *Greenwich Time and the Discovery of the Longitude* (Oxford: Oxford University Press, 1980), p. 87

세계에서 가장 유명한 시계

빅 벤

재무부는 수백 년간 엄대(빌려간 액수나 물건값을 표시하는 길고 짧은 눈금을 새기는 막대/옮긴이)를 이용해서 세금을 계산해왔다. 그러나 대개혁 법안이 시행되고 2년이 지난 1834년에 웨스트민스터 궁의 현장감독이 다음과 같은 결론을 내렸다는 사실은 놀라운 일이 아니다. 이 기억 보조 장치는 구식이며 시대에 뒤떨어졌고 없애버려야 한다고 말이다.

대개혁 이전의 설비를 제거하는 일이 이토록 철저하게 시행되리라고 짐작한 사람은 아무도 없었다.

화재에 대한 윌리엄 터너의 해석보다 따분한 이 그림은 의회의 상하원 건물이 불타오르는 모습을 템스 강에서 바라본 것이다.

고딕 양식의 화려함을 뽐내는 웨스트민스터의 대형 시계.

나무 계산기는 땔감으로 쓰라는 지시가 내려왔다. 하지만 작업자들은 이를 가난한 사람들에게 주는 대신, 상원의사당의 아래쪽에 있는 2개의 난로에 채워넣었다. 의회는 휴회 중이었고 웨스트민스터 궁은 관리 담당인 라이트 여사의 책임이었다. 이때 몇 세기 묵은 이 중세 건물의 굴뚝 연통에 쌓이고 있던 막대한 열기를 알아챈 사람은 아무도 없었다. 그러나 10월 16일 오후 4시

새해 전야의 불꽃놀이를 배경으로 보이는 웨스트민스터 궁의 유명한 시계탑.

경 라이트 여사의 안내를 받으며 상원의사당을 관람하던 2명의 관람객은 연기가 너무 심해서 태피스트리로 뒤덮인 벽을 알아보지도 못할 지경이었다. 발밑의 돌바닥에서 올라오는 열기는 구두를 통해서도 느낄 수 있었다. 화재 현장을 자세하게 볼 수는 없었지만 이들은 옛 상원 건물의 내부를 관람한 마지막 사람들이 될 정도의 분별은 갖추고 있었다(살아서 피신했다는 의미/옮긴이).

라이트 여사는 그 건물의 문을 오후 5시에 잠갔다. 6시경이 되자 상원의사당 출입문의 바닥에서 불빛이 깜박이는 것이 감지되었다. 그로부터 몇 분 내에 건물은 불길에 휩싸였다.

영국의 의회 건물들은 불길에 휩싸여 가을 밤을 밝게 비추며 타올랐다. 소방차와 소방관, 군인, 로버트 필이 새로 조직한 최신 경찰대의 일부가 화재 현장으로 파견되었다. 하지만 수백 년간 영국 통치의 근간을 제공한 이 역사적 건물 대부분은 이미 구할 수 없는 지경이었다. 수천 명의

많은 건축물들을 설계한 빅토리아 시대 초기의 건축가 찰스 배리 경은 새로운 의회 건물을 지은 공로로 기사 작위를 받았다.

오거스터스 웰비 노스모어 퍼긴. 웨스트민스터 시계탑을 작업하기 위해서 애를 쓰다가 정신병원에서 일찍 생을 마감했다.

구경꾼들이 몰렸는데 그중에는 조지프 말러드 윌리엄 터너도 있었다. 이 장관을 담은 그의 스케치와 수채화는 거의 인상주의에 가깝게 현장의 분위기를 직접 전해준다. 상원의사당의 지붕은 커다란 폭발음을 내며 화려한 불꽃 속에서 무너져내렸다. 불길은 하늘 높이 치솟았다. 아침이 되자 남은 것은 거의 없었다.

마치 건물이 구체제에 대한 연민을 담아 스스로 불타오른 것 같았다. 역사적으로 거리를 두고 오늘날 다시 보니 1830년대는 영국이 새롭게 시작된 시기로 보인다. 공장법, 노예제 폐지, 시의회 창설, 런던-버밍엄 구간의 철도 건설, 젊은 여왕의 취임, 개혁된 의회. 의회 의사당을 현대식으로 신축하는 데에는 빅토리아 치세 전반부 중에서 많은 부분에 해당하는 시간이 필요했다.

웨스트민스터 궁은 찰스 배리의 설계에 따라서 재건축될 예정이었다. 배리가 조수로 채용한 사람은 고딕 양식 부흥 운동가이자 가톨릭에서 개종한 오거스터스 웰비 노스모어 퍼긴이었다. 30대 초반이던 그는 1830년대 인기를 끌었던 신중세 운동의 떠오르는 스타가 되었다.

원래 계획에는 시계탑이 없었다는 점은 시사하는 바가 크다. 하지만 웨스트민스터에는 13세기 말부터 시계탑이 있었다(원래 시계에서 현재 남아 있는 것은 오늘날 세인트 폴 대성당에서 울리는 종뿐이다). 그러므로 새로운 의회 건물에는 시계탑이 있어야 했다. 그것은 그저 그런 시계탑이어서는 안 될 것이었다.

새로운 시계는 처음부터 공공 시계보다 훨씬 더 크고 중대한 무엇으로 계획되었다. 그것은 영국의 국제적 지위의 상징이 될 예정이었다. 혹은 영국 공무국이 표현한 대로 "품위 있는 시계, 런던의 펄떡거리는 심장부에서 보고 들을 수 있는, 역사상 가장 거대한 '시계의 지존'이 되어야 했다."[1] 그것은 애국적인 걸작으로서 빅토리아 시대의 불가사의의 하나가 될 것이었다. 인간이 대규모로, 아주 대단히 큰 규모로 생각하는 것을 두려워하지 않던 시대 말이다.

자신에게 임명권이 있다고 생각한 배리는 궁정 시계 담당관인 벤저민 불리아미에게 이 과업을 수행할 수 있겠느냐고 물었다. 하지만 런던의 심장뿐 아니라 성장하는 글로벌 제국의 심장에서 고동칠 시계를 만드는 일은 이미 다른 영역에서 진지하게 추진되고 있었다. 왕실 천문학자는 궁정의 공공 사업위원회 위원장인 캐닝 경에게 편지를 써서 에드워드 존 덴트에게 일을 맡기라고 요청했다. 캐닝은 절묘한 위임 솜씨를 발휘하여 에어리에게 도움을 청했다. 시계가 갖추어야 할 규격을 제정하고 제작 주문을 관리하며 영국의 과학과 기술을 최대로 보여주는 시계를 조달해달라고 말이다.

조지 비덜 에어리는 1830년대의 또다른 "유망주"로서 케임브리지 대학교에서 잘나가고 있었다. 그는 수학 부문을 수석 졸업하고 스미스 상을 수상했다. 트리니티 대학의 교수로 선출된 이후 수학 루카스 석좌교수에 이어서 나중에는 천문학 플럼 석좌교수(로체스터 부주교가 1704년 제정한 천문학 및 실험철학 석좌교수직/옮긴이)에 올랐다. 그는 케임브리지 천문대의 책임자를 지내다가 1835년에 왕실 천문학자로 임명되었다. 앞의 장에서 언급했듯이 그는 왕립 천문대를 좀더 전문적으로 재편한다는 귀찮은 과업에 직면했다. 그는 다가오는 빅토리아 시대의 특징인 근면성을 지니고 이 과업에 착수했다. 많은 것들을 개혁했으며, 직원들의 시간 엄수를 포함하여 천문대 일상의 모든 측면에 엄격한 기준을 세웠다.

그는 웨스트민스터 시계에도 자신의 기준, 즉 타종 메커니즘이 초 단위까지 정확할 것을 요구했는데 이는 많은 사람들이 불가능하다고 생각하는 기준이었다. 그에게 시계의 작동을 손수 점검하려는 의도가 있었음이 분명한데, 또 하나의 조건이 왕립 천문대와 통신할 전자 장비를 설치하는 것이었기 때문이다.

덴트는 이 경쟁에서 승리함으로써 불리아미에게 깊은 분노를 안겨주었다. 이런 결정이 내

수학 부문 수석 졸업자이자 수학 루카스 석좌교수, 천문학 플럼 석좌교수, 케임브리지 천문대의 책임자였던 조지 비덜 에어리는 1835년 왕실 천문학자로 임명되었다.

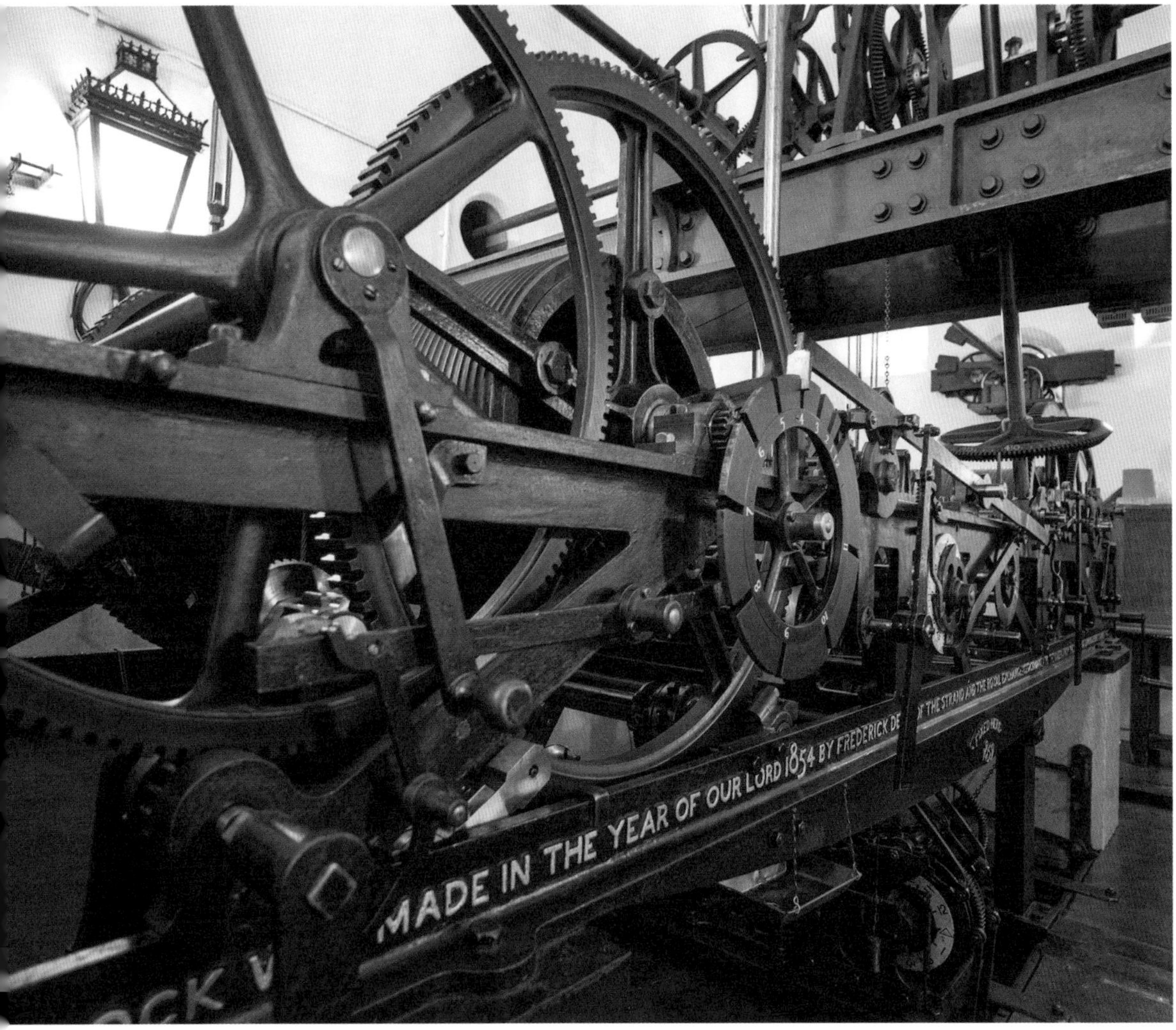

웨스트민스터 대시계의 거대하지만 지극히 정밀한 메커니즘.

려진 시기는 의회 건물이 화재로 무너진 지 12년이 지난 뒤였다. 시간이 다가오고 있었다. 건립이 지연되는 것을 참기 힘들어하던 사람들 중에는 에드먼드 베킷 데니슨이 있었다. 직업은 법정 변호사였지만 성향은 재능 있는 시계 제작 전문가였다. 그는 공공 사업위원회의 새 책임자에게 편지를 보내서 지연 문제를 거론했다. 새 위원장은 캐닝 경의 전례를 따라서 데니슨에게 이 프로젝트에 참여하라고 요청했다. 기민하게 이를 받아들인 데니슨은 계획을 면밀하게 검토한 후에 덴트의 안이 최선이라고 발표했다. 그리고 아주 많은 부분을 변경할 것을 제안했다. 시계 역사학자들 가운데 한 명의 말에 따르면, 이같은 변경은 "사실상 재설계에 가까웠지만" 반드시 필요했다. "만일 시계의 핵심 무브먼트에 데니슨의 변경 사항이 반영되지 않았다면 당초 요구받았

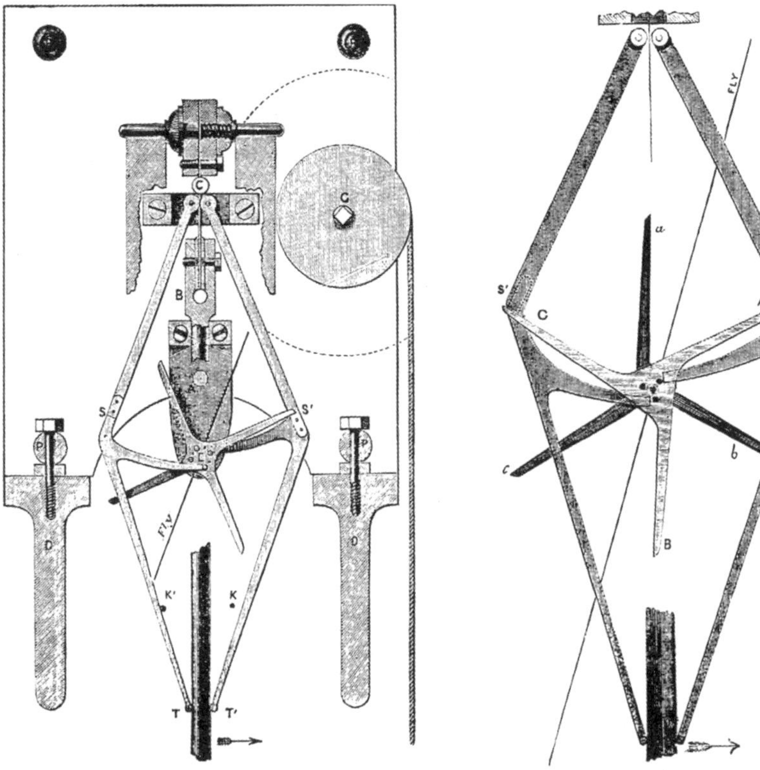

왼쪽 : 네 발 중력 탈진기, 오른쪽 : 이중 세 발 중력 탈진기.

던 정확성을 달성하기는 불가능했을 것이다."[2]

1852년 1월 마침내 덴트와의 계약이 성사되었다. 같은 해 2월 찰스 배리는 시간에 쫓기며 시계탑의 설계를 완성하기 위해서 분투하고 있었다. 좀더 정확하게는 재능은 있지만 병을 앓던 자신의 조수 퍼긴을 압박하고 있었다고도 말할 수 있겠다. 퍼긴은 이제 심각한 정신착란과 망상발작으로 고통받고 있었다. 배리는 자신에게 드리워진 실패의 그림자를 지우기 위해서 분투 중이었다. 나중에 배리는 세계적으로 유명한 이 탑에 기여한 퍼긴의 몫을 숨기려고 시도했다. 하지만 2007년 퍼긴의 전기작가 로즈메리 힐이 유쾌하게 묘사했듯이, "배리는 여전히 문손잡이 하나도 중세풍으로 설계할 수 없었으며 해당 기획에 대해서 퍼긴에게 전적으로 의존했다."[3]

퍼긴은 도안을 넘긴 직후 쓰러졌다가 기력을 회복한 뒤, 2월 25일 아들과 함께 런던을 향해 출발했다. 하지만 "런던에 도착할 무렵에 이미 심한 정신이상자가 되어 있었다."[4] 웨스트민스터 시계탑은 그를 문자 그대로 미치게 만들었다. 그는 어느 보호시설에서 마흔 번째 생일을 맞았다. 마치 세계에서 가장 유명한 구조물들 중의 하나를 설계하기 위해서 자신의 뛰어난 정신력을 희

마침내 의사당 건물 높은 곳에 자리잡은 종과 망치.

생하기로 악마와 계약을 맺은 것 같았다. 9월에 그는 사망했다.

시계를 만드는 일 역시 어려운 것으로 판명되었다. 앙심을 품은 불리아미가 덴트의 계약을 상대로 소송을 제기했다. 그리고 탈진기 문제가 있었다…….

덴트가 애초에 제시한 것은 변함없는 동력 장치, 즉 속도 조절 톱니바퀴를 갖춘 직진식 탈진기였다. 장치에 요구되는 수준의 정확성을 갖추기 위해서였다. 데니슨의 제안서에는 세 발 중력 탈진기가 포함되어 있었다. 이는 잘 작동했지만 데니슨은 이것을 개선할 수 있다고 느꼈다. 이어서 그가 개발한 네 발 중력 탈진기는 더욱 잘 작동했다. 여전히 개선의 여지가 있다고 생각한 그는 마침내 오늘날 전설이 된 이중 세 발 중력 탈진기를 만들어냈다. 이것은 『빅 벤 : 종과 시계와 탑(*Big Ben : The Bell, the Clock and the Tower*)』의 저자인 피터 맥도널드에 따르면, "정말 독창적인 공학적 장치"였다. 그의 설명을 보자.

> 이것은 필요한 수준의 정확도를 유지하기에 충분할 정도로 감도가 매우 예민하게 설계되었다. 이와 동시에 시곗바늘에 가해지는 눈이나 바람 등 외부의 압력에도 영향을 받지 않는다는 조건도 충족한 설계였다. 외부 압력이 진자에 영향을 미쳐서 결국 시계 작동을 불안정하게 만드는 일이 없도록 말이다. 이 발명은 너무나 중요하여 시계학의 역사에서 가장 중요한 진보 중의 하나로 인정되었다. 이것은 곧바로 표준으로 채택되었으며 오늘날까지도 변함없이 이어지고 있다. 세계 전역 대부분의 시계탑 시계에도 장착되어 있다.[5]

초대 라노버 남작 벤저민 홀. 빅 벤이라는 이름의 기원이 되었다. 이 초상화는 조지 조벨이 프레더릭 예이츠 헐스톤의 작업을 이어서 완성한 것이다(제작 시기 : 1851-1881).

종과 톱니, 작은 톱니, 시곗바늘, 유리, 추, 체인, 그리고 유명한 이중 세 발 중력 탈진기가 합쳐져 '웨스트민스터의 대시계'로 알려졌다. 이것은 보통 빅 벤이라고 불리지만 부정확한 명칭이다. 왜냐하면 빅 벤은 그 시계에서 가장 큰 종의 이름이기 때문이다. 이 명칭은 권투선수 혹은 공무원에게서 비롯되었다는 설이 있다. 당시 헤비급 권투 챔피언이던 벤 곤트였을 수도 있다. 아니면 1856년 빅 벤이 스톡턴온티스 시에서 만들어질 당시 건설부 장관이던 벤저민 홀 경(그는 키가 큰 것으로 유명하다/옮긴이)이었을 수도 있다.

이 종은 무게 16톤에 지름 2.8미터였다. 마차나 기차로 운반하기에는 너무 크고 무거웠기 때문에 배로 런던까지 옮겨야 했다. 항구에서 내린 시계는 8쌍의 말이 끄는 사륜마차에 실려 도시를 횡단했고 도로는 이를 응원하는 시민들로 가득했다. 웨스트민스터 궁이 불탄 지 20여 년이 지났지만 시계탑은 여전히 완공되지 않았다. 그 탓에 종은 건설 현장 언저리에 설치되었다. 소리가 제대로 나는지 검사하기 위해서 건장한 사내 6명이 0.5톤이 넘는 망치를 휘둘렀다. 1858년이 되자 탑은 완공에 가까워졌지만 어느 날 아침 종에서 커다란 균열이 발견되었다.

"불쌍한 벤은 처음 설치되었던 시계탑 부근에서 산산히 조각나야 했다. 팬들은 벤이 이곳에서 몇 세기 동안 소리를 낼 것으로 기대했다."[6] 「일러스트레이티드 런던 뉴스」에서 보도한 내용이다. 빅 벤을 해체하는 데에는 일주일이 걸렸다. 그다음 이것은 다시 설계용 제도판으로, 아니

그보다는 주조 공장으로 보내졌다. 새로운 빅 벤을 제작하는 임무를 맡은 곳은 화이트채플 주조 공장이었다.

만일 빅토리아 시대의 사람들이 미신을 믿었다면 빅 벤의 "저주"에 대해서 수군거렸을 수도 있다. 1852년, 빅 벤은 퍼긴을 광기에 빠트려 결국 목숨을 빼앗았다. 1년 뒤에는 에드워드 덴트도 사망했으며 그의 조카 프레더릭이 작업을 완수했다. 그리고 이제 종 자체에 균열이 생겼다.

이번에는 새로운 시도를 했다. 좀더 가벼운 종을 만들었고, 1858년 10월 빅 벤은 15분마다 울리는 종들의 4중주에 합류했다. 30시간의 작업 끝에 종탑에 매달린 것이다. 그렇게 했음에도 불구하고 시계는 1859년 5월 31일에야 작동을 시작했다. 의기양양하게 소리를 울리지 않고 조용하게 바늘이 작동했다. 시계탑의 4개면 가운데 두 곳뿐이었지만 말이다(애초에 만들어진 쇠로 된 시곗바늘은 너무 무거워서 보다 가벼운 구리 바늘로 교체해야 했다). 마침내 7월 11일 빅 벤은 그 유명한 매시간을 알려주는 종소리를 울렸다. 그리고 9월이 되자 15분마다 울리는 종들이 합류했다. 마침내 제국의 위엄이 소리로 표현된 것이다……. 하지만 10월 1일, 이 소리는 멈추었다. 빅

1856년 웨스트민스터 시계탑의 종을 주조하는 장면. 장소는 잉글랜드 스톡턴온티스 시의 워너 앤드 선스 배럿 제철소이다. 1856년 8월 23일 「일러스트레이티드 런던 뉴스」에 실렸다.

웨스트민스터 궁이 불탄 지 20여 년이 지났지만 시계탑은 여전히 완공되지 않았다. 그 탓에 종은 건설 현장 언저리에 세워졌다. 소리가 제대로 나는지 검사하기 위해서 건장한 사내 6명이 0.5톤이 넘는 망치를 휘둘렀다.

벤에 또다시 균열이 생긴 것이다. 설마 하던 빅 벤의 저주는 건재해 보였다. 게다가 1860년 프레더릭 덴트와 찰스 배리 경이 사망했다.

이번의 해결책은 경험이 있는 천재가 내놓았다. 조지 에어리는 종의 방향을 90도 돌리고 망치를 더 가볍게 만들라고 제안했다. 빅 벤의 종은 1862년 다시 울렸다. 그리고 40명의 총리와 6명의 군주, 두 차례의 세계대전이 지나간 후인, 이 책을 쓰고 있는 지금도 원래의 장치가 여전히 그대로 작동 중이다. 망치를 잘 살펴보면 끝이 뭉툭하고 둥글어졌음을 알 수 있다. 한 세기 반이 지나는 동안 망치가 점점 닳은 것이다. 마치 종이 복수를 한 듯하다.

빅 벤을 방문하면 강렬한 인상을 받게 된다. 종탑에서 보이는 광경은 대단하다. 런던의 날씨가 칙칙한 날에도 발아래로 펼쳐진 도시의 모습은 쉽게 잊기 어렵다. 그러나 종 아래의 시계가 있는 방의 풍경은 더욱 인상적일 것이다. 원래의 기계 장치가 오늘날까지도 작동하고 있는 덕분이다. 이것은 덴트가 처음 만들었고 법률가 출신의 취미 시계학자 데니슨이 완성했다. 무쇠와 철과 청동으로 만든 이 시계는 바닥의 길이만 해도 거의 5미터나 된다. 크기가 워낙 커서 시계보다는 견인기관차를 연상시킨다. 톱니바퀴 열이 3개이며, 바늘을 움직이고, 빅 벤을 작동시키고, 15분마다 울리는 종들을 작동시키는 용도로 사용된다.

그러나 이렇게 크고 웅장함에도 불구하고 그 작동 메커니즘은 극도로 섬세하여 24시간의 오차가 5분의 2초 이내가 되도록 조정한다. 이를 위해서 진자 꼭대기의 작은 쟁반에 10진법이 도입되기 이전의 페니 동전 1개를 더하거나 빼서 무게 중심을 미세하게 바꾸는 방법이 사용된다. 종을 치는 장면은 사람들의 상상보다 덜 인상적일 수 있다. 사실 시계 방에 앉아 있을 때에 가장 인상적인 것은 종 치는 속도를 조절하는 바람개비, 즉 거대한 실내 풍향계가 덜거덕거리며 내는 큰 소리이다. 1976년 바로 이 조절장치가 고장 나서 1톤 무게의 쇳덩이를 떨어트렸다. 그 충격이 워낙 엄청났기 때문에 폭탄 테러가 발생했다고 생각되었다. 사실대로 말하자면 시계 방은 폭탄이 떨어진 곳 같았다. 시계 부품이 방 곳곳에 흩어졌고 천장을 뚫고 나갔다. 수리해야 할 범위가 엄청나서 1977년 5월 4일이 되어서야 종이 울릴 수 있었다. 여왕이 즉위 25주년 기념으로 국내외 곳곳을 방문하는 행사를 시작하면서 첫날 국회를 방문하는 일정에 꼭 맞춘 것이다.

세월이 흐르면서 웨스트민스터의 대시계는 소소하게 개선되었다. 예컨대 각각의 문자판을 덮는 우윳빛 유리판 뒤에는 한 다발의 전구가 배치되었다. 20세기 초반까지는 가스로 불을 밝혔다. 하지만 만일 에어리, 데니슨, 덴트, 그리고 당연히 퍼긴이 오늘날 이곳을 방문한다면 전체적으로 보아 과거와 마찬가지로 친숙한 모습들을 많이 보게 될 것이다.

더욱이 그들은 수십 년에 걸쳐서 엄청난 분투를 벌였음에도 불구하고 자축할 수 있을 것이다. 그들이 서로 만났다는 사실뿐만 아니라 "품위 있는 시계, 역사상 가장 거대한 시계의 지존"이라는 원래의 주문을 훨씬 뛰어넘는 업적을 이루어냈다는 사실에 대해서 말이다. 지존이라고 할지라도 결국은 왕좌를 넘겨야 하며, 가장 큰 것은 더욱 큰 것이 나타날 때까지만 그 자리를 유지한다. 오래 전에 사라진 빅토리아 왕조의 사람들은 그러한 것 대신에 국가적 상징 그 자체를 창조했다. 이는 미국의 자유의 여신상에 해당하는 영국의 역사적 기념비였다.

게다가 이것은 빅토리아 시대 그 자체에 대한 불후의 은유이기도 했다. 외관은 퍼긴이 사랑하는 고딕 장식으로 치장되었고, 내부는 가장 독창성이 뛰어나고 내구성이 높은 당대 최신의 기술이 적용되었다. 이렇게 만들어진 시계는 세상에서 가장 유명한 시계 장치가 되었다.

---

1. 다음에서 인용. Peter Macdonald, *Big Ben: The Bell, the Clock and the Tower* (Stroud, Glos.: The History Press, 2005), p.18
2. 위의 책, p. 23
3. Rosemary Hill, *God's Architect: Pugin and the Building of Romantic Britain* (New Haven, CT: Yale University Press, 2007), p. 482
4. 위의 책, p. 484
5. 다음에서 인용. Peter Macdonald, *Big Ben: The Bell, the Clock and the Tower* (Stroud, Glos.: The History Press, 2005), p.27
6. *Illustrated London News*, 6 March 1858

놓친 열차가 시간을 바꾸다

자오선 시간

1876년 여름, 샌드퍼드 플레밍은 캐나다에서 출발하여 런던데리를 방문 중이었다(당시 이 도시는 아일랜드 북부 지역이었고 지금은 북아일랜드에 속한다). 이틀의 여유가 생긴 그는 지방을 돌아보기로 했다. 그는 "아일랜드 여행 공식 안내서"와 함께 "여행에 조예가 깊은 아일랜드 주민"의 의견을 참고해서 일정을 짰다. 아침에 런던베리를 출발하여 다음날 저녁에 돌아오는 일정이었다. 플레밍은 철도 기술자이자 측량사이며 지도 제작자였다. 이것이 그의 이틀 동안의 여행 시간표가 완벽하리라고 예상할 수 있었던 이유이다. 그는 이튿날 오후 5시 10분 밴도런 역에 도착했다. 안내서에 "5시 35분에 출발한다고 표시된" 열차를 탈 시간적인 여유는 충분했다. 그러면 간선철도로 운행되는 특급열차로 갈아타고 "같은 날 저녁 오후 10시에 런던데리에 도착할" 수 있을 터였다.[1]

플레밍은 머릿속이 잘 정돈된 사람이기 때문에 밴도런에서 맞닥뜨린 일에 크게 놀랐을 것이 분명하다. 그는 문제의 열차를 타기에 11시간 35분 늦거나 12시간 25분 이르게 역에 도착한 것이다. 어느 쪽인지는 독자의 관점에 따라 다르다. 안내서는 인쇄가 잘못되어 있었다. "오후"는 "오전"으로 읽어야 했다. "그것은 어쩔 수 없는 일이었고 오전 5시 35분 기차를 타려면 다음 날까지 밴도런에 머물 수밖에 없었다"라고 플레밍은 적었다. "문제는 이 열차가 애초에 안내했던 오후 열차와 달리 간선철도로 연결되지 않는다는 점이었다. 특급열차로도 당연히 갈아탈 수 없게 되었다."[2] 이 때문에 그는 다음날 오후 10시에 도착하는 대신, 셋째 날 오후 1시 30분에 런던데리 역에 도착했다.

이런 불편을 겪고 나면 가장 점잖은 빅토리아 시대의 신사라도 욕설을 내뱉을 수밖에 없을 터이다. 아일랜드 위스키 한두 잔으로 짜증을 달래는 사람도 있을지 모른다. 그것도 아니라면 역장에게 펜과 잉크와 종이를 가져오게 해서 안내서를 출간한 출판사를 맹비난하는 편지의 초안을 쓸지도 모른다. 하지만 샌드퍼드 플레밍은 일을 어중간하게 처리하는 사람이 아니었다. 그는 시간을 알리는 세간의 방식을 바꾸어야 한다고 결심했다. 다른 조치는 생각할 수 없었다.

그는 자신의 견해를 상세히 밝힌 팸플릿을 제작했다. 그의 요구 사항은 하루를 "균일하게 24단

샌드퍼드 플레밍(1827-1915)은 열차를 놓치고 시간을 알리는 세간의 방식을 바꾸었다. 이 사진은 15권짜리 『미국의 화려한 볼거리 : 사진으로 본 미국의 역사(*The Pageant of America: A Pictorial History of the United States*)』(1925-1929)에 싣기 위해서 촬영된 이미지 모음집에서 나왔다.

위로 쪼갠 뒤, 이것을 다시 지구의 중심에 위치한 (가상의) 표준시계나 정밀시계로 분초 단위까지 표기하게" 만들자는 것이었다. 만일 그러한 표준시계가 존재하고 시간이 24시간 형식으로 기록되었다면, 플레밍은 그렇게 긴 시간을 허비하지 않았을 것이다.

"지구 전체와 관련해서 볼 때 지구 중심에 있는 정밀시계의 문자판은 고정되어 있어야 한다는 것이 나의 제안이다"라고 그는 썼다.

> 하루를 24개로 나눈 영역은 이미 알려진 특정 경도상의 자오선들과 상응하도록 각각 할당되어야 한다. 또한 장치를 제대로 배치하고 조절해서 24개 영역에 해당하는 자오선에서 정오가 될 때마다 시침이 이들 영역을 순차적으로 가리키게 만들어야 한다. 사실상 시침은 동쪽에서 서쪽으로 지구축의 자전과 정확히 동일한 속도로 회전하게 될 것이다. 이에 따라서 언제나 (평균적인) 태양을 직접 가리키게 될 것이다. 지구가 서쪽에서 동쪽 방향으로 회전하는 동안 말이다.[3]

기차를 기다린 경험이 이토록 눈에 띄는 주의 깊은 주장으로 귀결되는 일은 드물다. 빽빽하게

철도망이 급격히 확장되면서 세계의 시간대가 표준화되었다. 이것은 철도업계에서 사용되는 두 종류의 시계이다. 왼쪽은 J. 애드킨스 앤드 선스 오브 코번트리에서 1900년경 제작해 맨체스터, 셰필드, 링컨셔 철도회사가 사용하던 회중시계이다. 오른쪽은 조지 리트워트 오브 런던이 1840년경 제작한 버밍엄 앤드 더비 연락 철도회사 소속의 기차 차장의 시계이다. 국립 철도박물관에서 1977년 촬영한 사진이다.

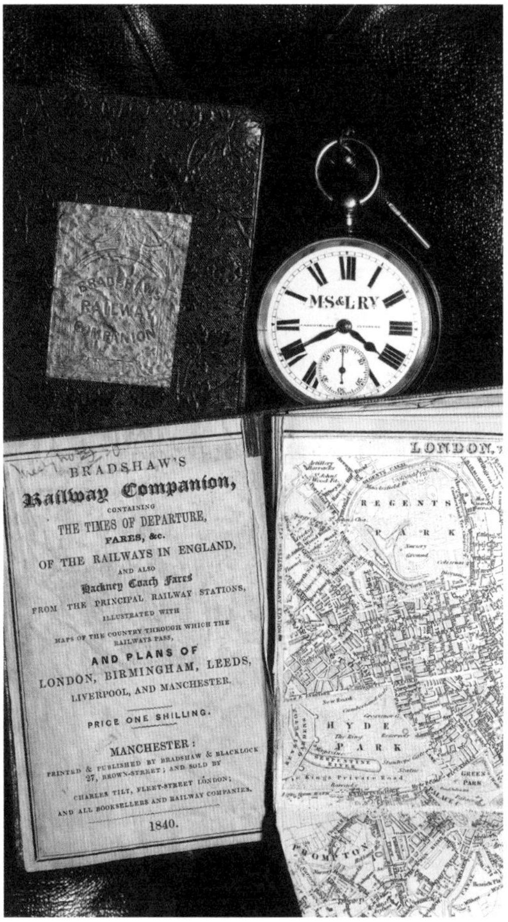

정확한 회중시계는 기차 차장의 필수 장비였다. 이것은 맨체스터, 셰필드, 링컨셔 철도 회사의 기차 차장이 사용하도록 1870년경 J. 애드킨스 앤드 선스 오브 코번트리에서 제작했다.

인쇄된 그의 글은 그림과 도표, 통계를 포함하여 무려 37쪽에 이른다. 이는 그가 "지구 시간"이라고 이름 붙인 내용의 채택을 요구하는 선언문이었다. 기술자의 철저함을 보여주기라도 하려는 듯이 그는 모든 것들을 생각해놓은 듯이 보인다. 기존의 시계를 자신의 24시간 계획에 맞추어 어떻게 조정할지, 보편적인 "지구 하루"의 시작에 해당하는 자오선을 어느 것으로 지정해야 하는지 등등이다. 그는 시간을 오전, 오후 12시간 단위로 표기하는 방식은 시대에 뒤떨어질 뿐만 아니라 야만적이라고 믿었다. 오늘날의 고속철도 여행과 놀랄 만큼 빠른 전보통신을 고려하면 말이다.

그는 위엄 있게 결론을 내린다.

> 우리가 인류 역사에서 특별한 시기에 진입했음은 분명하다. 발견과 발명이 놀라운 방식으로 서로 겹치며 수없이 일어났다. 전보통신망과 증기기관을 이용한 교통망은 지구를 둘러싸고 있다. 모든 국가들은 서로의 이웃이 되어가는 중이다. 하지만 모든 지역들, 모든 인종의 사람들이 서로 얼굴을 마주하면 어떤 사실을 알게 될까? 대단히 많은 국가들에서 하루를 (오전과 오후라는) 2개의 하부 영역으로 나누어 측정하고 있다는 점일 것이다. 마치 야만 상태를 갓 벗어나서 12 이상의 숫자를 세는 방법을 배우지 못한 것처럼 말이다. 이들은 각기 다른 여러 시계의 바늘이 가리키는 방향이 서로 너무나 다르다는 사실을 알게 될 것이다. 이들은 깨닫게 될 것이다. 동일한 순간인데도 일부 사람들은 자신들이 다른 시간대에 살고 있다고 생각하며 또다른 사람들은 아예 다른 날짜에 살고 있다고 인식한다는 사실을 말이다. 그러면 이 같은 상태를 바꿀 시도를 해야 한다는 점이 중요해지지 않겠는가? 이를 위해서 보편적으로 이용할 수 있는 모종의 단순하고 통일된 체계를 고안해야 할 것이다. 어느 나라든 자신들이 그렇게 하고 싶다고 느끼면 언제든 편리하게 채택할 수 있는 체계 말이다.[4]

"처음에 나는 워싱턴을 통과하는 국가 자오선을 기준으로 미국을 15도씩 3개의 지대로 분할하고 약 500개의 철로에 자리한 역사 약 8,000곳의 경도를 꼼꼼히 표시했다." 찰스 페르디난트 다우드가 미국 철도의 시간대를 동기화한다는 힘든 과제에 도전했다(1883년 미국 목판화).

그의 글은 세계어, 즉 에스페란토어(국제 공용어로 쓰이도록 1887년에 창안된 인공어/옮긴이) 주의를 신봉하는 십자군과 같은 열정을 담고 있다. "나의 의무는 이 주제에 사람들이 관심을 기울이도록 만들고 검토할 만한 제안을 내놓는 것이다. 이 주제는 어떤 경도에 위치하든 상관없이 모든 국가들과 연관된다. 그리고 어떻게 해서든 이에 관한 논의를 시작하는 데에 내가 도움이 된다면 기쁘겠다. 이 논의는 결국 포괄적이고 완전한 체계가 만들어지는 것으로 귀결될 수 있다. 이것은 모든 지역에서 편리하게 사용할 수 있으며 모든 인류에게 도움이 될 것이다."[4]

플레밍은 19세기에 이루어진 엄청난 기술적 진보의 성과를 볼 때, 기존의 시간 측정방식이 부적절하다는 강한 인상을 받은 첫 인물은 아니었다. 그리고 자오선의 오전, 오후와 관련한 혼란뿐 아니라 날마다 달라지는 정오를 기록하기 어렵다는 문제도 존재했다. 태양이 정확히 하늘 중앙에 오는 태양 정오는 지역에 따라서 매일 달랐다. 그리고 19세기 초가 되면 주요 도시의 숫자만큼이나 많은 수의 시간"대"가 존재했다. 제네바에 있는 파텍 필립 박물관은 "세계 시간 상자"를 소장하고 있다. 53곳 이상의 지역명이 새겨진 둥그런 상자에 들어 있는 제네바산 시계이다. 이보다 좀더 우아하게 생긴 것이 1804년 파리에서 제작한 "지역별 시계"이다. 중앙에는 파리 시간이 있고 각기 다른 도시 12곳의 시간이 문자판 가장자리의 보조 문자판 12개에 표시된다.

미국은 남북전쟁 이후 경제와 산업이 폭발적으로 발전했고 도시는 대서양에서부터 태평양 연안까지 뻗어나갔다. 그동안 미국의 상황은 긴박해졌다. 하지만 1870년 뉴욕 주 북부의 인기 피서지인 새러토가 스프링스에 있는 어느 여성 신학 대학으로부터 하나의 해결책이 도착했다.

학장인 찰스 다우드는 세속적인 욕망에 불타던 또 한 명의 팸플릿 집필자였다. 그 역시 철도와 관련한 시간 표시 방식에 대해서 인내심을 잃어가던 중이었다. 그가 직면한 과업 역시 매우 힘든 것이었다. 철도회사들은 본사가 있는 도시의 시간에 따라서 저마다 다른 시간으로 운영되었다. 그리고 해가 지날수록 시간이 점점 더 꼬였다. 미국의 철도는 1830년대에서 1880년대에 이르는 50년 동안 37킬로미터에서 15만 킬로미터로 늘어났다.[5] 북아메리카는 언어는 하나로 통일

되어 있을지 몰라도 시간대는 수십 개로 쪼개져 있었다. 열차 시각표 작성과 충돌 방지 등의 뚜렷한 이유 때문에 철도 운영에서 시간을 정확하게 맞추는 일은 각별히 중요했다. 이것이 너무나 중요했던 나머지 철도용 회중시계에는 자물쇠가 달려 있었다. 열쇠를 가진 사람만이 시간을 바꿀 수 있도록 말이다.

다우드는 성실하게 작업을 시작했다.

> 처음에 나는 워싱턴을 지나는 국가 자오선을 기준으로 미국을 15도씩 3개의 지대로 분할하고 약 500개의 철로에 자리한 역사 약 8,000곳의 경도를 꼼꼼히 표시했다. 그리고 시간대, 개별 역의 실제 시간과 이미 제시된 표준시간을 지도 한 장에 넣도록 했다. 나는 지도를 8절지 100쪽으로 구성된 팸플릿과 함께 인쇄해서 국내의 모든 철도 관계자들과 이 작업에 관심을 가질지도 모를 여타의 사람들에게 보냈다.[6]

기존의 시간 관리방식의 불편함이 두드러진 이유는 철도 여행객이 늘어난 탓만은 아니었다. 과학의 진보도 방해받고 있었다. 대규모로 관측된 현상(예컨대 일식 같은/옮긴이)을 제대로 분석할 수 없다는 문제가 있었다. 각기 다른 장소에 있는 관측자들이 사건을 기록하기 위해서 각기 다른 시간을 사용한다면 문제가 되기 마련이다.

다우드가 미국 대호황 시대 초기의 철도업계 거물들에게 청원을 넣은 바로 그 시기에 지구 반대편에서는 시간 기록을 조직화하려는 움직임이 일어나고 있었다. 1870년 2월 풀코보 천문대의 책임자인 오토 폰 스트루베는 러시아 제국 지리협회에 본초자오선을 채택하자고 제안했다. 세계적으로 공인된 경도를 채택하는 것은 표준시 확립에 필수 요소였다. 이를 기준으로 다른 모든 지역들의 경도를 계산할 수 있기 때문이다.

경쟁자는 셋이었다. 파리 경도, 페로 경도(2세기에 프톨레마이오스가 사용하던 것과 본질적으로 동일했다), 그리고 그리니치 경도였다. 이 문제에 국익이라는 요소가 포함되는 것은 자연스러운 일이었다. 특히 영국과 프랑스는 오랜 경쟁의 역사가 있었다. 하지만 스트루베에게 이 문제는 완전히 과학적이었다. 그는 러시아 제국 지리협회 측에 다음과 같이 말했다. "경도의 통일 문제에서 정치 경제학은 전혀 고려 대상이 아닙니다. 이것은 오직 과학 세계에만 해당사항이 있습니다."[7] 그의 선택은 그리니치였다. 항해 및 과학적 지도와 도표에서 널리 쓰이고 있었기 때문이다.

본초자오선이 필요하다는 점은 세계적 변화의 징후였다. 정확한 시간 측정, 그리고 탐험시대의 종말 단계와 관련한 징후 말이다. 콜럼버스 시대 이래로 유럽 강대국들은 오랜 세월에 걸쳐서 토지를 수탈해왔다. 그러나 19세기가 10년밖에 남지 않은 시점에 샌드퍼드 플레밍이 쓴 바와 같이 "모든 국가들은 서로의 이웃이 되어가는 중이다." 과거 어느 때보다 더 서로 연결되고 의존하는 지구촌 시대가 바로 수평선 너머에서 기다리고 있었다.

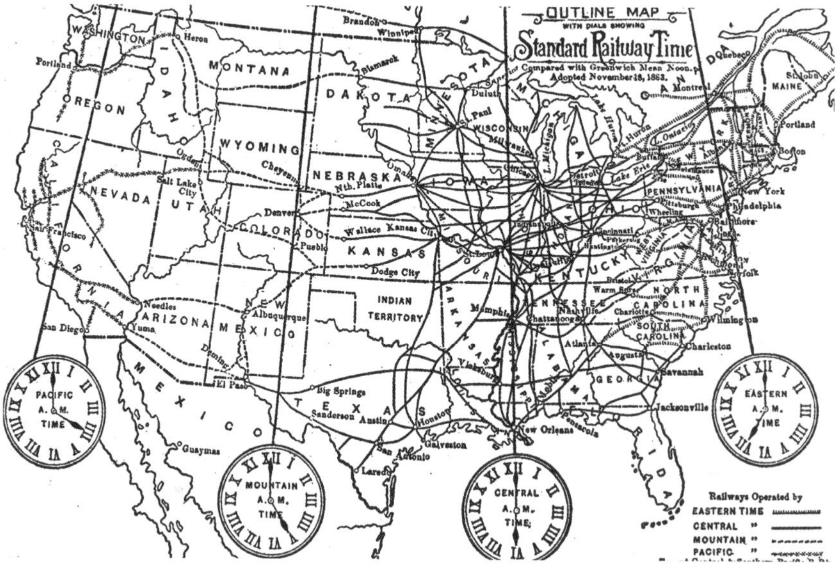

마침내 질서가 잡히다 : 1883년 11월 18일 표준시가 채택된 뒤 미국을 시간대로 구분하여 표시한 지도이다.

스트루베는 존경받는 과학자였다. 그리고 만일 어떤 사람이 빅토리아 시대에 존재하던 화려한 수염과 저명함 사이의 상관관계를 굳게 믿는다면, 피커딜리 구렛나루라고 알려진 그의 길고 화려한 턱수염은 주의를 끌 만했다. 그의 말에는 무게가 있었으며 이 문제는 1871년 안트베르펜에서 열린 첫 국제 지리학회의에서 공론화되었다. (이 시절 지리학은 집대성된 별개의 학문이자 전문가의 분야로 막 발돋움하고 있었다. 이는 사회가 탐험의 시대에서 이해의 시대로 변화하려는 또다른 조짐이었다.) 어떤 조치가 필요한데 아직 아무 조치도 이루어지지 않았다는 점에 다들 대체로 동의했다.

이 주제는 1875년 파리에서 열린 제2차 국제 지리학회의에서 다시 한번 토론의 대상이 되었다. 주최국은 파리가 본초자오선 지위를 차지하도록 지원하는 데에 최선을 다했다. (현지에 천문대가 없음에도 불구하고) 중립성을 근거로 예루살렘을 채택하자는 일부 흥미로운 제안도 있었다. 이를 제외하면 논쟁은 계속되었으나 진전이 없었다.

이듬해 브뤼셀에서 열린 회의에서 각국 대표들의 머릿속은 아프리카를 유럽 열강들이 분할하는 문제로 가득 차 있었다. 그리고 1878년과 1879년에 이 주제로 다시 토론이 열렸지만 결정된 사항은 없었다. 그 결과 19세기가 끝날 때까지 이 문제는 해결되지 못했다.

샌드퍼드 플레밍이 볼 때, 일은 빠르게 진척되지 않고 있었다. 사실 진척이 전혀 없었다. 그래서 1879년 그는 또다른 팸플릿을 발표했다. 「시간 측정과 모든 국가에 공통으로 적용되는 본초자오선의 채택」이라는 제목이었다. 1880년 그는 표준시 제정 십자군 운동에 전적으로 매달리기 위해서 철도 업무에서 은퇴했고, 이듬해에는 베네치아로 가서 또다른 국제 지리학회 총회에서 이 주제에 대한 논문을 발표했다. 결정적으로 플레밍은 분명한 결단과 목표가 없이는 1881년 베네치아 총회 역시 1871년 안트베르펜이나 1875년 파리 때와 마찬가지로 무능을 드러낼 것이라는 점을 분명하게 알게 되었다.

"플레밍은 1881년 베네치아 총회에 참석한 다른 어느 대표보다 잘 알고 있었다. 과학자들의 견해는 회의 직후에 이들이 자국 정부에 입법을 위한 공식 진정서를 제출해야만 중요해지리라는 점을 말이다." 경도 역사가 찰스 W. J. 위더스의 기록이다. "관련 과학자들은 베네치아 총회가 중요하다는 생각을 가지고 있었음이 틀림없다. 오토 스트루베는 심지어 그 중요성을 예측하기까지 했다."[8]

플레밍은 스트루베에게 편지를 써서 자신의 팸플릿 사본을 배포해달라고 요청했다. 그는 또한 클리블랜드 애비와 편지를 주고받기 시작했다. 애비는 1879년 "표준시"에 대한 자신의 보고서를 출간한 인물이다. 애비가 표준시에 관심을 가지게 된 계기는 이름 없는 아일랜드의 도시에서 기차를 놓친 탓이 아니었다. 미국 기상청의 수장이라는 역할 때문이었다. 그는 "오랜 가능성"이라는 자신의 별명에 맞는 삶을 살기 위해서 일관성 있고 판독 가능한 시간 측정 체계를 요구했다. 그러므로 그는 "의회에 모든 노력을 기울이고 이 주제에 대한 조치를 취할 것을 요구하기로" 다짐했다.[9] 애비는 또한 샌드퍼드에게 편지를 써서 미국이나 캐나다 정부가 국제 회의를 주최하는 날이 오기를 희망한다고 전했다.

"모든 노력"은 효과가 있었다. 1882년 미국에서 법안이 통과된 것이다. 대통령에게 "경도 측정과 세계 전역의 시간 관리에 사용될 본초자오선을 확정하고 그 보편적인 채택을 촉구할" 회의를 소집할 권한을 주는 내용이었다. 이 같은 입법의 결과, 1884년 국제 경도회의를 개최할 길이 열렸고 여기에서 GMT가 세계 표준으로 채택될 예정이었다.

1882년과 1884년 사이 사태가 급전개되었다. 1883년 로마에서 열린 국제 측지회의는 각국 정부에 그리니치 자오선을 모든 시간 계산의 표준으로 삼으라고 촉구했다. 그로부터 몇 주일만에 기적적인 일이 일어났다. 미국이 11월 18일 정오에 표준시각을 표시하고 시계를 모두 동조시켰다. 오랜 세월 무관심하던 미국 철도협회가 시간을 조율하기 위한 과업에 달려든 것이다. 정부로부터 받게 될 원하지 않는 간섭과 자신들의 이익에 손해를 끼칠 의무의 부과를 염려하던 기존의 태도를 바꾼 것이다. 마침내 정오를 알리는 종소리가 해안의 도시에서 도시로 북아메리카 대륙 전체를 가로지르며 지속적인 파도처럼 퍼져나가던 시대가 '시간대'라고 불리는 체계에 의해서 종식된 것이다. 「뉴욕 타임스(*New York Times*)」는 변화가 시작되기 전날 저녁 독자들에게 다음과 같이 알렸다.

> 시간 표준의 변화가 가져온 변화들 중의 하나는 3시간 15분에 걸쳐서 국토의 한 끝에서 다른 끝까지 연속해서 이어지던 시간을 알리는 소리가 종언을 고한 것일 터이다. 나라의 모든 시계들이 제대로 맞추어졌다면

세계 시간대의 원점 : 런던 그리니치에 위치한 경도 0도의 본초자오선.

내일부터는 시계가 동시에 울릴 것이다. 하지만 뉴욕 시를 비롯한 동부 시간대에 속한 지역에서 12시 종소리가 울려퍼질 때, 뉴브런즈윅의 노바스코샤와 뉴펀들랜드의 시계는 1시를 알릴 것이다. 시카고, 세인트루이스, 뉴올리언스를 비롯한 중부 시간대에서는 11시 종이 울릴 것이다. 덴버를 비롯한 산악 시간대에서는 10시를 알릴 것이다. 그리고 샌프란시스코와 태평양 연안 시간대에서는 9시를 가리킬 것이다.[10]

신문은 기차로 보스턴에서 샌프란시스코로 여행하는 승객이 겪는 변화의 효과를 서술했다.

예전의 승객은 보스턴 시간과 어제 지나친 20여 곳의 시간 차를 파악하기 위해서 열차 승무원에게 묻고 시계를 보고 시간표를 점검해야 했다. 이제 그는 자신의 시계의 분침이 언제나 정확하며 시간 차는 오직 시침에서만 나타난다는 것을 알 수 있다. 시침은 그가 서쪽으로 여행함에 따라서 1시간씩 늦어질 것이고 샌프란시스코에 도착할 때는 3시간이 늦을 것이다. 그의 시계가 15분, 30분을 포함해서 몇 분이나 몇십 분이 늦어지는 경우는 없어졌다.[10]

만일 스트루베가 해당 「뉴욕 타임스」를 그날 읽었다면, 미국 동부 연안의 시계들이 “영국 그리니치를 기점으로 서경 75도인 곳의 실제 시간인 정오를 알리게 된다"(미국 동부 시간이 서경 75도를 지나는 하나의 시간대로 묶였다는 뜻이다/옮긴이)라는 사실을 확인하고 무척 기뻐했을 것이다. "이 지점이 채택된 이유는 그곳의 천문대가 당시 세계의 해양 시간을 관장했기 때문이다."[11]

이듬해 워싱턴에서 열린 국제 경도회의에서는 새로운 시간 체계를 전 세계에서 사용하도록 공식화했다. 여전히 일부에서 일탈이 있기는 했지만 애교 수준이었다. 프랑스는 1898년까지 자체 시간 체계를 고수했고 그후에는 "(GMT보다/옮긴이) 9분 21초 늦은 파리 표준시라는 복잡한 공식을 사용했다." 이것은 최소한 프랑스의 시간 기록방식에서 '신뢰할 수 없는 영국'이라는 표현을 추방하는 데에 기여했다(영국 시간이 더 정확하고 믿을 만하다는 의미이다/옮긴이). 그리고 미국에서는 1918년 3월 19일 표준시법이 제정된 후에 비로소 연방법에 "공식 시간대"(오늘날에는 이 이름으로 알려져 있다)가 도입되었다.

국제 경도회의의 결과로 플레밍의 세속적인 팸플릿 작업이 끝나지 않은 것은 다행스러운 일이다. 1886년 그는 『20세기의 시간 측정(*Time-Reckoning for the Twentieth Century*)』을 출간하여 12시간 체계라는 오랜 적을 맹렬히 비판했다.

> 하루를 절반으로 나누고 각각을 12시간으로 만들고 1에서 12까지의 번호를 붙인 것은 불필요한 오류와 불편의 원인이기도 하다.
>
> 철도 안내서와 증기선 시간표를 참조할 기회가 있었던 여행자들은 이 탓에 생기는 불편에 익숙할 것이다. 오전과 오후를 분리한 것이 정확한 파악을 얼마나 힘들게 하는지, 이 같은 자의적인 분할이 실수를 얼마나 자주 유발하는지를 실제 경험자보다 더욱 실감할 수 있는 사람은 없다. 만일 필요하다면 수없이 많은 사례들을 제시할 수 있다.[12]

아일랜드를 여행한 지 10년이 지났음에도 불구하고 밴도런 역에서 오랜 시간 기다려야 했던 데에 따른 심리적 상처는 거의 치유되지 못한 듯하다. 다우드의 경우 그의 상처는 심리가 아니라 육체적인 것이었다. 그는 1904년 열차에 치여서 사망하는 바람에 자신의 계획이 법으로 제정되는 모습을 보지 못했다.

---

1. Sir Sandford Fleming, *Terrestrial Time: A Memoir* (London: 1876)
2. 위의 문서.
3. 위의 문서.
4. 위의 문서.
5. *New York Times*, 20 November 1983
6. 다음에서 인용. Derek Howse, *Greenwich Time and the Discovery of the Longitude* (Oxford: Oxford University Press, 1980), p. 123
7. 다음에서 인용. Charles W. J. Withers, *Zero Degrees: Geographies of the Prime Meridian* (Cambridge, MA: Harvard University Press, 2017), p. 140
8. Charles W. J. Withers, *Zero Degrees: Geographies of the Prime Meridian* (Cambridge, MA: Harvard University Press, 2017), p. 152
9. 다음에서 인용. Ian R. Bartky, 'The Adoption of Standard Time', *Technology and Culture*, Vol. 30, No. 1 (January 1989)
10. *New York Times*, 18 November 1883
11. 위의 문서.
12. Sandford Fleming, *Time-Reckoning for the Twentieth Century* (Montreal: Dawson Bros, 1886)

비행하는 시간

카르티에 산투스

1901년 10월 19일 오후 2시 45분경, 파리 중심부의 모든 사람들의 눈이 하늘을 향하고 있었다. 이들은 시가(cigar) 모양의 어떤 물체를 잠깐이라도 볼 수 있기를 바랐다. 벨 에포크(belle époque)의 파리 하늘에서 비행선이 떠다니는 것은 익숙한 풍경이었다. 그 가을 오후, 기구(氣球)에 위태롭게 매달려 있던 인물은 "작은 산투스"라는 애칭으로 알려진, 키가 작고 체격은 가냘프지만 옷차림은 우아한 사내였다. 그는 어쩌면 파리에서 가장 유명한 "비행선 조종사"였을지도 모른다.

파리 사람들은 돛천으로 제작된 하얀색 커다란 프로펠러가 회전하면서 동력을 제공하는 비행선을 흥분 속에서 지켜보았다. 이 물체는 생클루의 프랑스 항공 클럽에서부터 에펠 탑까지 위엄 있게, 하지만 놀랍도록 빠른 속도로 날아간 뒤 회항을 하기 위해서 선회하는 중이었다. 이 비행은 10만 프랑의 상금을 수여하는 도이치 상을 노린 것이었다. 최초로 이 항로(생클루-에펠 탑)를 30분 내로 왕복한 사람에게 주어지는 상이다. 비행선이 머리 위로 지나가자, 관중은 환호했고 남

한 초콜릿 제조회사의 명함이 보여주듯이, 동력 비행 분야에서 산투스두몽이 이룬 업적의 상업적 가치는 일찍부터 높이 평가되었다(명함 삽화).

아우베르투 산투스두몽(1873-1932), 브라질인 비행 선구자. 1901년 도이치 상을 향한 (결과적으로) 성공적이었던 시도를 마친 후 그의 비행선 6번이 하강하고 있다. 이 비행은 이후 논란의 폭풍에 휩싸인다(「사이언티픽 아메리칸」 1901년 11월 호에 실린 생생한 삽화).

자들은 감탄하며 그들의 모자를 지팡이 끝에 올려 하늘을 향해 들어올렸다.

도이치 상을 받기 위한 그의 비행은 회항 구간에서 역풍과 일시적인 엔진 고장으로 지체되기는 했으나, 그는 이륙한 지 29분 15초 만에 출발지 상공에 도착했다. 그는 비행장을 한 번 훑어보았고, 인부들이 착륙 유도 밧줄을 잡아서 묶어두는 데에 1분 25초가 추가로 걸렸다.

그러나 조종사 자신은 시간이 얼마나 걸렸는지 알지 못했다. 사실상 기구 밑에 매달린 삼륜 오토바이에 해당하는 장치에 걸터앉아 파리의 수백 피트 상공에 있으면서, 그는 조종 장치와 고투했고, 역풍에 맞섰고, 심지어 어느 지점에서는 엔진의 시동을 다시 걸어야만 했다. 즉, 조끼 안을 더듬거려서 시계를 꺼내 시간을 확인할 여유가 그에게는 없었다.

"제가 상을 탔나요?" 그는 지면이 가까워지자 소리쳐 물었다.

"물론이죠!" 기쁨에 찬 군중은 답했다.

그러나 자신의 회중시계를 유심히 지켜보던, 심판들 가운데 한 명인 디온 백작은 고개를 들며 말했다. "친구, 자네는 40초 차이로 상을 놓쳤다네."[1] 최근에 개정된 규정에 따르면, 상을 받으려면 비행선이 30분 내로 귀환하여 착륙했어야 했다.

벨 에포크의 유행 : 산투스 손목시계.

당연히 조종사의 생각은 생각이 달랐다. "내 비행선은 엄청난 속도에 따른 추동력 때문에, 도착지를 통과해 그 너머로 나아간 것이다. 이는 경주마가 결승점을 통과하는 것, 요트가 항해하여 결승선을 통과하는 것, 도로 경주용 자동차가 시간을 측정한 심판들을 지나쳐 계속해서 운동하는 것과 같다. 경주마의 기수처럼, 나는 도착점을 통과한 후 돌아서 비행장으로 회항했고, 그후 착륙 유도 밧줄에 의해서 내려졌을 뿐이다."[2]

관중 또한 심판들의 결정을 격정적으로 문제 삼았다. 그들의 눈에 작은 산투스는 승리자였고, 특히 여자들은 빠르게 열광했다. "현장의 많은 숙녀들은 비행사를 향해서 꽃을 퍼부었다. 그에게 꽃다발을 권한 숙녀들도 있었고, 그 모습에 감탄하던 한 사람은 그에게 작고 흰 토끼를 바쳐 보는 이들을 즐겁게 하기도 했다."[3] 상을 수여하느냐 마느냐는 유명한 논란거리가 되었고, 작은 산투스를 옹호하고 심판들의 결정에 항의하는 공개적인 시위가 잇따랐다.

며칠간의 열띤 논쟁 끝에 결국 그에게 상이 수여되었다. 하지만 이미 그의 비행이 전 세계에 보도된 다음에야 성사된 일이었다. 보도에는 그에게 상금이 수여될지 불확실하다는 내용이 경고처럼 포함되어 있었다. "나는 개인적으로 10만 프랑에는 관심이 없습니다." 그는 대담하게 말했다. "가난한 사람들에게 주려고 했어요."[4]

그에게 돈은 중요하지 않았다. 그의 가족이 운영하는, 브라질에 위치한 커피 농장은 마구 뻗어나가고 있었고, 그것이 가져다준 부 덕분에 그에게 돈은 차고 넘쳤다. 그는 1873년에 그 농장에서 태어났고, 커피콩을 가공하는 기계를 만지작거리며 유년기의 많은 시간을 보냈다. 일곱 살이 되던 해에 그는 밭에서 증기 견인차를 몰았다. 5년 뒤 그는 기관차를 타고 농장 철길 위를 달렸다. 중장비를 작동시키는 시간을 빼고는, 그는 "꼬인 고무가 풀리며 생기는 동력으로 날아가는" 비행기(고무 동력기/옮긴이)나 비단 종이로 된 작은 "몽골피에식 열기구"를 만들었다.[5]

1891년에 파리로 간 그는 그곳에서 3.5마력의 푸조 로드스터(지붕을 자유롭게 접을 수 있는 자동차/옮긴이)를 샀다. 이듬해 브라질로 돌아온 그는 새로운 "삼륜 오토바이"가 유행하자 경륜장을 빌려서 다른 경주자들과 시합을 벌이기도 했다. 그러나 바퀴 달린 탈 것은 그에게 그저 기분 전환

기념비적 업적 : 프랑스 항공 클럽이 산투스두몽을 기리기 위해서 세운 조각상 옆에 서 있는 산투스두몽.

용일 뿐이었고, 그의 진짜 꿈은 항공 여행에 있었다. 그는 비행에 강한 집착을 보였고, 몽골피에 형제 이후 무려 1세기가 지났음에도 아직도 조종 가능한 열기구가 없음에 실망했다.

1897년 파리로 돌아온 그는 파리 공성전(1870–1871년 프로이센 군이 파리를 포위 공격하여 함락시킨 전투/옮긴이) 동안 유명해진 공 모양 열기구를 타고, 생애 최초로 하늘로 올라갔다. 그것은 황홀한 경험이었다. 비행과 관련한 상투 어구들조차 신선하게 느껴질 정도였고, 개미 크기로 줄어든 인간들과 아이들 장난감같이 보이는 집들을 보며 그는 경탄했다.

그는 즉각 스스로 설계한 열기구의 제작을 의뢰했다. 더 가벼운 재질을 사용하되 부피는 더 작게 만들 것을 주문했다. 제작자들은 그것이 이륙하지 못하리라고 확신했으나, 실제로 그것은 날아올랐다(산투스두몽의 몸무게가 약 50킬로그램밖에 되지 않고, 그의 키가 특수 제작된 신발 덕분에 간신히 165센티미터가 될 정도로 작았던 점이 도움이 되었다). 이때부터, 그의 혁신적인 비행선 설계는 열기구 제작 관행과의 경쟁 구도 속에 오래도록 놓이게 된다. 1901년 10월 에펠 탑 주위를 돈 그의 비행선은 "6번"으로 알려졌다.

몸집은 작았지만, 그는 용감무쌍한 사람이었다. 1901년 8월 그는 그의 5번 비행선을 타고 출발했고, 똑같이 생클루에서부터 에펠 탑까지의 왕복 항로를 비행했다. 그를 애태우는 도이치 상을 타는 데에는 실패했지만 말이다. 그는 아침 6시 30분에 출발하여 9분 뒤 에펠 탑에 도착했으나, 전혀 행복하지 않았다. 열기구가 새고 있다는 사실을 알아차렸기 때문이다. "나는 바로 지면으로 내려와 열기구의 손상된 부분을 점검해야 했다." 훗날 그는 말했다. "하지만 당시 나는 매우 영광스러운 상을 받기 위해서 경쟁 중이었고 그때까지의 속도도 괜찮았다. 그래서 나는 위험을 무릅쓰고 비행을 계속했다."[6]

이 결정으로 그는 죽음의 문턱까지 가게 되었다.

열기구는 센 강을 향해서 하강하기 시작했고 이내 위급하게 추락했다. 그는 트로카데로 지역의 건물들을 잘 통과했다고 생각했다. 하지만 "공기가 반쯤 빠져서 코끼리가 코를 흔들 듯이 끝

샹젤리제 거리에서 그의 비행선 9번 "거니는 여인"에 탄 산투스두몽. 1903년.

부분을 펄럭이던 열기구"는 철썩 소리를 내며 지붕과 부딪혔고, 폭발했다. 열기구에 쓰인, 피아노 줄로 된 장치는 건물 옆면에 걸렸고, 두몽은 안뜰 위의 높은 허공에 매달린 꼴이 되었다. 언제라도 줄이 끊어질 수 있는 상황이었다. 그는 속수무책으로 두려움에 떨다가 결국 소방대에 의해서 구조되었다.

구조 이후 그가 거의 첫 번째로 한 생각은 다시 공중에 떠 있고 싶다는 것이었다.

그에게 비행은, 다른 이들이 아편 파이프에서 찾는 것과 같은 해방감을 제공하는, 일종의 마약이었던 듯하다. 언젠가 그가 설명하기로는 "중력이나 외부 세계에 대한 감각 없이 떠다니는 것 같다", "물질의 무게로부터 해방된 영혼……. 다시 땅을 보기가 역겨울 정도이다."[7] 그는 비행에 중독되었고 땅에서는 가능한 한 적은 시간을 보내고 싶어했다. 심지어 방 안에서도 그는 높은 의자에 앉아 높은 식탁에서 식사했다. 그의 집사는 사다리를 사용해야 했다.

거의 죽을 뻔했음에도, 다음 날 그는 6번 비행선을 위한 계획들을 검토했다. 그해 10월 그에게 도이치 상을 안겨줄 그 비행선을 위해서 말이다.

산투스두몽은 자극을 찾아다니며 죽음도 불사하는 공학 천재에 그치지 않았다. 그는 벨 에포크의 상류 사회에 속해 있었으며, 마르셀 프루스트가 이끄는 상류층 모임에서는 일종의 명예 회원이었다. 20세기가 시작될 무렵의 파리는 오트 쿠튀르, 카바레, 식도락, 음악, 자동차, 미술, 섹스 등 쾌락에서 전 세계의 수도(首都) 격이었다. 프랑스의 수도에서는 가장 최신의, 그리고 가장 세련된 모든 것들을 찾을 수 있었다. 대체로 파리는 미국 노스캐롤라이나 주 키티호크의 대척점에 있는 도시였다. 키티호크에서는 자전거를 제작하던 오하이오 주 출신의 오빌 라이트와 윌버 라이트 형제가 비행 관련 실험을 이어나가고 있었다. 라이트 형제는 열기구 대신 매우 큰 연처럼 보이는 물체를 활용했다.

파리는 세계에서 가장 국제적인 장소였을 뿐 아니라 멋쟁이들의 도시이기도 했다. 특히 유행을 선도하던 보니 드 카스텔란과 로베르 드 몽테스키외(몽테스키외는 마르셀 프루스트의 소설『잃어버린 시간을 찾아서[*A la recherche du temps perdu*]』의 샤를뤼 남작, 그리고 조리 카를 위스망스의 소설『역로[*À rebours*]』의 데 제상트의 모델이기도 하다)가 대표 격이다. 만약 산투스두몽이 비행사가 아니었다면, 그는 옷을 잘 차려입은, 그리고 연줄이 좋은 사교가로서 어느 정도의 명예를 누렸을 것이다. 그는 비행과 고상한 삶을 완전히 양립 가능한 것으로 보았다. 가운데 가르마를 탄 그의 머리카락은 포마드로 머리에 달라붙어 있었고, 그의 목은 높은 옷깃 위로 드러났다. 또한 광택이 나는 버튼 부츠를 신었다. 이로써 실제 키보다 몇 센티미터 더 커 보일 수 있었고, 이는 그에게 소중한 것이었다. 몸집이 작다 뿐이지 그는 완벽한 멋쟁이였다. 사실 비행에서 이룬 업적으로 유명해짐에 따라서 그를 대표하는 특징인, 턱까지 오는 셔츠 칼라가 일시적으로 유행하기도 했다.

산투스두몽은 사회의 최고층 인사들과 어울려 다녔고, 영국 황태자와 스스럼없는 사이였으며, 교황의 인정도 받았다. 1904년에 출간된 회고록『나의 비행선(*My Airships*)』을 보면, 거의 우스꽝스러울 정도로 프루스트적인 부분이 보인다. 회고록에서 그는 자신의 열기구에서 덜어낸 밸러스트(ballast : 열기구의 균형 유지를 위해서 바닥에 싣는 중량물/옮긴이) 개수보다 더 많은 수의 이름들을 쏟아냈다. 맨 처음 했던 열기구 비행은 샤토 드 페리에르의 정원에서 막을 내렸는데, 그곳은 로스차일드 가문의 별장 안이었다. 또다른 비행에서는 그가 탄 비행선이 커다란 밤나무에 부딪혔는데, "M. 에드몽 드 로스차일드의 대정원"에서 키가 가장 큰 나무였다.[8] 운 좋게도, 이 불상사는 "외(Eu : 프랑스의 행정구/옮긴이)의 백작부인인 이자벨 공주가 사는 저택 근처에서 발생했다. 그녀는 내가 곤경에 빠졌다는 이야기를 들었고, 내가 비행선을 나무에서 떼어내는 얼마간 바쁠 수밖에 없다는 사실 또한 알게 되었다. 이에 그녀는 내가 걸려 있는 나무 위로 점심 식사를 올려보냈는데, 자신에게 나의 여행 이야기를 들려달라는 초대와 함께였다."[9] 또한 파리의 겨울 탓에 열기구 비행 횟수를 줄여야 할 위험에 처하자마자, "모나코 공국의 대공이 해변에 기구 창고를 기꺼이 지어주려고 할 것이라는 정보를 접했다. 대공은 과학에 대한 개인적 연구로 명성이 높은 인물이었다."[10]

그의 책은 항공기 설계의 기술적인 측면을 다룸과 동시에 다음과 같은 서술을 포함한다는 점에서 독특하다. 공중에서의 화재에 대해서 쓸 때 "나는 즉시 내 파나마 모자로 불꽃을 껐다"라든가,[11] 균형의 상실과 갑작스러운 하강에 대한 기술을 시작할 때 "나는 그때 리큐어가 담긴 작은 잔을 비우고 있었다"와 같은 표현의 사용이 그러하다.[12]

사실, 그의 첫 열기구 여정 때에 그가 챙긴 식량에 대한 설명을 보면, 비행사로서의 생애에 대한 전반적인 느낌을 얻을 수 있다.

> 우리가 날아오르던 날, 나는 그럴듯한 점심 식사를 했다. 완숙 달걀, 구운 소고기와 닭고기를 차게 한 것, 아이스크림, 과일과 케이크, 샴페인, 커피, 그리고 샤르트뢰즈를 말이다. 이렇게 둥근 열기구를 타고 구름 위에서 먹는 점심보다 더 맛있는 것은 없다. 어떤 식당도 장식에서 이보다 더 훌륭할 수 없다. 태양은 구름을 끓어오르게 만든다. 이에 구름은 멋지게 터지는 폭죽 다발처럼 얼어붙은 무지갯빛 증기를 테이블에 온통 내뿜는다.[13]

그에게 비행은 인생의 덧없음으로부터의 미적이고 감각적인 일탈이었다. 또한 그의 방식대로 행해진다면, 기내 서비스는 막심(파리의 유명 레스토랑/옮긴이)에서의 저녁 식사만큼이나 좋았다.

사실, 막심에서의 식사 자리에서 몇 세기에 걸친 시계의 역사에서 가장 커다란 변화로 이어질 대화가 오갔다고 전해진다. 오늘날까지도 이어지는 개인 휴대용 시계의 특징을 규정하는 변화이다.

그는 하마터면 도이치 상 수상에 실패할 뻔했는데, 이는 부분적으로 그가 비행 중에 시간을 몰랐기 때문이다. 막심에서의 저녁 식사 자리에서 본인의 승리를 축하하면서, 그는 열기구를 조종함과 동시에 그 여정에 걸리는 시간을 재는 것이 얼마나 어려운지를 이야기했다.

운 좋게도, 그가 이 이야기를 한 상대는 루이 카르티에였다. 카르티에는 자신과 동명의 화려한 새 점포를 뤼 드 라 페(파리에 위치한 귀금속 상인들로 유명한 상점가/옮긴이)에 차린, 3대째 일을 이어오고 있던 귀금속상이었다. 산투스두몽은 그의 고객이었다. 그는 자신의 여러 애인들 중의 한 명을 위해서 "루비로 장식된 얇은 금시계"를 주문한 적도 있었다.[14] 또한 카르티에의 기록을 보면 1904년과 1929년 사이에 두몽이 훌륭한 고객이었음을 알 수 있다. 낡은 대장을 펼치면 시계, 여성용 장신구, 글자가 새겨진 반지를 포함한 남성용 장신구, 모자를 고정하는 핀, 넥타이 핀, 커프스 단추, 그리고 탁상용 액세서리 등을 구매한 내역이 발견된다. 하지만 루이와 산투스두몽의 관계는 상점 주인과 고객 그 이상이었다. 두 남자는 어울려 다니는 무리가 비슷했다.

한 일화에 따르면, 두 사람은 앙리 도이치 드 라 뫼르트가 연 환영연회에서 만난 적이 있다. 뫼르트는 산투스가 결국 받은 상(도이치 상) 이름의 시조가 되는 사람이다. 그리고 비행광 산투스가 20세기 초 급격히 인기를 얻음에 따라서, 프랑스 항공 클럽이 매월 여는 저녁 식사 자리의 내빈 명단에 카르티에의 이름 또한 등장했다.[15] 루이 블레리오, 드 라 뫼르트, 레옹 레바바쇠르, 부아쟁 형제, 그리고 물론 산투스두몽을 포함한 비행 선구자들의 이름이 적힌 명단에 말이다.

두 남자 모두 프랑스의 문화적 아방가르드에 속하는 인물이었다. 아방가르드 시기에 프랑스는 비행에서 발레, 방사선에서 회화에 이르는 과학 기술과 예술을 엄청나게 발전시켰다는 자부

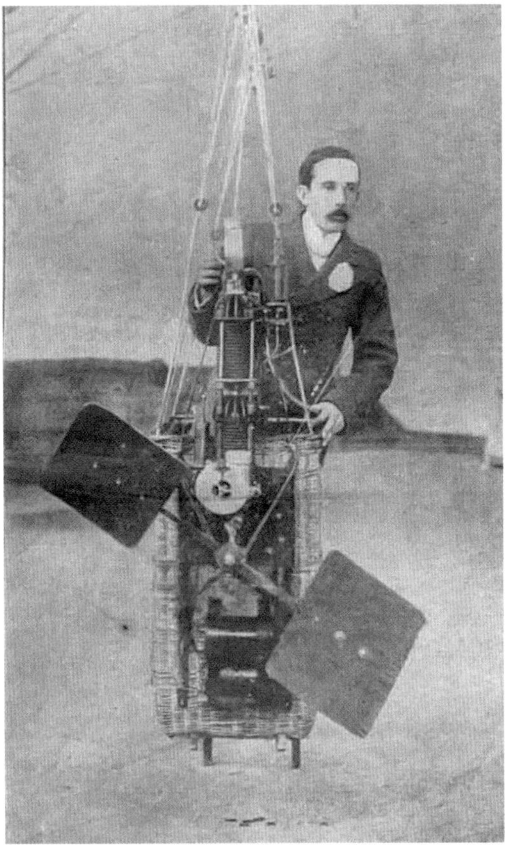

언제나 우아했던 인물. 산투스두몽은 지상에 있을 때나 구름 위를 날 때나 나무랄 데 없는 복장을 갖추었다(1899년 4월 정기간행물 「레비스타 모데르나[*Revista Moderna*]」의 제30호에 실린, 배에 탄 산투스두몽).

심을 가졌다. 그리고 후세에 영화와 공기 타이어를 유산으로 남긴 나라이기도 했다. 20세기의 첫 10년간 루이 카르티에는, 훗날 '아르 데코(Art Deco)'로 알려지게 되는 추상적 형태들과 디자인들로 실험을 했다. 산투스두몽 역시 시대를 앞서나간 사람이었다. 사실, 밤중에 도시로 비행한 경험을 서정적으로 묘사한 대목에서는 미래주의적 회화의 기미가 보인다. "우리는 먼저 멀리에서 하나의 점과 같은 빛을 본다. 천천히 그것은 커진다. 머지않아 하나의 불꽃이 있던 곳에서 무수한 밝은 점들이 보인다. 점들은 줄지어 흐르고, 여기저기에서 더 밝게 무리를 이룬다. 우리는 그것이 도시라는 것을 안다."[16]

산투스두몽의 시간 측정 딜레마에 대한 해결책은 적절히 참신하고 선진적이었다. 카르티에는 시계를 바지의 작은 주머니에서 팔 끝으로 옮겼다.

그는 친구에게 직선의 변(邊)과 곡선의 모서리를 가진 우표 크기의 시계를 만들어주었다. 가죽끈을 써서 손목에 찰 수 있으며, 손목을 눈앞으로 휙 움직이기만 하면 시간을 확인할 수 있는 시계였다.

20세기 이전에도 손목에 차는 시계는 존재했고, 여성이 팔찌에 붙은 시계를 착용한 사례는 다양하다. 엘리자베스 1세는 그러한 시계를 소유했다고 알려져 있다. 1810년 6월, 나폴레옹의 여동생이자 나폴리 왕국의 왕비인 카롤린 뮈라는, 마리 앙투아네트가 좋아했던 시계공 브레게에게 팔찌로 사용할 리피터 시계를 주문했다. 그리고 1868년에 파텍 필립은 금 팔찌에 박힌 자그마한 시계를 차고 싶어한 헝가리의 백작부인 코체이츠를 위해서 처음으로 손목시계를 만들었다.

극한의 상황에서는 남성 또한 손목에 시계를 찼다. 1898년 옴두르만 전투 중에 영국 군인들은 손목 밴드 안에 회중시계를 넣어서 착용했다. 그러나 루이 카르티에가 그의 친구 산투스두몽에게 만들어준 것은 이와 달랐다. 카르티에는 이 덕분에 조끼 주머니 안이 아니라 사람의 팔 끝에 착용하도록 명확히 디자인된 시계를 창조한 첫 번째 인물이 되었다. 그것은 오로지 그 당시의 파리에서만 유행할 수 있었던 발명품이었다. 또한 유례없는 상황들이 이어진 덕분이기도 했다. 카도이치 상을 노린 항행이 실패하면서 산투스두몽의 목숨은 문자 그대로 경각에 달리게 되었다(「르 프티 주르날[*Le Petit Journal*]」에서 발췌했다).

르티에가 혁신적인 디자인을 선호했으며 항공이 탄생함에 따라서 완전히 새로운 수요가 생겨난 데다가 두몽이 패션의 선도자로서 평판이 높았다는 상황이 연달아 일어난 것이다.

당시 손목시계는 여성적인 것으로 간주되었다. 그리고 제1차 세계대전 후까지 그런 인식은 지속될 터였다. 그러나 맵시와 용맹함을 두루 갖춘 산투스두몽은 시계를 손목에 찬다고 해서 자신의 남성성이 위태로워진다고 생각하지 않았다. 사실 그는 이미 손목에 보석 팔찌를 차고 있었다. 한 여성 팬이 그에게 성 베네딕트 메달을 선물하면서 그의 시곗줄이나 명함 통에 걸거나 목걸이로 쓰라고 제안한 것이다. 그는 좀더 두드러지는 방식으로 착용하는 것을 선택했다. "신문에서는 나의 '팔찌'를 흔히 들먹였다"라고 그는 썼다. 하지만 "이것을 이루고 있는 가느다란 금사슬은 내가 소중하게 여기는 이 메달을 착용하는 방법일 뿐이다."[17]

카르티에가 그 시계를 제작하는 데에는 약간의 시간이 소요된 것으로 보인다. 널리 인정받는 창작 연도는 1904년이다. 비록 산투스두몽의 전기작가 낸시 윈터스가 분명히 했듯이, "시계는 선물이었기 때문에 카르티에의 장부에 단 한 차례도 오른 적이 없었고, 따라서 산투스 시계가 만들어진 정확한 날짜는 불분명하지만" 말이다. 그러나 그녀도 수긍하는 것은 해당 시계의 제작일이 "1901년 10월 이후, 1906년 11월 이전의 언젠가"라는 것이다.[18] 카르티에의 기록에 따르면, 1908년에 산투스 시계 2번이 만들어졌고 팔렸다. 카르티에는 이어서 다른 많은 종류의 손목시계를 제작하기 시작했지만, 산투스 시계는 고객의 이름을 딴 유일한 남성용 시계였다.

아니나 다를까. 파리 주변의 한량들과 유행에 민감한 남자들은 자신들에게도 손목시계를 만들어달라고 카르티에게 요청했다. 그리고 카르티에에 따르면, 롤랑 가로와 에드몽 오드마를 포함한 비행가들은 "산투스" 시계를 찾는데, 이는 산투스에게 경의를 표하는 의미였다. 카르티에는 20세기의 특징적인 물건들 중 하나인 남성용 손목시계를 "발명했다." 그리고 그후 20년 또는 30년 내에, 회중시계는 골동품이 되었다.

만일 이 시계가 1906년 가을, 산토스가 특히 의기양양하던 시기에 그에게 인도되었다면 어땠

디자인 천재이자 비행광이던 카르티에. 그는 혁명적인 손목시계를 친구 산투스두몽을 위해서 창조했고, 이후에 그것을 산투스의 이름으로 판매되었다(1904년 에밀 프리앙이 그린 초상화).

을까. 그때쯤 그는 엔진이 달린 열기구에서 날개가 고정된 항공기(고정익기[固定翼機])로 방향을 전환했으며 그해에 100미터 이상의 첫 동력 비행에 성공해서 프랑스 항공 클럽이 제정한 상을 받았기 때문이다. 그는 세상에서 가장 유명한 사람이 되었다. 그의 항공기는 공식 확인된 유인 동력 비행을 처음으로 해냈다. 그리고 라이트 형제가 자신들의 초기 비행을 비밀로 했음을 고려하면, 여전히 몇몇 사람들은 산투스두몽이 세계 최초로 항공기 비행을 해냈다고 주장한다. 놀랍지 않게도 많은 브라질인들이 여기에 해당한다.

세월이 흐르면서 산투스두몽의 이름은 사람들의 의식 속에서 희미해졌다. 비행의 선구자로서 실로 지구적인 명예를 누렸던 인물이지만, 그의 명성은 점차 가려졌다. 인간이 줄곧 더 빨리, 더 높이, 더 멀리 날아감에 따라 처음에는 블레리오가, 그다음에는 린드버그, 종국에는 닐 암스트롱이 그 자리를 차지했다.

낸시 윈터스는 다음과 같이 썼다. "그가 기술적으로 최초의 중항공기(重航空機) 비행을 했는지 아닌지는 어떤 측면에서는 초점을 벗어난 이야기이다. 왜냐하면 오래 세월 온 세계가 그것을 사실이라고 믿었으며, 그 정신에 의해서 고무되었기 때문이다. 그 정신은 새천년의 마지막인 현 시점에서뿐만 아니라 앞으로도 필적할 만한 것이 없을지도 모른다."[19]

그리고 설령 그가 첫 중항공기 비행을 해낸 것이 아니라고 할지라도, 남성용으로 특별히 제작된 손목시계가 세계에 최초로 등장하는 데에 산투스두몽이 준 영감이 큰 요인으로 작용했다는 사실에는 의심의 여지가 없다.

1. *Saint Paul Globe*, 20 October 1901
2. Alberto Santos-Dumont, *My Airships: The Story of My Life* (London: Grant Richards, 1904), p. 198
3. *Saint Paul Globe*, op. cit
4. 위의 문서.
5. Alberto Santos-Dumont, *My Airships*, op. cit., 21
6. 위의 문서. p. 171
7. 위의 문서. p. 58
8. 위의 문서. p. 167
9. 위의 문서.
10. 위의 문서. p. 213
11. 위의 문서. p. 110
12. 위의 문서. p. 35–6
13. 위의 문서.
14. Gilberto Gautior, *The Cartier Legend*(London. Arlington Books, 1983), p. 95
15. *L'Aérophile*(various issues)
16. Alberto Santos-Dumont, *My Airships*, op. cit., 58
17. 위의 문서. p. 168
18. Nancy Winters, *Man Flies: The Story of Alberto Santos-Dumont, Master of the Balloon*(London: Bloomsbury, 1997), p. 148
19. 위의 문서.

첫 스포츠 시계

예거 르쿨트르의 리베르소

인도가 영국령이었던 당시부터 전해오는 스위스인 의치(義齒) 제작자에 관한 이야기는 몇 가지 없을 것이다. 그런데 1930년에 세자르 드 트리라는 이름의 사업가가 인도에서 폴로 경기를 보고 있었고, 그곳에서 그는 선수들이 손목시계의 글자판을 덮는 유리가 경기 때마다 손상된다고 불평하는 소리를 우연히 들었다.

트리는 금과 도자기로 의치를 제작하여 부와 명예를 얻은 사람이다. 1935년 「치과 뉴스(*Dental News*)」에 실린 그의 부고에 따르면, 그는 "지난 30년간 유럽의 치과 관련 거래에서 가장 돋보이는, 독창적인 인물들 중 한 명"이었다.[1]

제1차, 제2차 세계대전 사이 치과 보철의 세계를 장식한 트리는 시계공 지망생이기도 했다. 1920년대 후반에 이르러 그는 로잔에서 작은 시계 사업을 시작할 수 있었다. 그는 거대한 변화의 시대에 상업에 뛰어들었다. 즉, 대단히 충격적이게도 개인용 시계는 조끼 주머니에서 팔 끝으로 이동해가던 중이었다. 처음에는 모두들 "팔찌" 시계가 허식이라고 생각했다. 하지만 참호 안에서 그것이 널리 사용되면서 지지자들이 생겨났고, 1930년대 초반에 이르러서는 팔찌 시계가 회중시계 헤게모니의 종식을 불러오고 있었다.

그러나 회중시계 지지자들은 시계는 손목에 두기에는 너무나도 민감하다고 믿었다. 이 관점은 폴로 경기장에서 트리가 관찰한 것처럼, 즉 깨진 손목시계 유리가 격렬한 폴로 게임의 직업적 불편으로 간주되는 것과도 일맥상통한다. 유리는 폴로 경기장의 공, 채, 발굽, 그리고 기타 위험을 견디기에는 너무나도 깨지기 쉬웠다. 시계 케이스의 다른 부분에 쓰이던 금속은 훨씬 더 견고했고 완벽한 대안이었을 테지만, 투명하지 못하다는 것이 문제였다. 트리는 무엇이 필요한지를 깨달았다. 보호 기능이 있는 시계, 프랑스 산업통상부에 1931년 3월 4일에 출원된 특허 번호 712868의 표현에 따르면, "지지대 안에서 (위쪽으로/옮긴이) 밀어올릴 수 있으며, 앞뒤를 완전히 뒤집을 수 있는" 시계가 그것이었다.[2]

이에 따른 시계는 파리의 악기 제작자 에드몽 예거와 스위스의 시계 무브먼트 제작자 앙투안 르쿨트르의 협력으로 만들어졌다. 예거는 그 아이디어를 현실로 만들기 위해서 디자이너 르네 알프레드 쇼보를 고용했다. 쇼보는 각진 모양의 시계를 적절히 고안했다. 윤곽이 뚜렷한 최신의

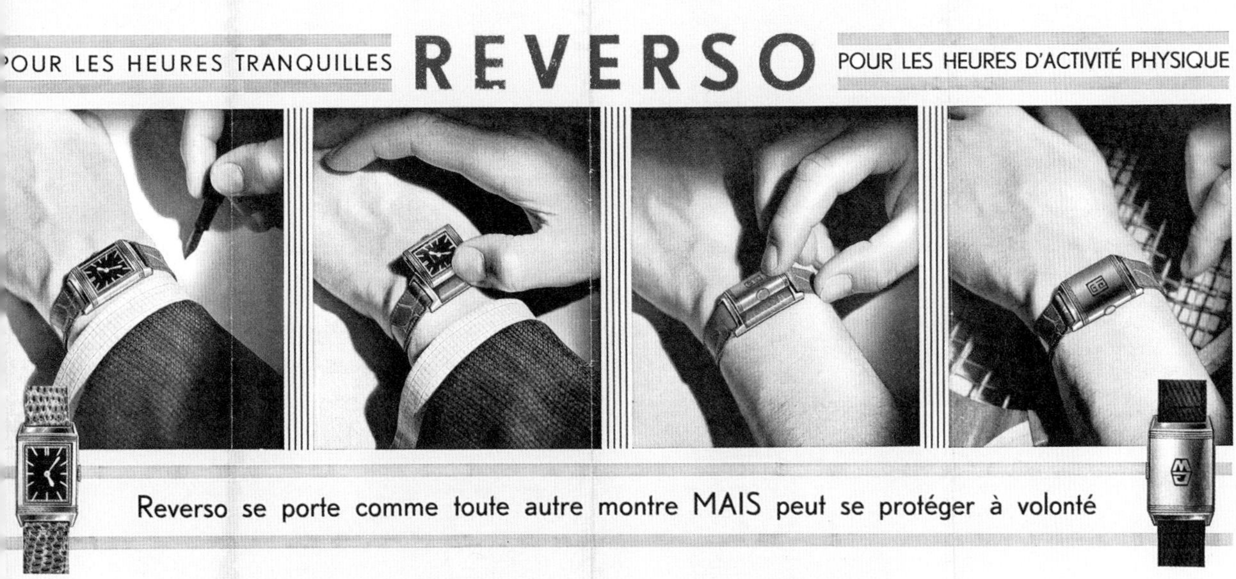

리베르소 : 제1차, 제2차 세계대전 사이에 영국이 인도를 통치하던 라지 시대의 폴로 경기장에서 착안되었고, 오늘날 전 세계적으로 착용되고 있다(1931년 손목시계 광고).

아르 데코 미학과 완벽하게 조화되는 작품이었다. 이 시계는 두 부분으로 이루어졌는데, 뒤판은 (가운데가 두껍고 바깥쪽으로 갈수록) 점점 얇아지는 형태의 러그에 가죽 줄을 끼울 수 있게 한 프레임이다. 여기에 부착된 시계 앞판은 가이드 슬롯 안에서 작동하는, 속으로 패인 회전축 시스템을 이용하여 뒤쪽으로 돌아갈 수 있게 되어 있었다. 이는 시계가 뒤집어질 수 있게 해주었다. 상응하는 오목한 부분을 가진, 스프링에 붙은 한 쌍의 볼 베어링은 시계가 제자리에 있을 수 있도록 꽉 잡아주는 역할을 했다.

그것은 실용적이면서도 매력적인 물건이었다. 시계 유리는 잘 보호되었고, 시계를 뒤집으면 각인을 하거나 에나멜을 칠하기에 적합한 표면이 드러났다. 그 기원을 생각하면 꽤 어울리게도, 그 당시 장식이 멋진 "리베르소들"의 가장 훌륭한 본보기들 중 몇몇은 인도의 토후들이 주문한 것이었다.

1935년에 제작된 철제 리베르소는 이보다 수수하게 생겼다. 뒷면에는 D MAC A라는 글자에 다소 투박하게 에나멜이 입혀져 있었는데, 2015년에 주목을 받았다. 그것은 옥수숫대로 만든 파이프 담배, 조종사 안경, 그리고 제2차 세계대전 당시 태평양에서의 일본에 대한 결정적 승리로 유명한 더글러스 맥아더 장군이 소유했던 시계였다. 이러한 군사적 유래는 시계의 가격을 8만7,000 스위스프랑까지 끌어올렸다. 그 덕분에 지금껏 경매에서 팔린 가장 고가의 리베르소가 되었다.

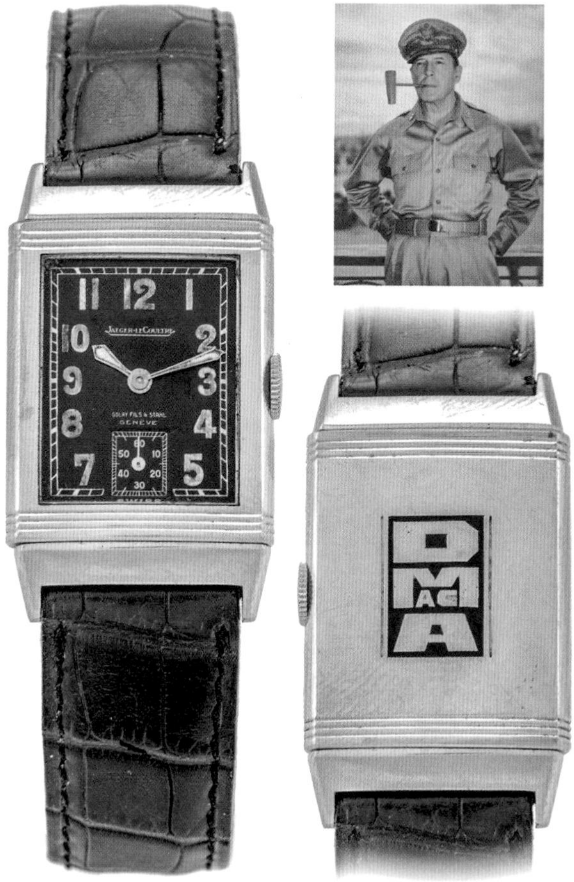

파이프 담배로 유명한 더글러스 맥아더 장군은, 양면을 모두 이용할 수 있게 설계된 시계의 이점을 활용했다(뒷면에 자신의 이니셜을 크게 넣었다는 의미/옮긴이).

그러나 리베르소는 대체로 재즈 시대의 한 현상으로 남았다. 맥아더의 애용에도 불구하고, 폴로 선수, 토후, 라운지 놈팡이(놀고 먹으며 멋진 부자나 유명인사와 함께 어울리기를 좋아하는 사람/옮긴이), 미식가, 그리고 건달이 연상되는 제품이었기 때문에 군 복무와는 어울리지 않았으며 전쟁이 끝날 무렵에는 거의 잊혔다. 몇 년간의 인기 끝에 전성기는 저물었고 급기야 혼수상태에 빠졌다. 반세기 동안 그것은 기록 보관소에서 동면했다. 그러다가 재발견, 재생산되었는데, 이는 시계가 전지로 동력을 얻는 쿼츠 시계의 시대를 맞아서 확실한 멸종을 맞은 것처럼 보였던 회사, 예거 르쿨트르를 구해냈다.

시계의 역사에서 위대한 인물들 가운데 한 명에게 그것이 지녔던 중요성은 차치하더라도, 리베르소가 역사 속에서 특정한 자리를 차지할 수 있었던 이유는 따로 있었다. 자신이 하고 있는 일에 구애받지 않고 시간을 정확히 파악할 수 있도록 하는 데에 크게 기여했기 때문이다. 이 시

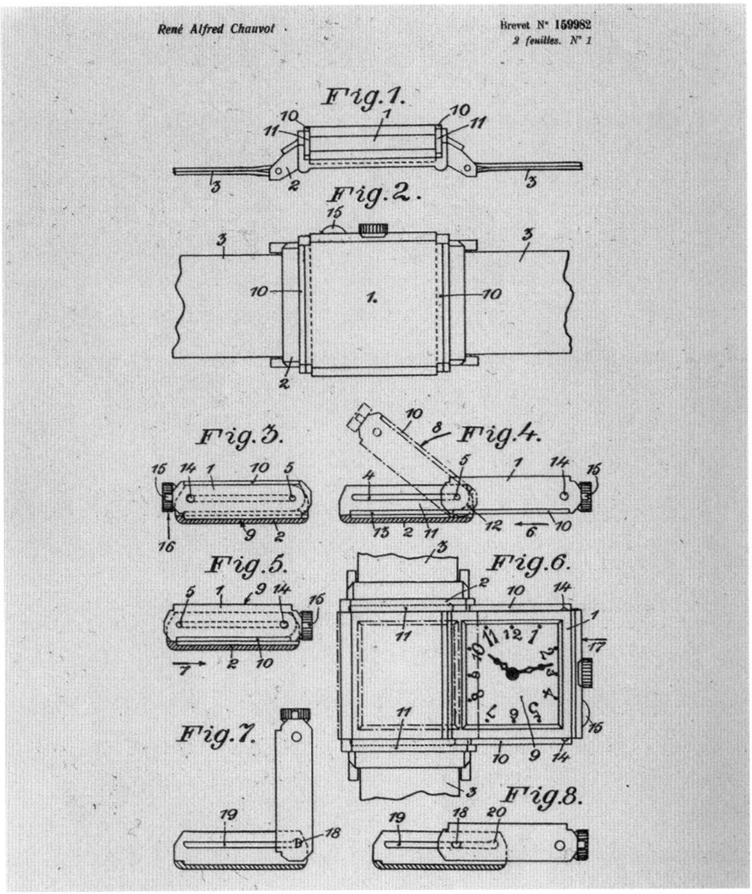

나중에 리베르소라고 불리게 되는 시계의 상세한 기술적 도안. 하지만 특허출원 당시에는 “지지대 안에서 미끄러질 수 있으며 또한 완전히 뒤집어질 수 있는” 시계로 다소 심심하게 알려졌다.

계를 최초의 스포츠 시계라고 주장할 수도 있을 것이다. 치열한 폴로 경기장의 거친 환경에서도 무사하도록 만들어졌기 때문이다. 보통 시계라면 낙마는 물론이고 채, 공, 또는 말발굽에 의해서 쉽게 부서졌을 것이다.

만일 트리가 “돋보이며 독창적인” 성향이 없는 진부한 사람이었다면 어땠을까. 그랬다면 트리는 단순히 기수들에게 시계를 풀고 폴로에 임할 것을 제안했을지도 모른다. 하지만 그가 만약 그런 단조로운 사고를 하는 사람이었다면, 스포츠 손목시계를 정착시키는 데에 크게 기여한, 본질적이고 중요한 디자인은 이 세상에 없었을 것이다.

---

1. *Dental News*, Volume 18, p. 48, 1935

2. Manfred Fritz, Reverso – *The Living Legend* (Jaeger-LeCoultre, Edition Braus, 1992), p. 28

세계에서 가장 비싼 시계

파텍 필립의 헨리 그레이브스 슈퍼컴플리케이션

제네바의 11월 중순은 시계 경매 시즌이다. 세계 모든 곳에서 온 수집가와 거래상들로 일주일 동안 엄청나게 붐빈다. 이곳의 술집과 식당은 시계 이야기로 활기가 넘친다. 노련한 전문가들이 한쪽 눈으로 보석상의 확대경을 통해서 관찰하고 보증서와 일련번호를 하나하나 기입한다. 이들은 문자판과 시곗바늘과 작은 톱니가 있는 용두를 과학수사 기법을 동원해서 자세히 조사한다. 앞으로 경매가 진행될 때, 얼마에 응찰할지를 알려주는 정보를 수집하는 것이다.

이 시기는 잠재적인 구매자들이 몰려들어 물품을 하나하나 들여다보느라 바쁜 때이다. 하지만 2014년에 진행된 한 건의 경매는 다른 모든 경매들보다 특별히 눈길을 끌었다.

11월 11일 소더비는 368건의 품목을 경매에 부칠 예정이었다. 여기에는 시계의 역사에 위대한 이름을 남긴 인물들이 제작한 회중시계와 손목시계가 포함되어 있었다. 파텍 필립, 롤렉스, 카르티에, 바쉐론 콘스탄틴, 브레게가 대표적이다. 제작 연도는 18세기 후반에서 21세기 초까지 거의 200년을 아우른다. 또한 종류도 삼각형의 프리메이슨 회중시계에서부터 태양열 동력을 사용하는 탁상시계에 이르기까지 매우 다양했다. 일부 경매품은 최저가가 없는 반면 다른 물품들은 추정가가 4자리, 5자리, 6자리 숫자에 이르렀다. 한마디로 카탈로그는 주요 경매장의 통상적인 방식으로 기재되어 있었다. 다양한 언어로 기재된, 거의 모든 구입 예산과 취향을 맞출 수 있는 시계학적 뷔페가 백과사전처럼 펼쳐져 있었다는 말이다.

보 리바주 호텔의 리셉션 룸 중 한 곳에서 매우 분주한 오전과 오후 경매가 끝나고, 경매 진행자는 연단으로 돌아와 6시에 초저녁 경매를 진행하기 시작했다. 사람들은 열띤 기대로 가득 차 있었다. 유명 수집가들뿐 아니라 중견 사업가, 시계 분야의 유명 상표를 소유주들이나 대표들이 여기저기 눈에 띄었다.

진행자는 여러 물품의 경매를 기운차게 진행해나갔다. 카르티에의 손목시계, 강철제 롤렉스 스포츠 시계 등이었다. 목록 344번은 파텍 필립 제품으로, 만세력과 달의 위상을 나타내는 미닛 리피터(minute repeater) 시계였다. 32만9,000스위스프랑이라는 괜찮은 가격에 팔렸다. 경매 진행자는 잠시 멈추고 물을 한 모금 마신 다음 입술을 축이고 방 안을 둘러보았다. 느리고 분명한 어조로 다음 경매품을 발표했다.

(뒷면의) 별 문자판은 맨해튼 하늘의 별자리표와 항성시, 균시차, 일출과 일몰 시각을 보여준다.

"목록 번호 345번. 엄청나게 중요하고도 놀라운 헨리 그레이브스 주니어 슈퍼컴플리케이션." 극적인 효과를 위해서 잠시 숨을 멈춘 그는 이렇게 말했다. "시작가는 900만 스위스프랑입니다."

시간이 흐르는 속도는 개인마다 다르기 마련이다. 그리고 2014년 11월 11일 제네바의 보 리바주 호텔의 리셉션 룸 연단에 선 남자는 평생 가장 긴 12분을 경험할 예정이었다.

그곳에 고객들이 가득했던 이유는 바로 이 이벤트 때문이었다. 지난 15년간 시장에 나온 개인 휴대용 시계 가운데 가장 중요한 물품이 경매에 올랐다. 1999년 12월 2일 이래로 빈티지 시계

(앞면의) 표준시 문자판은 달의 위상과 달력 날짜, 잔여 동력 계기판, 초침으로 연속적으로 시간을 측정하는 크로노그래프, 알람 시계를 모두 보여준다.

의 세계에서 이만큼 중요한 경매는 없었다. 그날 이 시계는 1,100만 스위스프랑이라는 놀라운 가격까지 올라갔다. 바로 이 시계가 시장에 다시 나온 것이다. 추정 가격은 미지의 영역이었다. 이미 세계에서 가장 비싼 시계였다. 관심사는 11월 저녁에 그 예전 기록을 깰 수 있을지 여부였다. 극적인 요소를 더한 것은 2014년이 제작사의 창립 175주년이라는 점이었다. 파텍 필립의 회장 티에리 스턴은 사람들로 가득 찬 경매실 객석의 중앙에 앉아 있었다.

파텍 필립 슈퍼컴플리케이션은 세월의 때가 묻은 파텍 필립의 장부에는 밋밋하게 "198385번"이라고 적혀 있었지만 시계 분야의 괴수이다. 500그램 약간 넘는 이 시계는 부품 900개의 상호작용을 통해서 24건의 복잡한 기능을 한다. 여기에는 뉴욕 밤하늘의 변화를 나타내는, 움직이는 별자리 지도도 포함된다.

이 시계의 첫 소유자이자 이름의 기원이 된 인물은 월스트리트에서 성공한 금융업자의 아들이었다. 그는 이 시계가 아니었다면 21세기 초의 미국 유한계급의 그저 그런 구성원으로 남았을 터였다. 헨리 그레이브스 주니어는 이디스 워턴이 묘사한 뉴욕 사회 엘리트의 모든 부속품을 장식물로 갖춘 인물이었다. 보관(寶冠)에서 웅장하게 날아오르는 독수리를 묘사한 가문의 문장(紋章)도 그렇고 승마복을 입고 말을 탄 상태로 사진 찍히기를 좋아하는 것도 그러했다. 까다롭게 격식을 따지는 인물로, 심지어 카누를 탈 때에도 정장에 타이 차림을 고집할 정도였다.

그는 유한계급 사람들이 흔히 그렇듯이 자신을 감정 전문가로 간주했다. 회화, 메조틴트(mezzotint : 동판에 가늘게 교차하는 줄을 긋고 그 줄을 메우거나 깎거나 하여 명암을 나타내는 기법을 사용한 동판화/옮긴이), 19세기 문진과 시계……특히 시계를 수집했다. 그의 삶에는 예컨대 마리 앙투아네트 같은 드라마와 사건이 없었다. 그러나 시계 제작술과 관련해서 말하자면 그의 이름에 불멸

표준시 계기판의 심층 내부. 달력 장치를 제거한 모습.

항성시 계기판의 심층 내부. 항성시 동력 톱니바퀴를 제거하여 시간 측정 및 크로노그래프 메커니즘을 볼 수 있다.

표준시 계기판의 아래쪽. 달력 메커니즘과 달의 위상을 보여준다.

항성시 계기판의 아래쪽, 별자리표와 항성시 메커니즘을 보여준다.

성을 부여한 시계는 브레게 사에서 완성한 그것에 비견할 만하다. 그보다 1세기 전에 비운의 프랑스 왕비를 위해서 만들어졌던 시계 말이다. 마리 앙투아네트 시계가 과거 그 시계를 도난당했던 예루살렘의 이슬람 예술박물관으로 2014년 11월 되돌아온 것과 달리, 이 시계는 시장에 나왔다는 사실이 중요했다.

그레이브스는 존재감과 위엄을 갖추고 있다. 무게 535그램, 지름 74밀리미터, 높이 35밀리미터로서 그것을 든 손에 눈길이 가게 만든다. 23.25센티미터의 둘레에는 다양하고 수많은 특별 기능들을 작동시키는 돌림판과 누름 장치들이 있다. 다른 시계처럼 앞뒷면이 있는 것이 아니라 앞면이 2개이다. 한 면은 표준시의 시, 분, 초를, 다른 면은 항성시의 시, 분, 초를 보여준다. 게다가 그레이브스는 일출과 일몰 시간과 균시차도 표시한다.

만세력을 갖추고 있어서 1년의 길이가 윤년에 따라서 달라지는 점도 반영한다. 또한 몇 년, 몇 월, 며칠이며 무슨 요일인지, 달이 초승달인지 그믐달인지, 월령(초승달 즉 신월에서 며칠이 지났는지를 평균 태양일로 나타낸 것/옮긴이)도 알려준다. 물론 소유자의 고향인 뉴욕 밤하늘의 별이 어떻게 배치되어 있는지도 나타낸다. 초침으로 연속적으로 시간을 측정하는 크로노그래프(스톱워치와 기능이 비슷하다)는 그 자체로도 걸작이다. 측정 시작 시점부터 얼마나 지났는지를 12시간 30분까지 기록할 수 있다.

그러나 이 특별한 시계를 다른 시계들과 구별해주는 것은 웨스트민스터 종소리를 울려 15분 단위로 몇 시, 몇 분인지를 알려주는 미닛 리피터와 알람 기능이다. 15분 단위로 알려주는 것을 넘어서 정확히 몇 분인지까지를 알려주는 맑은 종소리는 조용한 겨울 풍경을 배경으로 울려퍼지는 시골 교회의 종소리를 연상시킨다. 차이점이라면 대체로 시골 교회들에는 빅 벤이라는 이름으로 잘못 알려진 웨스트민스터의 유명한 대시계가 울리는 멜로디를 연주할 장치가 없다는 것이다. 시간 진행 톱니바퀴 열과 종 치는 톱니바퀴 열, 태엽감기와 장치 설정의 기술적 기능이 어우러진 4중주는 통상적인 시간 측정 외에도 24건의 복잡한 기능을 수행하게 해준다.

그러나 그레이브스는 매우 인상적인 기계 장치를 크게 넘어서는 무엇이었다. 20세기 초 부호들이 반드시 갖추어야만 하는 금권정치가들의 로봇식 장난감 이상이라는 말이다. 시계는 크기가 확연하게 컸지만 뚜렷이 구별되는 문화적 시기(20세기 초 전후를 말한다/옮긴이)의 상징으로 보자면 상대적으로 크기가 작았다. 마크 트웨인은 이 시기를 '(금으로 도금된) 대호황 시대'라고 비꼬아서 표현했다. 이 같은 명칭은 남북전쟁이 끝난 이후 1930년대 초 미국이 세계 최강국으로 떠오를 때까지의 산업적, 경제적 부흥 기간과 딱 맞았다. 미국의 국부는 1870년에서 1900년 사이에 4배로 늘어났다. 그리고 미국인의 80퍼센트가량이 연간 500달러도 벌지 못하는 동안 엄청난 부가 극소수의 부호들에게 집중되었다. 이들은 유럽의 왕가나 황가보다도 엄청난 부자가 되었다. 당시의 부는 정말

선물용 시계는 인생의 중요한 순간을 상징한다. 1891년 제작된 이 시계는 J. P. 모건이 J. 프레더릭 탐스에게 코르사이르 요트를 건조한 기념으로 선물한 것이다.

엄청난 것이었다. 그리고 부를 쌓은 사람에게 복잡한 스위스 시계는 성공의 상징 같은 것이었다. 일반적으로 돈이 많으면 많을수록, 시계에 대한 관심이 컸다.

최고급 스위스 시계 제작자들의 사업이 번창했다. 1880년대에 스위스 정밀시계 산업은 경마가 부자들의 여흥으로 비약적으로 발전한 데에 힘입어 크게 성장했다. 이 분야의 인물이라면 경주로에서 자신이 소유한 순종말의 기록을 재기 위해서 조끼 주머니에서 정확한 스위스 정밀시계를 꺼낼 수 있어야 했다. 그렇지 않은 사람은 제대로 장비를 갖춘 것이 아니었다. 이들 경마장은 뉴욕 주의 새러토가, 혹은 켄터키 주의 처칠 다운스 등에 있었다.

대표적인 것이 멋진 파텍 필립 No. 90455였다. 미닛 리피터, 초를 나타내는 별도의 계기판과 크로노그래프를 갖춘 정밀시계였다. 1890년대 초반에 제작된 이 작품은 주류 업계의 거물, 재스퍼 뉴턴이 소유했다. 그는 시계 뚜껑에 자신의 이름이 아니라 (자신이 부를 축적할 수 있도록 해준 제품의 이름을 따서) 잭 대니얼스라고 새겼다.

미국 상업 엘리트의 소공자들은 성년 축하선물로 정교한 스위스 시계를 선물받는 것이 신성한 의식에 해당할 정도였다. 1893년 코르넬리우스 밴더빌트 주니어는 스물한 살 생일 선물로 파텍 필립을 받았다. 미닛 리피터와 독립된 초시계 계기판이 장착되어 있는 것이었다. 입버릇이 상스럽기로 유명하며 "코모도어", 즉 제독이라는 별명을 가진 아버지가 준 것이었다.

이런 시계는 특별히 가치 있는 봉사를 해준 아랫사람에게 각별한 우호의 표시로 선물하는 일도 가끔 있었다. 철강업계의 거물 헨리 클레이 프릭이 건축가 앤드루 피블스에게 선물한 시계에는 피츠버그에 있는 프릭 빌딩이 새겨져 있었다. 멈춤쇠 탈진기와 (중력의 영향을 상쇄하기 위해서 1분에 한 바퀴 회전하는) 투르비용을 갖춘 멋진 정밀시계이다.

모건이 황금 시대의 시계광 중에서 가장 높은 위치를 차지하는 것은 당연한 일이다. 모건은 모든 분야의 수집에 엄청난 규모의 돈을 썼다. 살 것은 너무 많고 살 시간은 부족한 나머지 자신의 신분을 나타내는 컬렉션을 통째로 사들이고는 했다. 이런 식으로 그는 유명한 마르펠스의 르네상스 컬렉션과 에나멜 세공 시계도 손에 넣었다.

일상생활에서 사용하는 현대 시계에 이르면, 모건은 영국의 제작가 프로드샴이 만든 정교한 제품을 좋아했다. 1911년과 1912년 사이에 똑같은 롤스로이스 자동차 3대를 주문할 때에도 각각 프로드샴 시계(그리고 시가용 전자 라이터)와 닮게 해달라고 요구했다. 그의 은행에 새로 동업자가 되는 사람은 프로드샴의 멋진 시계를 선물받을 것이라고 예상할 수 있었다. 유리 뚜껑이 없는 투르비용과 미닛 리피터와 별도의 초단위 계기판이 장착된 시계 말이다. 1897년과 1926년 사이(이런 관행은 모건이 1913년에 사망한 뒤에도 아들이 이어나갔다) 뚜껑에 적절한 내용이 새겨진, 이 같은 모건 등급의 시계 25개가 가까운 친구나 동료들에게 선물로 주어졌다. 그리고 만일 모건의 요트에 초대받는 경우, 이들의 시계는 특별 대접을 받았다. 코르사이르 호라는 두 번째 배의 개인 전용실에는 손님들이 밤에 시계를 놓아두도록 설계된 특별한 공간이 있었다.

물론 당시 자동차 산업의 선구자들, 기술 분야의 거물들은 자동차든 시계든 복잡한 기계장치에 대해서 자연스럽게 흥미를 가졌다. 도지 형제는 유서 깊은 바쉐론 콘스탄틴의 고객이었으며 20세기의 첫 사분기 동안 제임스 워드 패커드는 파텍 필립의 가장 충성스럽고 빈번한 손님이었다. 20세기 첫 사분기 동안 패커드는 파텍 필립에 13개의 중요한 시계를 주문했다. 여기에는 선박처럼 시계 종을 치는 메커니즘을 갖춘 것도 있었다. 배에서는 4시간 단위의 경계 근무가 끝날 때마다 8번씩 종을 치는데 (해당 근무자의 교대에 맞추어) 이 시계는 30분 간격으로 소리를 냈다. 휴대용 시계에서 이를 구현한 것은 이것이 처음이었다. 자신의 어머니가 애호하던 오페라 중 하나인「조슬랭」의 한 곡을 연주하는 시계도 있었다. 하지만 가장 중요한 것은 1927년 4월 자신이 받은 No. 198023이었다. 여기에는 패커드의 고향 워런의 밤하늘을 묘사한 천체도도 포함되었는데, 진한 감청색 하늘을 배경으로 각기 다른 크기의 황금별 500개가 떠 있었다.

패커드와 그레이브스가 가진 시계들은 서로 비슷했다. 이 탓에 두 사람은 오랫동안 세계에서 가장 정교한 시계를 소장하려는 경쟁을 벌이는 라이벌로 간주되었다. 이는 매력적인 생각이지만 사실이 아닐 가능성이 크다. 두 인물은 사회적 배경이나 출신 지역이 다르며 서로 만난 적도 없으리라고 추정된다. 패커드의 시계가 멋진 것은 사실이지만 그가 고향의 실제 밤하늘을 볼 수 있다면 기꺼이 시계와 바꾸었으리라고 보는 것이 틀림없을 것이다. 시계를 받았을 때 그는 클리블랜드 병원에서 암 치료를 받고 있었으며 그후 1년 내에 사망했다. 이에 비해서 그레이브스는 자신의 시계를 오랜 세월 기다릴 예정이었다.

그럼에도 불구하고 패커드가 없었다면 그레이브스도 없었을 것이다. 파텍 필립에게 문제의 시계를 만드는 것은 거대한 프로젝트였다. 5년에 걸친 작업 끝에 1932년 9월 28일 완성되었다. 시계는 그레이브스에게 전달되어 이듬해부터 그의 이름이 붙게 되었다. 가격은 6만 프랑(오늘날 1만5,000-1만6,000달러)이었다. 오차를 거의 허용하지 않았으며 정확한 수학적 계산(일부 톱니기어의 비율은 소수점 이하 10번째 자리까지 계산되었다)을 통해서 제작된 작품이다. 컴퓨터를 이용한 설계 기술이 도입되기 전까지 세계에서 가장 복잡하고 정교한 시계의 자리를 유지했다. 당시에는 시계 분야에서 그렇게 야심적인 시도가 이루어진 적이 없었다. 이것을 제작하기 위해서 회사는 론 가에 있는 역사적인 본부 바깥의 전문가들도 불러들여야 했다. 제네바뿐만 아니라 스위스 전역에서 말이다.

이것을 제작한 데에 따른 명성은 파텍 필립이 세계에서 가장 중요한 시계 제작회사로서의 명성을 확립하는 데에 큰 역할을 했다. 하지만 이 같은 계통의 시계로서는 마지막 제품이 될 운명이었다. 1929년 10월 29일 화요일, 미국 주식시장이 붕괴되면서 이런 시계는 멸종의 운명을 맞았다. 일주일만에 시장에서 300억 달러의 가치가 증발했다. 세계의 금융은 성층권을 날다가 갑자

헨리 그레이브스 : 그의 이름을 딴 파텍 필립 시계가 없었더라면 은행가 헨리 그레이브스는 후대에 이름을 남기지 못했을 것이다.

기 대공황이라는 지옥의 심연으로 떨어졌다. 공황은 끔찍했던 6년간의 제2차 세계대전 와중에야 회복되었다. 그후 신뢰와 번영이 되돌아올 때까지 수십 년이 걸렸다. 그리고 실제로 그런 일이 일어났을 때, 세상은 이전과 다른 곳이 되어 있었다. 회중시계는 더 이상 신분의 상징이 아니었다. 원자력의 시대에 그것은 오래 전에 사라진 역사적 유물로, 박물관 소장용이었다. 한때는 기술적 놀라움을 주는 물품이었지만 이제는 그저 상속받은 유산에 불과했다.

그레이브스는 86년에 걸쳐 흠잡을 데 없는 유복함을 누린 끝에 1953년 사망했다. 시계를 물려받은 딸은 이를 자신의 아들에게 주었다. 아들은 어머니가 사망한 지 6일 뒤인 1969년 3월에 이를 일리노이의 괴짜 기업가 세스 애트우드에게 20만 달러에 팔았다. 애트우드는 세계 최대 규모의 시계 수집가가 될 생각이었다. 그리고 미국 부자에 관해서 널리 퍼져 있는 고정관념에 맞게,

COMMERCIAL MIGHT *VERSUS* DIVINE RIGHT.
THE MODERN TRUST KING BRINGS DISMAY TO THE OLD KINGS OF EUROPE.

"상업 권력 대 종교 권력." 모건은 19세기 말과 20세기 초 유럽의 왕가와 황가보다 더욱 부유해진 미국의 대부호를 상징한다. 그리고 그에게 정교한 스위스 시계는 성공의 필수 요소였다.

유럽의 경매장에 가서 최고의 시계를 가격 불문하고 사들였다.

그가 보기에 그레이브스는 최고 중의 최고였다. 이듬해 애트우드는 일리노이 주의 록퍼드에 시계 박물관을 개관했다. 핵심 전시품이 그레이브스였다. 시계는 1999년 3월 박물관이 문을 닫을 때까지 그곳에 있다가 소더비 경매에 넘겨졌다. 소더비의 다린 슈니퍼는 박물관이 문을 닫는다는 소식을 듣자마자 소장품을 평가하고 경매를 조율하기 위해서 미국 중서부로 향했다.

슈니퍼는 그보다 15년 전부터 문제의 시계와 연관이 있었다. 애트우드가 그녀에게 시계의 가치를 감정해달라고 요청했기 때문이다. 오늘날 우아한 단발머리를 한 슈니퍼는 시계 경매의 세계에서 전설적인 인물인데, 뉴욕 소더비의 시계 부서에서 근무한 지 5년째 되던 해인 1986년에 그 전설이 시작되었다. 그녀는 그레이브스의 가치를 감정하러 록퍼드로 출장을 갔던 것이다. 그로부터 30년이 지난 뒤에도 그녀는 이 시계를 처음 만져보았을 때의 짜릿함을 또렷이 기억하고 있었다. 이 시계는 당시에 이미 신성한 물체로서의 명성이 쌓여 있던 상태였다.

그녀는 당시의 경험을 강한 종교적 체험에 가깝게 묘사한다. "그 시계는 경외감을 불러일으켰다. 장엄함이라는 단어의 모든 의미를 한꺼번에 내뿜고 있었다. 나는 침묵했다. 무슨 말을 해야 할지 몰랐다. 삶이 달라지는 경험이었다. 만지기만 해도 가슴에 와닿았다. 얼마나 중요한 것이며 얼마나 잘 만들어졌는지를 알 수 있었다. 형용할 수 있는 말이 제대로 떠오르지 않았다. 나의 모든 감각을 전부 일깨웠다."[1]

그레이브스는 추억을 만드는 힘이 있었다. 판매는 말할 것도 없고, 그냥 보고 만지는 사람의 마음에 새겨지는 것이다. "이것이 실제 경매에 출품될 수 있다는 생각만으로도 너무나 놀라웠다."[2] 슈니퍼의 회상이다. 다른 경매 회사들도 입찰할 수 있도록 초대를 받았다. "그래서 우리는 300만 달러에서 500만 달러를 이야기했다. 휴대용 시계에 이런 가격을 매긴 사람은 여지껏 아무도 없었다. 경매 당일까지도 우리는 어떤 일이 일어날지 확신할 수 없었다."[3]

"6명이 입찰 경쟁을 이어가서 가격이 500만 달러까지 올라갔다. 그제서야 나는 숨을 쉴 수 있었다!" 긴장은 엄청났다. "그리고 가격은 계속 치솟았고 마지막 2명 중의 1명이던 파텍은 경쟁을 포기했다."[4]

그로부터 15년 뒤에 시계는 다시 세상에 나왔는데 그 상황이 특이했다. 소유자는 카타르 국왕의 사촌인 셰이크 사우드 빈 무하마드 알타니였다. 그는 오랜 기간 진귀한 물품 수집에 돈을 마구 쓴 덕분에 "세계 최대의 예술품 수집가"라는 별명이 붙었다. 예술품 외에도 최고급 빈티지 자동차, 초기 페니파딩(penny-farthing : 1800년대에 유행한, 앞바퀴는 아주 크고 뒷바퀴는 아주 작은 초기 자전거/옮긴이), 중국 골동품도 수집 목록에 있었다. "셰이크 알타니는 예술품 수집가들 사이에서 거물 정도가 아니었다. 정말로 어마어마한 인물이었다." 2014년 11월 BBC의 예술 부문 에디터인 윌 곰퍼츠가 한 말이다. "소문에 따르면 그가 머무는 도시에는 다음과 같은 일이 벌어진다. 예술

그레이브스는 추억을 만들 힘이 있었다. 보고 만지는 사람들의 마음속에 자신의 존재를 각인했다.

품 거래상과 경매 회사들이 최고의 소장품에서 먼지를 털어내고 가격표에 0을 한두 개 더 붙인 뒤 그의 방문을 기다린다."[5]

20세기 말 세계에서 가장 사치스러운 수집가는 더 이상 세스 애트우드 같은 인물이 아니었다. 21세기 초가 되자 예술품을 비롯한 수집품 시장은 사상 최대의 호황을 누렸다. 돈이 흘러드는 원천은 러시아, 중국, 그리고 당연히 중동 같은 1960년대 후반에는 시장에서 조금도 활동을 보이지 않던 지역이었다. 1970년대 초반 오일 쇼크 이후로 엄청난 금융자원이 중동의 지배 가문에 속하는 소수의 인물들에게 집중되었다. 이들은 1세기 전 미국의 선배들과 마찬가지로 휴대용 시계를 포함한 모든 분야에서 최고의 것을 원했다. 이들이 지닌 자산의 규모는 전대미문의 것이었지만 완전히 무한하지는 않았다. 그리고 2014년이 되자 알타니는 자금난에 봉착하여 자산의 일부를 현금화할 필요가 생겼다. 그 대상에 그레이브스가 포함되었다.

알타니가 소유한 15년 동안 그레이브스는 록 스타급이 되었다. 흥행주는 슈니퍼였다. "우리는 순회전을 했다. 홍콩, 중국, 뉴욕을 비롯해서 일일이 기억하지 못할 정도로 많은 지역에서 말이다. 당시 그것은 아이콘, 시계 세계의 상징으로 자리잡았다."

영향력은 더욱 커졌고 제네바에서 경매에 나올 즈음에 이르자 그레이브스는 더 이상 호기심의 대상이 아닌 문화 의식의 최전선까지 밀고 올라가 자리를 잡았다. 물품 목록에서는 조심스럽게 가격을 빼놓았지만, 소문에 따르면 소더비가 추산한 최저가는 1,560만 달러였다. 만일 실제로 거래가 이루어진다면, 파텍 필립 회중시계 1개가 현대 미술 거장의 작품들과 같은 수준에 오르는 것이었다.

"그리고 소유주가 경매 전날밤에 급사한 탓에 상황은 더욱 복잡해졌다."[6] 알타니는 마흔여덟이라는 고령(흔히 쓰이는 반어법이다/옮긴이)에 예술품과 페니파딩과 슈퍼컴플리케이션 시계를 수집하는 삶을 마쳤다.

"멋진 일이었다." 슈니퍼가 반어법으로 가득 찬 목소리로 말했다. "하지만 소더비는 놀라운 계약서를 작성했다."

그리고 오후 6시 30분쯤부터 금전적 결투가 시작되어 12분간 이어졌다. 경매 진행자의 기술은 재력과 비이성적인 욕망을 더욱 오랫동안 시험에 들게 하는 데에 달려 있다. 시험을 종말 근처까지 가져가서 더 높은 입찰가를 부르도록 구슬리는 것이다. 한 번에 최소 50만 스위스프랑씩 올리는 경매에서 말이다. 그는 한 차례 이상 낙찰 망치를 머리 위로 들어올리고 성직자 같은 무게를 담은 어조로 말했다. "곧 낙찰됩니다……망치가 올라갔습니다……마지막 기회……마지막입니다." 여기에 맞추어 경매실의 사람들이 숨을 몰아쉬거나 찬탄하는 소리가 퍼져나가고는 했다. 마지막 순간의 응찰가가 점점 높아지면서 경매가 진행되는 동안 말이다. 가격이 2,000만 스위스프랑을 넘었지만 2명의 수집가는 집요하게 맞붙었다. 마치 윔블던 중앙 코트에서 결승전의 마지막 게임을 벌이는 듯한 분위기였다. 마침내 망치가 정말로 내려가고 사람들이 찬탄하는 소리가 울려퍼졌다. 낙찰가는 2,323만7,000스위스프랑이었다.

이 글을 쓰는 순간까지도 휴대용 시계 판매 사상 최고가라는 기록은 유지되고 있다.

---

1. 저자 인터뷰, January 2019
2. 위의 문서.
3. 위의 문서.
4. 위의 문서.
5. 'Qatari art collector Sheikh Saud bin Mohammed Al-Thani dies', BBC News, 11 November 2014 (https://www.bbc.co.uk/news/entertainment-arts-3000 1716)
6. 저자 인터뷰, January 2019

제트기 시대의 출범

롤렉스 GMT 마스터

만일 당신이 1954년 7월 15일 미국 시애틀에 있었다면, 그리고 오후 3시를 갓 지났을 때 하늘을 올려다보았다면 이상한 무엇인가가 하늘을 가로지르는 모습을 흘깃 볼 수 있었을 것이다. 황갈색과 크림색이 칠해진 보잉 367-80을 말이다. 뒤로 젖혀진 날개(후퇴익) 아래에 프로펠러가 필요

비행 중인 보잉 367-80의 원형. 생산이 시작될 때는 "707"이라는 이름이 붙어 이후 유명해졌다.

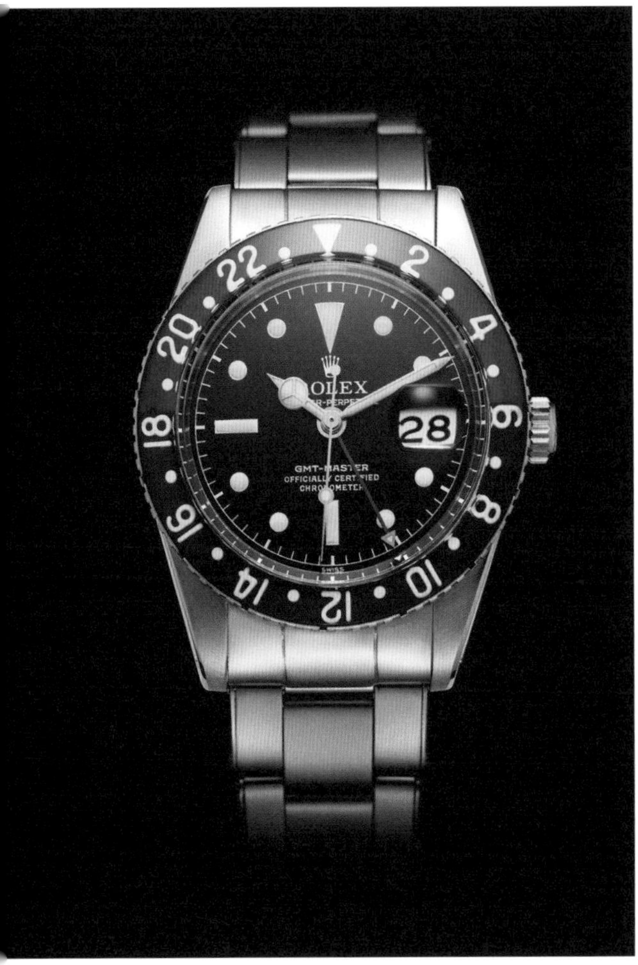

제트기 시대의 선구자인 롤렉스 GMT 마스터 6542는 항공기 조종사의 필수품이었다.

하지 않은 엔진이 달려 있는 신종 항공기였다.

이것은 나중에 세상을 바꾸게 되는 기종인 보잉 707이 될 원형 항공기의 첫 시험비행이었다. 그로부터 4년 후에 팬아메리칸, 흔히 팬암이라고 불리는 항공사에서 운항에 들어간다.

시작에는 문제가 있었지만(영국의 드하빌랜드 사는 자체 개발한 여객기 코멧으로 1950년대 초에 상업 운항을 시작했지만 여러 차례 사고가 난 끝에 1954년 폐업했다) 제트 시대는 개막했다.

이보다 70년 전인 1884년 워싱턴에서 열린 국제 경도회의에서 시간을 표시하는 방식이 깔끔해졌다. 이제 인류는 또다른 문제와 맞닥뜨렸다. 제트 항공기 시대가 도래하면서 세계의 시간대를 빠르게, 자주 넘나들게 되면서 자신이 속한 시간대를 잊기가 쉬워졌다. 새 제트기를 모는 조종사들은 두 시간대의 시간을 한눈에 파악할 수 있는 시계를 원했다.

이 새롭고도 전에는 상상해본 일이 없던 수요에 부응하기 위해서 1955년 롤렉스 사는 새로운 유형의 시계를 출시했다. 새 제트기와 마찬가지로 눈길을 확 끄는 디자인이었다. 시침과 분침 외에도 24시간마다 한 바퀴 도는 바늘을 추가로 장착하고 있었다. 마치 보잉 707이 갈색과 노란색의 도색으로 관심을 끌었던 것과 마찬가지로 롤렉스의 청색 및 적색 베젤에 관심이 집중되었다. 1–24까지의 숫자가 쓰인 베젤은 시계 유리면 바깥 테두리에서 돌릴 수 있었다. 회사의 안내 책자에 따르면 이 시계는 "세계에서 가장 유명한 항공사 두 곳의 비행사들의 특별하고도 엄격한 요구에 부응한다는 바로 그 목적으로 롤렉스에서 창조되었다."[1]

이상하게 생긴 시계였다. 그리고 초기에는 나침반이나 계산자를 파는 방식으로 판매되었다. 새로운 시계를 소개하는 안내 책자의 표지는 다소 재미없고 승진의 열망 같은 것은 전혀 없어 보이는 무선 통신자의 사진이 장식했다. 광고에 사용된 선전문구는 "항해사들은 롤렉스와 함께 항해한다-롤렉스 GMT 마스터"였다.[2] 화물선이 배경 사진으로 쓰였다.

그러나 손목에 롤렉스 GMT를 차고 있으면 운항하는 모습이 그렇게 멋있어 보일 수가 없었다. 팬암 조종사의 공식 시계였으며 "제트족"이라는 이름으로 알려진 새로운 사회적 엘리트의 비공식 전용품이었다. 제트기는 세계를 축소시켰다. 증기 엔진을 장착한 원양 여객선이 대서양을 횡단하려면 거의 일주일이 걸렸다. 제트 여객기로는 한나절보다 조금 더 걸릴 뿐이었다. 이제 항공기 조종사는 육중한 덩치로 느릿느릿 움직이며 시끄러운 소리를 내는 기계를 조작하는 사람이 더 이상 아니었다. 레이밴 선글라스를 쓰고 금실로 땋은 수술 장식을 하고 현대를 알리는 사자이자 사제였다. 롤렉스 GMT 마스터는 새 시대에 걸맞는 새로운 시계였다.

항공 여행에는 마법 같은 요소가 있었다. 땅에서 해방되어 하늘과 지구 사이에 매달려 시속 800킬로미터로 하늘을 가로지르는 승객들은 신의 손길이 살짝 스치고 지나가는 듯한 느낌을 받을 수밖에 없었다. 공항은 고속 제트 여행의 매력이라는 신흥 종교의 교회였다. 프랭크 시나트라가 이를 열렬히 전도했다.

롤렉스 GMT 마스터의 특징은 단순성에 있었다. 회전하는 24시간 베젤과 24시간 시침으로 충분했다. 손목시계를 특히 항공기 조종사를 위한 강력한 도구로 탈바꿈시켰다.

조종사가 되는 것 다음 가는 멋진 일은 롤렉스 GMT 마스터를 착용하는 일이었다. 초기의 광고 문구는 "팬암은 롤렉스와 함께 비행합니다"라고 우쭐대는 내용이었다.

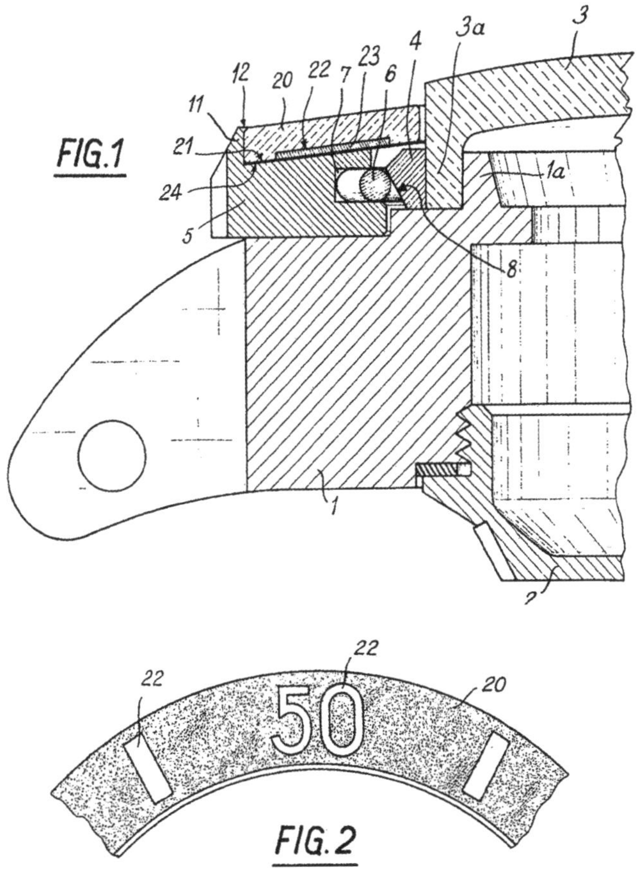

롤렉스 GMT 마스터를 그토록 효과적인 항공용 도구로 만들어준 회전 베젤의 단면도. 1957년 1월 28일 스위스 특허국에 제출된 문서.

1958년 인기와 명성의 절정을 누리던 시나트라는 네 번째 LP 음반을 냈다. 제목은 "나와 함께 날아요"였다. 음반 커버에는 시나트라가 TWA[3] 항공기를 배경으로 공항 활주로에 서 있는 모습이 담겨 있었다. 그것은 팝 음반이라기보다 여행 안내책자에 음악을 붙인 것 같았다. 음반의 타이틀 곡은 "나와 함께 날아요"였다. 아카풀코와 페루를 떠오르게 하는 이 곡은 제트 여행을 찬미하고 그 최음적 속성을 알려주는 찬송가였다. 3만5,000피트 상공의 삶은 모든 면에서 더 나은 것이었다.

남성이 손목에 차고 있는 롤렉스 GMT 마스터보다 해외 여행이라는 세련된 취미를 가장 강력하게 상징하는 물건은 없었다. 항공기 조종사는 우대받는 전문직이었다. 이 시계는 고위직을 상징하는 휘장과 비슷한 것으로서, 해당 직위를 상징하는 역할을 했다. 2002년 영화 「캐치 미 이프 유 캔」에서 레오나르도 디카프리오는 팬암의 조종사 행세를 했던 실존 인물인 신용 사기꾼 프랭크 애버그네일 역을 연기했다. 이 영화는 민간 항공사들의 잃어버린 영광에 대한 찬가로, 제트 여행에 따르는 흥분과 미래에 대한 밝은 기대를 생생하게 불러일으킨다.

조직 내 위계질서와 고정관념이 여전히 지배적이던 사회에서 항공기 조종사는 명망이 높으면서 보수도 많은 화려한 직업이었다. 지상의 책상에 얽매인 팬암의 중역들은 회사 경비로 호화로운 점심을 먹으며 아이젠하워 시대의 호황과 번성하는 군산복합체의 덕을 보았다. 하지만 이들이 롤렉스 GMT 마스터를 착용한 "항공기 조종사의 멋"을 조금이라도 자신의 것으로 만들고 싶어한 마음도 이해가 된다.

비행사와 지상 근무자 사이의 차별 대우를 팬암의 본부보다 더 강렬하게 느낄 수 있는 장소는 드물었다. 관리자들이 승무원용 시계를 일상적으로 훔쳐갔기 때문이다. 그러던 어느 날 도둑질은 끝이 났다. 팬암의 창립자 후안 트리프가 어느 중역의 손목에 있는 GMT를 보고, 그것이 왜 조종사가 아닌 당신의 손목에 있느냐고 물은 것이다. 트리프는 모든 GMT 마스터를 돌려받고 이를 승무원에게만 지급하라고 지시했다. 그 대신에 그는 소위 "책상 조종사"를 위해서 흰색 문자판이 있는 롤렉스 GMT 100개를 주문했다.

보잉 707이 제트 여행의 로맨스를 만들었다면, 또다른 보잉기는 제트 여행을 덜 선망하게 만들었다. 사람들을 화물처럼 대량으로 실어나르는 보잉 747이 등장하면서 항공 여행이

발터 그로피우스가 설계한 팬암 빌딩. 맨해튼 중심부를 굽어보는 건물은 롤렉스를 공식 시계로 삼은 팬암 사의 중요성을 스스로 나타내고 있다.

위쪽 : 2002년 영화 「캐치 미 이프 유 캔」은 항공기가 화려함의 상징이던 잃어버린 시대를 추억하는 향수 어린 찬가이다. 롤렉스 GMT 마스터와 연관이 있는 시대 말이다.

오른쪽 : 1960년대의 광고.

대중화되었다. 이에 따라서 "제트족"이라는 특권의 빛이 바래기 시작했다. 한때 고급스럽고 화려하며 흥분을 일으켰던 천국은 서서히 추락을 시작하여 이제는 붐비는 공항과 비좁은 이코노미 좌석이라는 익숙한 지옥으로 변해버렸다.

항공 여행이 화려함의 절정이었던 옛 시대에 대한 추억 중에서 오늘날까지 진정으로 남아 있는 것은 GMT 마스터뿐이다.

1. Catalogue Rolex Oyster Wristwatches, UK Market, circa 1958, Rolex
2. Advertisement, Rolex
3. Trans World Airlines

달의 공식 손목시계

오메가 스피드마스터

1961년 1월 20일, 워싱턴의 유별나게 추운 날씨도 취임식을 보기 위해서 모여든 관중을 단념시키지 못했다. 그 취임식은 백악관의 대통령 집무실을 역대 가장 젊은 나이에 차지한 사람을 위한 행사였다. 외향적인 대통령이었던, 제2차 세계대전 때의 장군 출신 아이젠하워, 그리고 그의 가정적인 부인 매미와는 대조적으로, 44세의 존 F. 케네디와 그의 매력 넘치는 아내 재클린은 일종의 국가적 부활, 또는 새로운 미국의 새벽을 대표했다.

정확히 3개월 뒤, 그 새벽이 점점 석양처럼 보이고 있다고 미국 제35대 대통령(케네디)이 믿었다면 이는 이해할 수 있는 일이었다. 4월 20일에 그는 남부 출신의 빈틈없는 부통령인 린든 B. 존

버즈 올드린은 달 표면에 미국 국기를 꽂았다. 손목에 찬 오메가 스피드마스터와 마찬가지로 그 국기는 지칠 줄 모르는 짐 래건이 조달한 것이었다.

아폴로 11호의 달 착륙선에 타고 있는 버즈 올드린.

슨에게 보내는 메모의 하단에 급하게 서명을 휘갈겼다. 그 메모는 국가 우주위원회 위원장 자격으로 보내는 것이었다.

거의 60년이 지난 지금, 그의 위기감, 심지어 필사적이라고도 할 수 있는 태도는 쉽게 공감이 된다. 그가 제기한 첫 요점이 모든 것들을 말해준다.

> 소련에게 승리할 기회가 우리에게 있는가? 우주에 실험실을 만들거나 달을 한 바퀴 도는 여행을 하거나 혹은 달에 로켓을 착륙시키거나 유인 우주선을 달에 착륙시켰다가 지구로 귀환하게 하면 되는 것인가? 아니면 우리가 승리하는 극적인 결과를 내놓을 다른 어떤 우주 계획이 있는가?[1]

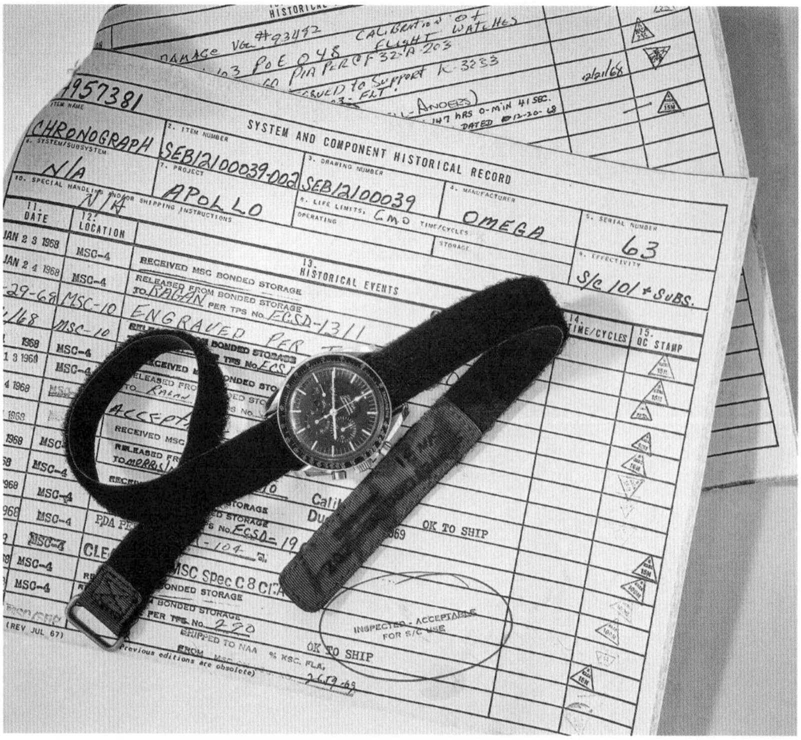

우주복 바깥에 착용할 수 있도록 특별히 긴 스트랩이 달린 스피드마스터.

4월 14일 아침, 케네디는 소련이 우주로 사람을 보냈다가 귀환시켰다는 소식에 잠에서 깼다. 냉전 시기를 특징 지은 불안과 불신의 분위기 속에서 세계는 경악했다. 후진국으로 짐작되는 나라가 "우주 경쟁"이라고 묘사되고 있던 분야에서 미국을 아득히 앞질렀기 때문이다. 탁상에서 냉전을 수행하던 사람들은, 만일 "빨갱이들"이 우주에 사람을 보낼 수 있다면 미국 중심부를 향해 핵미사일을 발사하는 것은 너무나 간단한 일이라고 판단하게 될 것이라고 추론했다.

그때까지 우주를 오락거리에 지나지 않는 것으로 생각하던 케네디는 충격을 받았다. 과거 영국 국왕 헨리 2세는 이렇게 말했다. "이 불온한 사제를 내게서 없애줄 이는 없는가?"(왕의 지시를 늘상 거부하는 캔터베리 대주교를 살해하라는 암묵적인 지시로 해석된다/옮긴이) 그에게 익숙할 법한 종류의 좌절감에 떨며 케네디는 간청했다. "어떻게 하면 소련을 따라잡을 수 있을지 나에게 말해줄 사람이 급하게 필요합니다." 그는 지푸라기라도 잡을 태세였다. "누군가를 찾아봅시다. 누구든 말입니다. 그게 저기 있는 잡역부라고 해도 상관없어요."[2]

그날 저녁 케네디가 과학 분야의 고문들에게 답을 요구하며 집무실에서 서성거리고 있을 때, 함대 하나가 쿠바를 향해서 진군하고 있었다. 피그스 만 침공으로 알려진 이 침공 시도는 처참한 실패로 끝난 탓에 케네디의 기분 전환에 도움을 주지 못했다. 4월 19일 오후에 이르자 그 반혁명 세력은 진압되었다.

우선, 스몰렌스크 출신인 농부의 아들(1961년 세계 최초로 우주 비행에 성공한 소련의 비행사 유리 가가린을 말한다/옮긴이)이 그렇게 위대하다는 미국을 우주 밖으로 날아갈 정도로 후려쳤다. 그에 이어서 미국이 원조한 쿠바 침공군이 충분히 훈련받지 못했을 것으로 추측되는, 면도도 하지 않은 한 무리의 혁명가들에 의해서 바다로 밀려났다. 미국은 자국 해안에서 고작 몇십 킬로미터 떨어진 섬 하나도 정복하지 못했고, 베트남에 투입되는 미군의 숫자가 꾸준히 커졌다. 이런 상황에서 케네디는 이길 수 있는 전투를 찾고 있었다. 그리고 그는 카리브 해도, 인도차이나 반도도 아닌 달에서 그 전투를 치르기로 결정했다.

반세기 이상 떨어진 오늘날의 시점에서 보면, 달 착륙은 역사적인 사건이지만 그 시대의 맥락에서 다시 생각해볼 만하다. 1961년, 케네디가 달에 사람을 보내기로 거의 하룻밤 만에 결정한 때는, 두몽이 그의 비행선으로 에펠 탑 주위를 비행한 지 고작 60년이 지난 시점이었다. 그리고 심지어 닐 암스트롱이 달에 첫발을 내디뎠던 때 역시, 두몽과 라이트 형제가 인간에게 날개를 달아주기 전의 시절을 기억할 수 있는 사람들이 여전히 많이 살아 있던 시점이었다(덧붙이자면 달의 크레이터 중에는 두몽을 기념해서 이름을 붙인 곳이 있다).

5월 25일 케네디는 상하원 합동회의에서 그 유명한 "급박한 국가적 필요"에 대한 연설을 했다. "나는 우리 나라가 달에 인간을 착륙시키고 지구로 안전하게 귀환시킨다는 목표를 향후 10년 이내에 이룩하기 위해서 매진해야 한다고 믿습니다." 이것은 케네디의 연설 중에서 인상적이고 웅변적이라는 측면에서 "나는 베를린 사람입니다"(1963년 케네디가 공산권의 침략으로부터 서베를린을 지키겠다는 취지로 현지에서 한 연설을 말한다. 그의 연설 중에서 가장 유명한 것으로 꼽힌다/옮긴이)와 나란히 손꼽힌다.

이보다 덜 자주 인용되는 문구는 다음과 같다. "이 시대의 우주 프로젝트 중에서 인류에게 이보다 더 깊은 감명을 주는 것은 없을 것입니다. 또한 장거리 우주 탐사에 이보다 더욱 중요한 프로젝트도 존재하지 않을 것입니다. 이보다 더욱 완수하기 어렵고 엄청난 비용이 드는 사례도 없을 것입니다." 이어서 그는 이것이 미국의 모든 사람들에게 감명을 줄 목표라고 표현했다. "정말로 실질적인 의미에서 이는 한 사람이 달에 가는 프로젝트가 아닙니다. 좀더 단정적으로 말하자면 우리 나라 전체가 그곳에 가는 것입니다. 왜냐하면 그를 보내기 위해서 우리 모두가 노력해야 하기 때문입니다."

1965년이 되자 역사상 가장 야심찬 기술적 프로젝트에 고용된 인력은 25만 명에 달했다. 이 중에는 짐 래건이 있었다. 그는 린든 존슨과 마찬가지로 뼛속까지 텍사스 사람이었다. 로데오 경기를 시청하면서 저녁으로 스테이크를 먹는 종류의 사람이라는 말이다. 오늘날 래건은 검고 윤이 나는 머리카락을 지니고 칭찬할 만한 쾌활한 취향의 넥타이와 셔츠를 갖춘 70대가 되었다. 그는

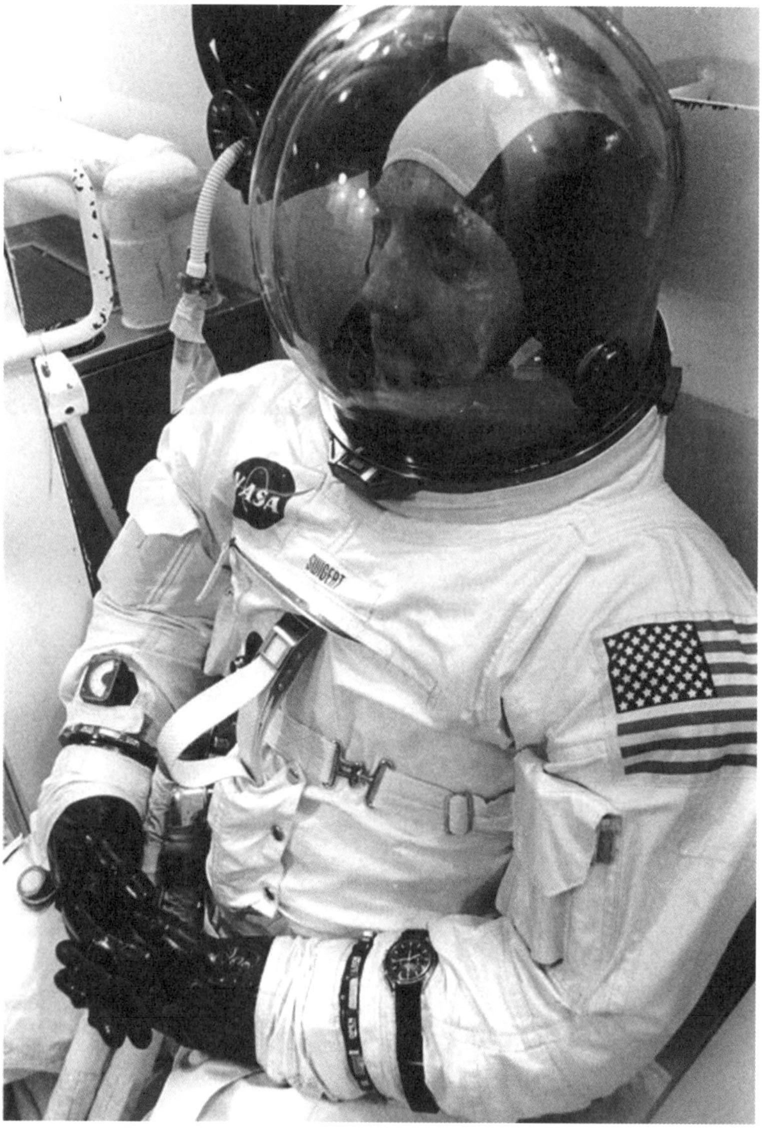

아폴로 13호의 우주 비행사 잭 스위거트가 우주복 소매에 오메가 스피드마스터를 착용하고 있다.

휴대전화를 넣어 다니는 수제 가죽 권총집을 애호한다. 그는 대화를 할 때면 "맙소사!" 같은 감탄사로 분위기를 더하며 "vehicle"을 발음할 때는 대부분의 사람들이 묵음 처리하는 "h"를 크게 강조해서 발음한다(텍사스 사투리를 쓴다는 의미이다/옮긴이).

1964년 그는 호리호리한 물리학과 졸업생이었다. 그는 나에게 말했다. "우연히 어떤 사람을 알게 된 덕분에 NASA에서 면접을 보게 되었고, 서너 곳의 각기 다른 지역"으로 불려다니다가 우주 비행사 활동 분야를 총괄하는 디크 슬레이턴의 맞은편 책상에 자리를 잡았다.[3] 당시 마흔 살이던 슬레이턴은 제2차 세계대전에 항공기 조종사로 참전한 인물로서 머리를 아주 짧게 깎은 데다가 인상이 우락부락했다. 그는 머큐리 우주 계획의 비행사였는데 심장 부정맥 탓에 지상근무를 하게 되었다.

슬레이턴의 업무 분야는 그야말로 광범위했다. 우주 비행사 채용에서부터 가장 평범한 기계장치에 이르는 모든 분야를 책임지고 있었다. 래건과 면접을 본 날, 그의 머릿속은 카메라로 가득 차 있었다. 그때까지 우주에서 촬영한 사진은 비좁은 우주선 내에서 상업용 카메라를 이용해서 찍은 것이었다. 사진이 엉망이었던 점은 놀랄 일도 아니었다. 면접 대상자가 물리학과 출신임을 알게 된 그는 질문을 던졌다. 상대가 광학에 대해서 조금이라도 아는 내용이 있으리라고 기대한 것이었다.

"만족스러운 사진을 얻을 수 있는 카메라를 개발할 수 있겠는가?"

답변이 돌아왔다. "물론이죠. 안될 게 뭐가 있겠습니까?"

"그래서 기본적으로 그는 원래 내가 카메라와 관련된 모든 업무를 맡는다는 전제하에 나를 고용했다. 그러다가 결국 승무원에게 제공하는 거의 모든 하드웨어를 담당하는 업무를 맡게 되었다. 우리는 비행사가 속이 좋지 않을 때를 대비한 '토사물 봉지'나 물휴지를 비롯한 오만가지의 기묘한 물건들을 취급했다. 펜, 연필, 마커를 포함한 모든 것들까지도 말이다."[4]

그러나 슬레이턴이 지시한 첫 임무는 토사물 봉지도 카메라도 아니었다. "내가 그곳에 갔을 때 세 종류의 시계가 있었는데, 그중에 우주에서 정확하게 작동하는 시계는 없었다."[5]

그래서 래건은 시계를 찾기 시작했다. 하지만 이에 앞서서 달 표면이라는 가혹한 환경을 반영하는 검사방법을 고안해야 했다……. 달의 환경이 실제로 얼마나 가혹한지를 아는 사람이라고는 없던 1960년대에 말이다.

우주 비행사와 그들이 사용할 장비에 대한 검사는 인정사정없었다. 그리고 대단히 임기응변적일 때가 가끔 있었다. 소련에서 했던 초기 우주 비행사에 대한 무중력 시험이 그런 예이다. 모스크바 국립대학의 승강기 통로에서 우주 비행사를 새장 같은 곳에 넣어서 자유낙하를 시켰다. 그 비행사는 바닥에 깔린 압축공기 충격 완화장치에 충돌했다. 사람이 달에 내려설 때에 무엇과 마주치게 될지 정확히 아는 사람은 아무도 없었다. 그래서 래건은 생각할 수 있는 모든 종류의 검시법을 고안했다.

> 시계를 이틀간 71-93도 사이의 온도에 노출시켰다. 그 뒤에 영하 18도로 냉동했다. 93도로 가열한 진공실에 넣었다가 후에는 70도까지 가열한 뒤 곧바로 영하 18도로 냉각했다……. 한 번이 아니라 빠른 속도로 15번 연달아 시행했다! 이를 마치면 고압과 저압에서 각기 다른 6가지 방향으로 40G(지구의 중력 가속도

아래쪽, 오른쪽, 225쪽 : 오메가 스피드마스터는 성능 검증 프로그램을 통과해야 했다. 그후 비로소 NASA는 이것이 "모든 종류의 유인 우주 비행에 적격"이라고 선언했다. 검사에는 수없이 많은 가혹한 조건들이 포함되었다.

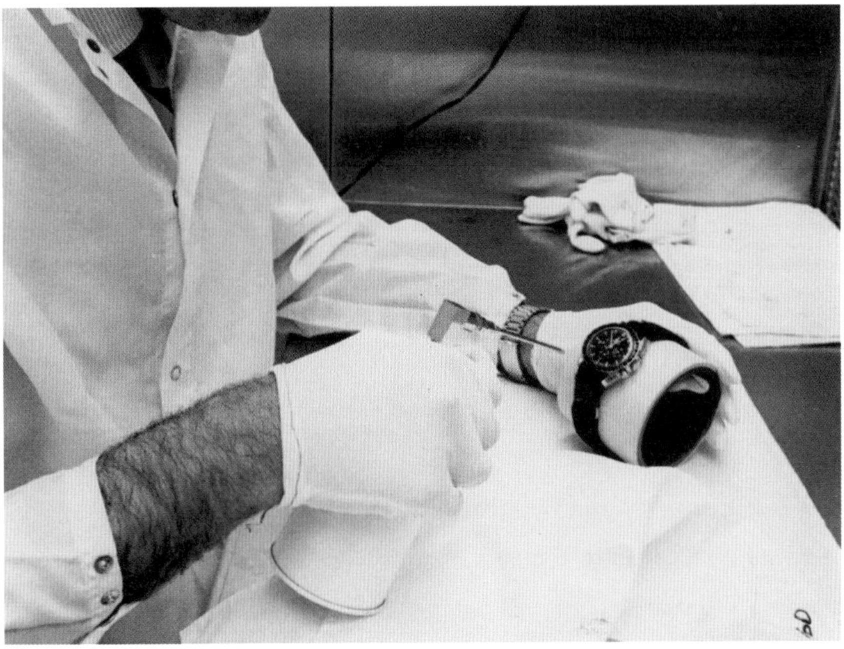

가 1G이다/옮긴이)의 가속도에 노출시켰다. 기능과 정확도는 습도 93퍼센트에 부식성이 극히 높은 산소 100퍼센트의 대기에서 시험했다. 심지어 130데시벨(제트 엔진에서 나는 굉음의 수준/옮긴이)의 소음도 견뎌내야 했다. 마지막으로 평균 8.8G의 가속도로 진동하는 시험도 했다.[6]

래건은 경쟁 입찰을 준비했다. 그리고 10곳의 시계 회사와 접촉한 결과, 4곳이 시계를 제출했다. 그중 1개는 크기 탓에 첫 검사도 받지 못했다. "어딘가의 배 위에 설치해야 할 거대한 물건이었다. 손목에 채울 수 없으니 자동 탈락했다. 나머지 2개는 진공실에서 온도를 내리고 올리는 실험에서 망가졌다."[7] 탈락한 시계들은 바늘이 바이메탈(열 팽창도가 다른 2장의 금속판을 한데 붙인 것/옮긴이)로 만들어져서 극한의 온도에 노출되었을 때, 일정한 비율로 수축과 팽창을 하지 못했다. 그 결과 바늘들이 찌그러져서 돌돌 말렸다.

마지막까지 째깍거린 시계는 스위스 비엘에 위치한 오메가 사의 제품이었다. 1957년에 출시된 크로노그래프 스피드마스터 모델은 업계에 잔잔한 파문을 일으켰다. 베젤에 시간 거리 측정용 눈금이 새겨져 있기 때문이었다. 크로노그래프로 경과 시간을 측정하면 베젤의 눈금을 읽어서 속도를 환산할 수 있었다. 혹은 속도를 기반으로 거리를 환산하는 것도 가능했다. "우리는 시간을 초 단위로 계산하는 사람들을 위해서 스피드마스터를 설계했다. 과학자와 기술자, 텔레비전 감독과 영화 감독들을 위한 시계이다"라고 광고 문구는 자랑스럽게 밝히고 있다.[8]

1965년 3월에는 이 명단에 "우주 비행사"를 추가하는 것도 가능했을 터이다. "모든 종류의 유인 우주 비행에 적격"으로 설계되었기 때문이다.

그로부터 몇 주일 이내에 시계는 우주 비행사 버질 구스 그리솜과 존 영의 손목에 채워진 채 우주로 나갔다. 하지만 오메가 사가 자사 제품이 지구 밖에서 사용된다는 사실을 알게 된 것은 1965년 6월이 되어서였다. 에드워드 화이트가 제미니 IV 계획에 따라서 미국인 최초의 우주유영을 했던 시기 말이다. 그가 착용한 스피드마스터는 사진으로 식별할 수 있었다(말이 나온 김에 설명하자면 사진의 정밀도는 래건이 합류한 이래로 크게 좋아졌다). 그의 시계를 공급했던 오메가의 미국 유통업자 노먼 모리스는 그때까지 그 용도를 모르고 있었다. "우리가 시계를 우주 항행에 참여시킨다는 사실을 오메가는 그때 처음 알게 되었다."[9]

이 시계의 특별한 점은 평범하다는 데에 있었다. 우주유영을 한 사람은 몇 명 되지 않으며 달에 발자국은 남긴 사람은 더더욱 적다. 하지만 이 시계는 전 세계 사람들이 구매하고 착용할 수 있었다. 에드워드 화이트가 우주선 바깥 활동을 할 때에 착용했던 바로 그 모델을 말이다. 이것은 암스트롱과 올드린이 역사적인 달 착륙을 할 때에 우주복 바깥에 벨크로 끈으로 착용한 모델이기도 하다. "누구라도 개당 85달러에 이것을 구매할 수 있었다. 나도 그랬다"라고 래건은 킬킬 웃으면서 회상했다.[10]

1960년대 중반이 되자, “NASA의 지출은 그해 연방 예산 전체의 5퍼센트를 차지하게 되었다.”[11] 수십억 달러가 극소수의 비행사를 우주로 보내기 위해서 사용되었지만 이들이 착용한 시계의 가격은 100달러가 채 되지 않았다. “우리는 모두 97개의 시계를 구매했다. 제미니로 시작해서 아폴로를 거쳐서 유인 우주 실험실에 이르는 우주 계획에서 내가 구매한 것들을 모두 합쳐서 그렇다”라고 래건은 회상했다. 우주 비행을 거친 시계는 그에게 돌아왔다. “나는 이것들을 받아서 내부 구석구석에 윤활유를 다시 바르게 했으며 흠이 생긴 유리는 새것으로 교체했다. 달에 갔다온 시계들 정말 더러웠는데, 흑연처럼 보이는 검은 물질을 묻어 있었다. 달의 흙이었다. 표면 유리가 깨지는 경우(달에는 시계의 아크릴 유리 세 조각이 남아 있다) 부스러기가 무브먼트에 곧바로 들어갔지만 여전히 작동하고 있었다.”[12]

오메가가 자랑스럽게 우쭐댈 수 있었다는 점은 이해할 만하다. “시계는커녕 그 어떤 부품이라도 머큐리, 제미니, 아폴로, 유인 우주 실험실, 소유스, 살류트, 스페이스 셔틀, 미르(러시아 유인 우주정거장), 국제 우주정거장 등에서 모두 사용되었다고 주장할 수 있는 것은 달리 없다.”

스피드마스터는 특히 한 건의 달 임무에서 큰 몫을 해냈다. 성공적인 실패로 기록된 아폴로 13호 계획이었다. 지구 밖을 향한 여행 중에 폭발이 일어나 기체가 손상되는 바람에 임무는 취소되었다. 승무원들은 달 착륙선으로 대피하는 수밖에 없었다. 이들은 달 주위를 한 바퀴 공전한 뒤 사령선을 타고 지구로 향했다. 이때 스피드마스터를 이용하여, 안전한 귀환을 위해서 필요한 엔진 점화 시간을 어렵사리 맞추었다.

우주 덕분에 오메가 스피드마스터는 유명해지고 가치도 높아졌다. 2018년 5월, 시계들 가운데 1개는 경매에서 40만 달러 상당의 가격에 팔렸다. 역사를 만드는 데에 기여했으며 아폴로 13호의 경우에는 케네디로 하여금 자신이 공언한 바를 지킬 수 있게 도움을 주었다. 인간을 그저 달에 착륙시키는 것이 아니라 지구로 안전하게 귀환시키겠다는 약속 말이다.

케네디는 “그를 그곳에 보내기 위해서 우리 모두가 노력해야 한다”라고 말했다. 이때 그가 말한 모두에는 미국뿐 아니라 비엘에 있는 오메가 사도 포함되는 것으로 밝혀졌다.

---

1. ‘Memo from President John F. Kennedy to Vice President Lyndon Johnson, April 20, 1961’, National Archives and Records Administration, Lyndon Baines Johnson Library and Museum, Austin, Texas (https://www.visitthecapitol. gov/exhibitions/artifact/memo-president-john-f-kennedy-vice-president-lyndon-johnson-april-20-1961)
2. Quoted from Jamie Dornan and Piers Bizony, *Starman: The Truth Behind the Legend of Yuri Gagarin* (London: Bloomsbury, 1998), p. 142
3. 저자 인터뷰, December 2018
4. 위의 문서.
5. 위의 문서.
6. The OMEGA Speedmaster and the World of Space Exploration, a pamphlet published by Omega, pp. 6 7
7. 저자 인터뷰, December 2018
8. Grégoire Rossier and Anthony Marquié, *Moonwatch Only: 60 Years of OMEGA Speedmaster* (Watchprint, 2014), p. 239
9. 위의 문서.
10. 위의 문서.
11. Jamie Dornan and Piers Bizony, *Starman*, *op. cit.*144
12. 저자 인터뷰, December 2018

용어 해설

경도(經度, longitude) : 위치를 나타내기 위해서 북극과 남극을 양끝으로 해서 지구를 가르는 가상의 선. 위도와 함께 지도상의 위치를 나타낸다.

균력차(均力車, fusee) : 나선형의 홈이 패인 원뿔 모양의 장치. 홈을 둥글게 감고 있는 줄은 큰 태엽의 굴대에도 연결되어 있다. 용수철이 펴지면서 균력차의 줄이 풀려 용수철의 굴대를 감게 된다. 균력차는 원뿔 모양이기 때문에 줄이 풀리는 동안 점점 더 저항이 작아진다. 이 덕분에 용수철에서 나오는 힘이 점차 작아져도 무브먼트에는 균일한 힘이 전달된다. 초기 시계의 핵심 부품으로서 오늘날 자전거의 다단 변속 기어와 비슷한 원리로 작동한다.

균시차(均時差, equation of time) : (예컨대 시계에 표시된) 표준시와 (예컨대 해시계에 표시되는) 태양시의 차이. 양자는 1년에 네 차례 일치한다. 지구가 태양 주위를 타원 궤도로 돌기 때문에 이외의 시기에는 불규칙적으로 차이가 난다.

리피터(repeater) : 레버를 당기거나 단추를 누르면 현재 시각을 소리로 알려주는 시계. 미닛(minute) 리피터는 시간을 낮은 음으로 알려주고, 15분은 높은 음과 낮은 음을 함께, 분은 높은 음을 빠르게 여러 번 울려서 알려준다(만일 1시 32분이라면 낮은 소리 한 차례[1시], 높은 소리와 낮은 소리가 함께 두 차례[30분], 높은 소리 두 차례[2분]가 각각 울리는 식이다/옮긴이).

만세력(萬歲曆, Perpetual calendar) : 윤년에 맞추어 조정할 필요 없이 시계에서 날짜와 요일, 달을 표시해 주는 기능.

베젤(bezel) : 유리를 둥글게 싸고 있는 시계 케이스의 부품. 오메가 스피드마스터처럼 눈금을 조정할 수도, 롤렉스 GMT 마스터처럼 돌릴 수도 있다.

브레게 굴곡(Breguet curve) : 유사 맨 끝부분이 위쪽 안으로 굽은 모양. 유사 용수철의 불균형을 상쇄하여 시계가 일정하게 가도록 만든다. 선구자인 아브라함 루이 브레게의 이름을 땄다.

위도(緯度, latitude) : 위치를 나타내기 위해서 지구를 적도와 평행하게 자르는 가상의 선. 경도와 함께 지도상의 위치를 나타낸다.

유사(遊絲, balance spring) : 진동을 제어하는 평형바퀴에 부착된 작은 용수철(태엽의 풀리는 힘이 최종 전달되는 부분에 끼운다. 그 탄력이 태엽의 힘을 조절해서 시계를 일정하게 가게 해준다/옮긴이).

자동식(automatic) : 팔의 움직임에 따라서 회전자가 돌면서 동력을 만들어 큰 태엽에 전달하는 방식. 자동으로 태엽이 감긴다는 표현도 쓴다.

자오선(子午線, meridian) : 남극과 북극을 잇는 가상의 선. 예컨대 런던의 그리니치 같은 특정 장소를 지나간다.

자크마르(jacquemart) : 시계에서 종을 치는 기계 인형.

주야 평분시(춘분과 추분)(equinox) : 1년에 두 차례 낮과 밤의 길이가 같아지는 사건.(하지와 동지를 보라)

중력 탈진기(gravity escapement) : 이중 세 발 중력 탈진기(그림소프 탈진기라는 이름으로도 알려져 있다). 탈진기에 힘을 일정하게 전달할 목적으로 고안된 장치. 이 장치는 탈진기가 외부의 영향을 가능한 받지 않도록 설계되었다. 커다란 탑시계는 강풍에 흔들릴 수 있고 바늘에 눈이나 얼음이 쌓일 수도 있기 때문이다. 이렇게 되면 무브먼트에 역으로 힘이 가해져서 시계에 오차가 생긴다. 이중 세 발 중력 탈진기는 또한 윤활액 없이 작동한다. 이 덕분에 탑시계가 환경에서 받는 영향을 줄일 수 있다. 기온이 너무 높거나 낮으면 기름의 점성에 변화가 생기기 때문이다.

지점(至点, solstice) : 1년에 두 차례, 낮과 밤의 길이가 가장 크게 차이 나는 때(동지점, 하지점).

직진식 탈진기(deadbeat escapement) : 존 해리슨의 멘토인 조지 그레이엄이 완성한 초정밀 탈진기.

카리용(carillon) : 일정한 순서로 치면 음악이 연주되도록 배열한 종.

컴플리케이션(complication) : 시, 분, 초를 나타내는 것 이외의 모든 기능. 달의 위상을 나타내거나 날짜를 표시하는 창이 있는 식이다.

크로노그래프(chronograph) : 회중시계나 손목시계에 부가된 스톱워치 기능.

크로노미터(chronometer) : 항해용 정밀시계. 무브먼트의 오차를 스위스 정밀시계 검사국 등의 독립된 당국이 검사한다. 각기 다른 장소와 각기 다른 온도에서 여러 날에 걸쳐서 정밀 검사를 한다(오늘날의 기준에 따르면 15일 이상 검사하며 오차는 하루에 0.1초 이내여야 한다/옮긴이).

큰 태엽(mainspring) : 각종 시계의 태엽. 감아놓으면 점진적으로 풀리면서 무브먼트에 동력을 전달한다. 추시계의 대안으로 등장했다. 추를 이용할 수 없는 것이 분명한 휴대용 시계의 개발을 가능하게 했다.

탈진기(escapement) : 시계의 큰 태엽이나 무거운 추에서 나오는 지속적인 에너지를 이용해서 일정한 시간 간격으로 톱니바퀴의 이를 하나씩 회전시키는 장치. 기계식 시계 특유의 째깍거리는 소리를 낸다.

톱니바퀴 열(gear train) : 톱니바퀴가 연결되어 있어서 서로가 서로를 돌리는 시스템. 이를 통해서 힘과 운동을 전달한다. 예컨대 기계식 시계의 태엽을 감을 경우를 생각해보자. 엄지와 검지로 용두를 돌리는 에너지는 큰 태엽에 전달된다. 에너지는 큰 태엽에 저장되었다가 구동 톱니 열이라고 불리는 또다른 톱니바퀴 열을 통해서 방출된다.

투르비용(tourbillon) : 프랑스어로 회오리바람이라는 뜻으로, 아브라함 루이 브레게가 발명했다. 탈진기를 회전하는 틀 속에 넣어 시계가 수직으로 서 있을 때에 중력의 효과를 상쇄하게 한다. 회중시계를 주머니에 넣어둘 때가 그런 경우이다. 이 같은 기계적 세련화(투르비용)는 20세기 말과 21세기 초 손목시계에 적용하는 것이 유행이 되었다.

폴리오(foliot) : 축의 맨 위에 수평으로 고정되어 균형을 잡아주는 장치. 양쪽에 무게를 달아 시계가 가는 속도를 조절할 수 있게 만든 막대이다. 폴리오는 굴대라고 불리는 가느다란 축 위에 올려져 있다. 굴대에는 줄에 달린 추의 무게로 움직이는 톱니의 이를 잡아주는 2개의 돌출부가 있다. 추의 무게가 굴대의 회전속도를 조절하면서 에너지를 전달하여 시간을 표시한다. 이때 우리에게 익숙한 째깍 소리가 난다. 굴대와 폴리오 장치는 초기 기계식 시계의 핵심 부품이었다. 이것은 나중에 진자로 교체된다. 초기의 진자는 100도까지 커다랗게 원호를 그리며 움직였다. 이후 (집게처럼 톱니를 양쪽에서 잡아주는) "닻" 탈진기가 발명되면서 흔들리는 각도가 4-5도로 줄었다. 이 덕분에 시계는 더욱 정확해졌으며 길이가 긴 진자가 키가 큰 시계 장치 속에 들어갈 수 있게 되었다.

항성시(恒星時, sidereal time) : 항성시는 멀리 있어서 지구에서 볼 때 고정된 것처럼 보이는 별들에 대한 지구의 회전을 기준으로 하는 시간이다. 지구는 자전축을 중심으로 하루 한 바퀴 도는 동시에 태양 주위를 1도가량 공전한다. 이 때문에 태양이 남중하는 시각은 매일 조금씩 달라진다. 항성시는 태양시보다 하루에 4분가량 짧다.

참고 문헌

책

Al-Jazari, Ibn. *The Book of Knowledge of Ingenious Mechanical Devices*. Boston: Dordrecht-Holland, 1974

Arbor, Ann. *Time: Histories and Ethnologies*. University of Michigan Press, 1995

Bardenhewer, Otto. *Patrology: The Lives and Works of the Fathers of the Church 1851–1935*

Bartky, Ian R. *The Adoption of Standard Time, Technology and Culture*. London: The Johns Hopkins University Press and the Society for the History of Technology, 1989

Berner, G.-A. *Dictionnaire professionnel illustré de l'horlogerie*, Vols. 1 and 2. Bienne: Société du Journal La Suisse Horlogère SA, 1961

Breguet, Emmanuel. *Breguet Watchmakers, Since 1775*. Paris: Gourcuff, 1997

Breguet, Emmanuel. *Art and Innovation in Watchmaking*. Prestel, 2015

Brouria Bitton-Ashkelony & Aryeh Kofsky Koninklijke Brill NV. *Christian Gaza in Late Antiquity*. Boston: Brill Leiden, 2004

Chapuis, Alfred and Gélis, Edouard. *Le Monde des automates: étude historique et technique*, Vol. 2. Geneva: Slatkine, 1928

Collins, Wilkie. *Armadale*. London: Penguin Classics, 1866

Cologni, Chaille, Flechon. *The Beauty of Time*. Paris: Flammarion, 2018

Conihout, Isabelle de and Fritsch, Julia., *Ces Curieux Navires: Trois Automates de La Renaissance*. Paris: Réunion des Musées Nationaux, 1999

Davies, Norman. *Europe: a History*. Bodley Head, 2014

Dohrn-van Rossum, Gerhard. *History of the Hour: Clocks and Modern Temporal Orders*. University of Chicago Press, 1996

Flechon, Dominique. *The Mastery of Time*. Paris: Flammarion, 2011

Fleming, Sir Sandford. *Time-reckoning for the Twentieth Century*. Montreal: Dawson Bros Montreal, 1886

Fleming, Sir Sandford. *Terrestrial Time, A memoir*. 1876

Forsyth, Hazel. *The Cheapside Hoard: London's Lost Jewels*. London: Philip Wilson Publishers, 2013

Foulkes, Nicholas. *The Impossible Collection of Watches*. Assouline, 2014

Foulkes, Nicholas. *Patek Philippe: The Authorized Biography*. London: Preface, 2016

Foulkes, Nicholas. *Automata*. Editions Xavier Barral, 2017

Fritz, Manfred. *Reverso-The Living Legend*. Jaeger-LeCoultre, Edition Braus, 1992

Gibbon, Edward. *The History of the Decline and Fall of the Roman Empire*. London: Strahan & Cadell, 1808

Goodall, John. *A Journey in Time the Remarkable story of Seiko*, Good Impressions. United Kingdom, Hertfordshire, 2003

Hill, Rosemary. *God's Architect: Pugin and the Building of Romantic Britain*. Yale University Press, 2007

Howse, Derek. Warrant. *Greenwich Time and the Discovery of the Longitude*. Oxford University Press, 1980

Lucas, J. R. *A Treatise on Time and Space*. 1973, Part 1

MacDonald, Peter. *Big Ben: The Bell, The Clock and The Tower*. Gloucester: History Press, 2005

Marchant, Jo. *Decoding the Heavens, Solving the Mystery of the World's First Computer*. Windmill Books, 2009

Marshack, Alexander. *Cognitive Aspects of Upper Paleolithic Engraving*. University of Chicago Press on behalf of Wenner-Gren Foundation for Anthropological Research, 1972

Marshall, Peter. *The Mercurial Emperor: The Magic Circle of Rudolf II in Renaissance Prague*. London: Vintage Books, 2013

Morton, H. V., *In Search of England*. London: Methuen & Co. Ltd., 2000

Morus, Iwan Rhys. *The Oxford Illustrated History of Science*. Oxford University Press, 2017

Needham, Joseph and Ling, Wang. *Science and Civilisation in China, Volume 4: Physics and Physical Technology Part II: Mechanical Engineering*. Cambridge University Press, 1971

North, John. *God's Clockmaker: Richard of Wallingford and the Invention of Time*. London: Bloomsbury, 2005

Patek Philippe Watches, Vol. 1 and 2. Geneva: Patek Philippe Museum, 2013

Pelletier, Alain. *Boeing, The Complete Story*. London: Haynes Publishing, 2010

Perman, Stacy. *A Grand Complication: The Race to Build the World's Most Legendary Watch*. London: Atria Books, 2002

Robinson-Planche, James. *A History of British Costume*. London: Charles Knight, 1834

Rossier, Grégoire and Marquié, Anthony., *Moonwatch Only: 60 Years of OMEGA Speedmaster*. Watchprint, 2014

Salomons, Sir David Lionel. *Breguet*. London, 1921

Santos-Dumont, Alberto. *My Airships: the story of my life*. London: Grant Richards: The Riverside Press Limited, 1904

Scholz, B. Walter *Carolingian chronicles: Royal Frankish Annals and Nithard's Histories*. University of Michigan Press, 1970

See Ye, Shilin Yanyu. *The Stone Forest*. Beijing: Zhonghua Shuju, 1984

Sheppard, Francis. *The Treasury of London's Past: An Historical Account of the Museum of London and Its Predecessors, the Guildhall Museum and the London Museum*. London: HMSO, 1991

Sobel, Dava and Andrewes, William J.H. The illustrated Longitude. New York City: Walker

& Co., 2003

Turnbull, Stephen. *The Samurai and the Sacred: The Path of the Warrior*. London: Osprey, 2009

Vincent, Clare and Leopold, Jan Hendrik. *European Clocks and Watches In the Metropolitan Museum of Art*. Yale University Press, 2015

Weinert, F. *The March of Time; Evolving Conceptions of Time in the Light of Scientific Discoveries*. Springer, 2013

White, Edmund. *Arts and Letters*. New Jersey: Cleis Press, 2006

Withers, Charles W.J. *Zero Degrees: Geographies of the Prime Meridian*. Harvard University Press, 2017

학술 논문

Bedini, Silvio. A. and Maddion, Francis. R. *Mechanical Universe: The Astrarium of Giovanni de'Dondi*. Transactions of the American Philosophical Society, Vol. 56, No. 5 (1966)

Critical Inquiry (1977), p101

Hendry, Joy "Time in a Japanese Context". Exhibition Catalogue 'The Story of Time' (1999)

De Maisieres, Tome XVI, pp. 227–22

De Solla Price, Derek. "Gears from the Greeks. The Antikythera Mechanism: A Calendar Computer from ca. 80" *Transactions of the American Philosophical Society* Vol. 64, No. 7 (1974), pp. 1–70

Haber, F.C. "The Cathedral Clock and the Cosmological Clock Metaphor in The Study of Time II", pp. 399–416

Hunt, J L. "The Handlers of Time: The Belville Family and the Royal Observatory, 1811–1939". *Astronomy & Geophysics*, Vol. 40, Issue 1 (1999)

Kelly, George Armstrong. "The Machine of the Duc D'Orléans and the New Politics." *The Journal of Modern History*, Vol. 51, No. 4 (1979) pp. 667–84

Liu, Heping. "Northern Song Imperial Patronage of Art, Commerce, and Science". *The Art Bulletin*, Vol. 84, No. 4 (2002), pp. 566–95

Marquet, Louis. "Le Canon Solaire du Palais-Royal à Paris". *L'Astronomie*, Vol. 93, 1979, p. 369

Popular Scientist. October 1929, p. 63

Poulle, Emmanuel. "L'horlogerie a-t-elle tué les heures inégales, Bibliothèque de l'École des chartes

Vol. 157, No. 1, "Construire Le Temps: Normes et Usages Chronologiques au Moyen Âge (janvier-juin 1999)", pp. 137–56. Published by Librairie Droz

Rolex Archives. *Catalogue Rolex Oyster Wristwatches UK Market*. (1958)

Smith, Roff. *National Geographic*. (2013)

Soppelsa, Peter and Stern, Blair. "Santos-Dumont's Blimp Passes the Eiffel Tower. Source: Technology and Culture", Vol. 54, No. 4 (October 2013), pp. 942–46, published by: The Johns Hopkins University Press and the Society for the History of Technology

Sotheby's, Important Watches, Including the highly important Henry Graves JR Super-complication. Geneva, 11 November 2014

Uchida, Hoshimi. "The Spread of Timepieces in the Meiji Period." *Japan Review*, No. 14 (2002). pp. 173–92

Patek Philippe, Geneve. Star Calibre 2000. Editions Scriptar SA

OMEGA, Speedmaster, Press information, 2015

Cartier in Motion, Ivory Press, 2017 Curated by Norman Foster. Authors: Jean-Pierre Blay, Alain de Botton, Bob Colacello, Norman Foster, Nicholas Foulkes, Carole Kasapi, Rossy de Palma, Pierre Rainero and Deyan Sudjic

신문, 잡지 기사

"Romance and the Colour of London" in *The Times*. London. March 19, 1914

Bitsakis, Yanis. "On Time". *Vanity Fair*, autumn 2012

Girouard, Mark. "Rout to Revolution: The Palais-Royal, Paris". *Country Life*, January 1986

Illustrated London News, March 6 1858

New York Times, November 20, 1983

The New Yorker, April 22, 1974

The Times, London. January 22, 2005

The Times, London. December 13, 1943

Vanity Fair "On Time" (all editions)

웹사이트

Bank of England Inflation Calculator. https://www.bankofengland.co.uk/monetary-policy/inflation/inflation–calculator

Britannica. www.Britannica.com

Ferguson, James. Account of Franklin's Three-Wheel Clock, [1758], Founders Online, National Archives, last modified 13 June, 2018, http://founders.archives.gov/documents Franklin/01-08-02-0060 [Original source: *The Papers of Benjamin Franklin*, vol. 8, *April 1, 1758, through December 31, 1759*, ed. Leonard W. Labaree. New Haven and London: Yale University Press, 1965, pp. 216–220.]

Royal Museums Greenwich. "Rehabilitating Nevil Maskelyne-Part Four: The Harrisons' accusations, and conclusions". https://www.rmg.co.uk/discover/behind-the-scenes/blog/rehabilitating-nevil-maskelyne-part-four-harrisons-accusation–and

Science Museum. Rooney, David. "Ruth Belville: The Greenwich Time Lady" https://blog.sciencemuseum.org.uk/ruth-belville-the-greenwich-time-lady/. October 2015

Seiko Museum https://museum.seiko.co.jp/en/knowledge/wadokei/variety/

Smithsonian www.smithsonian.com

University of Bologna https://www.unibo.it/en/university/who-we-are/our-history/university-from-12th-to-20th–century

World Monuments Fund https://www.wmf.org/project/mortuary-temple-amenhotep-iii

기록 보관소

Breguet, Cartier, Omega, Patek Philippe, Rolex

인터뷰

BBC News 15 July 2013, Vince Gaffney interviewed by Huw Edwards

Interview with Wolfram Koeppe, Marina Kellen French Curator, European Sculpture and Decorative Arts at The Metropolitan Museum of Art. June 2018

Interview with Daryn Schnipper, Sothebys: Senior Vice President, Chairman, International Watch Division, New York. January 2019

January 2019: Interview with Pierre Rainero, Cartier, January 2019

사진 저작권 표시

앞표지 가운데 오른쪽, 책등 가운데 위 Alamy / Rade Lukovic; 앞표지 가운데 왼쪽 위 Arcangel Images / Sybille Sterk; 앞표지 가운데 위, 책등 아래 왼쪽 Bridgeman Images / © Florilegius; 뒤표지 왼쪽 Bridgeman Images / Private Collection; 앞표지 위, 뒤표지 가운데 Bridgeman Images / The Worshipful Company of Clockmakers' Collection; 앞표지 아래 가운데, 책등 위 Shutterstock / donatas1205; 앞표지와 뒤표지 테두리 Shutterstock / OS; 뒤표지 오른쪽 Shutterstock / pandapaw.

1쪽 © Collection Montres Breguet SA; 2쪽 123RF / Sebastien Coell; 3쪽 Courtesy Sotheby's; 9쪽 Getty Images / De Agostini Picture Library; 10쪽 Getty Images / Science & Society Picture Library; 12쪽 Alamy / Peter Schickert; 14–15쪽 Getty Images / AFP / Frabrice Coffrini; 16쪽 Alamy / GFC Collection; 18쪽 National Geographic / Alexander Marshack; 19쪽 위 The Royal Belgian Institute of Natural Sciences, Brussels; 19쪽 아래 Courtesy of the Peabody Museum of Archaeology and Ethnology, Harvard University, PM2005.16.2.318.38; Gift of Elaine F. Marshack, 2005; 20–21쪽 Hicham Baoudi; 22쪽 The Royal Belgian Institute of Natural Sciences, Brussels; 24쪽 © Murray Archaeological Services; 25쪽 © Crown Copyright: HES, Image No. SC1071719; 26쪽 University of Birmingham; 27쪽 Illustration courtesy Eugene Ch'ng, Eleanor Ramsey and Vincent Gaffney; 28쪽 © Murray Archaeological Services; 29쪽 V. Gaffney et al. 2013 *Time and a Place: A luni-solar "time-reckoner" from 8th millennium BC Scotland*, Internet Archaeology 34. https://doi.org/10.11141/ia.34.1; 30쪽 Shutterstock / Zbigniew Guzowski; 31쪽 Alamy / Heritage Image Partnership Ltd; 32쪽 Getty Images / Werner Forman / UIG; 33쪽 Getty Images / Science & Society Picture Library; 34쪽 Alamy / Photo 12; 35쪽 TopFoto.co.uk; 36쪽 Alamy / The Print Collector; 37쪽 Alamy / Chronicle; 38쪽 Antikythera Mechanism Research Project; 39쪽 Alamy / Nature Picture Library; 40쪽 Getty Images / AFP / Louisa Gouliamaki; 41쪽 Alamy / Have Camera Will Travel | Europe; 42쪽 Alamy / The History Collection; 42쪽 Alamy / Abbus Acastra; 44쪽 Photo by Malcolm Kirk, courtesy of the de Solla Price family; 45쪽 Getty Images / Leemage; 46쪽 Getty Images / Heritage Images / Historica Graphica Collection; 47쪽 Getty Images / DeAgostini; 48쪽 Alamy / Vito Arcomano; 49쪽 AKG / Rabatti & Domingie; 50쪽 Getty Images / De Agostini / DEA / G. Dagli Orti; 52쪽 Hermann Diels, *Über die von Prokop beschriebene Kunstuhr von Gaza. Mit einem Anhang enthaltend Text und Übersetzung der ε΄κφρασις ω΄ρολογιου des Prokopios von Gaza*, 1917; 54–55쪽 Alamy / Christine Webb; 58쪽 Wikimedia Commons https://commons.wikimedia.org/wiki/File:Wasseruhr_Harun_al_Raschid.jpg; 58쪽 Alamy / Heritage Image Partnership Ltd; 60쪽 Getty Images / Royal Geographical Society; 62쪽 Joseph Needham, Science and Civilization in China: Volume 4, Part 2, Mechanical Engineering, page 451; 63쪽 Getty Images / Science & Society Picture Library; 64쪽 © Maya Vision International Ltd; 65쪽 Getty Images / Science & Society Picture Library; 66쪽 akg-images / Pictures From History; 68쪽 Bridgeman Images / Pictures from History; 71쪽 Metropolitan Museum of Art / Bequest of Cora Timken Burnett, 1956 / Acc No 57.51.23; 72쪽 Metropolitan Museum of Art / Rogers Fund, 1955 / Acc No 55.121.11; 73쪽 Metropolitan Museum of Art / Rogers Fund, 1955 / Acc No 55.121.12; 74쪽 Alamy / Tuul and Bruno Morandi; 76쪽 Bridgeman Images / British Library; 77쪽 Bridgeman Images / British Library; 78쪽 Bridgeman Images / Photo © John Bethell; 80쪽 123RF / Sebastien Coell; 82쪽 © Bodleian Libraries, University of Oxford MS. Laud Misc. 657 fol. 047r; 84쪽 123RF / meinzahn; 85쪽 Alamy / INTERFOTO; 86쪽 Metropolitan Museum of Art / Anonymous Gift, 2009. Acc No 2009.157; 89쪽 123RF / Olena Kachmar; 90쪽 Getty Images / DEA / G. Dagli Orti; 91쪽 Wilkie Collins, Armadale, 1866, page 221; 92쪽 akg-images / Massimiliano Pezzolini; 94쪽 Alamy / Science History Images; 95쪽 Getty Images / Science & Society Picture Library; 96쪽 Getty Images / Fototeca Storica Nazionale; 97쪽 Alamy / Heritage Image Partnership Ltd; 98쪽 Alamy / Peter Horree; 100쪽 123RF / sedmak; 102쪽 www.peterhenlein.de; 103쪽 위 Getty Images / Harold Cunningham; 103쪽 아래 Alamy / Panther Media GmbH; 104쪽 위 Stamp of the Third Reich, Germany 1942 MNH commemorating the 400th Anniversary of the Death Peter Henlein; 104쪽 아래 Alamy / Gibon Art; 105쪽 Getty Images / ullstein bild Dtl; 107쪽 Getty Images / Fine Art Images / Heritage Images; 108–109쪽 © Trustees of the British Museum; 111쪽 Photo © RMN-Grand Palais (musée de la Renaissance, château d'Ecouen) / Hervé Lewandowski; 112쪽 Photo © RMN-Grand Palais (musée de la Renaissance, château d'Ecouen) / Hervé Lewandowski; 114쪽 왼쪽, 오른쪽 © Museum of London; 116–117쪽 Alamy / Chronicle; 118쪽 Alamy / Chronicle; 120쪽 Getty Images / Bloomberg; 121쪽 Thomas Midelton, *A Chast Mayd in Cheapeside*, frontis,1630; 122쪽 Bridgeman Images / Museu de Marinha, Lisbon, Portugal / Photo © Selva; 123쪽 akg-images / Fototeca Gilardi; 124쪽 Alamy / World History Archive; 125쪽 akg-images / Interfoto / Antiquariat Felix Lorenz; 126쪽 Seiko Museum; 127쪽 Library of Congress LC-DIG-jpd-00114; 128쪽 Seiko Museum; 129쪽 Alamy / World History Archive; 130–132쪽 © National Maritime Museum, Greenwich, UK, Ministry of Defence Art Collection; 133쪽 Getty Images / Science & Society Picture Library; 135쪽 © National Maritime Museum, Greenwich, London, presented by the descendants of Nevil Maskelyne; 136쪽 Getty Images / Science & Society Picture Library; 139쪽 Getty Images / Universal Images Group; 140쪽 Getty Images / Imagno; 141쪽 Photo ©RMN-Grand Palais (MuCEM) / Jean-Gilles Berizzi; 142쪽 Metropolitan Museum of Art / The Elisha Whittelsey Collection, The Elisha Whittelsey Fund, 1961, Acc No: 61.53; 143쪽 Getty Images / Leemage; 144쪽 Alamy / Florilegius; 146–147쪽 Metropolitan Museum of Art, Purchase, Anna-Maria and Stephen Kellen Acquisitions Fund, in honor of Wolfram Koeppe, 2015.; 148쪽 Wellcome Collection, CC BY (https://wellcomecollection.org/works/p3wk83cw); 149쪽 Architect of the Capitol, US Capitol; 150쪽 Getty Images / David Silverman; 151쪽 Rijksmuseum, Amsterdam; 152쪽 akg-images / picture-alliance; 153쪽 © Collection Montres Breguet SA / Xavier Reboud; 154쪽 © Collection Montres Breguet SA; 155쪽 Getty Images / Gali Tibbon; 156쪽 Alamy / Heritage Image Partnership Ltd; 158쪽 Alamy / Chronicle; 159쪽 왼쪽 123RF / Victoria Demidova; 159쪽 오른쪽 *Popular Science Monthly*, October 1929 p63; 160쪽 National Maritime Museum, Greenwich, London; 161쪽 Getty Images / Fox Photos; 162쪽 Bridgeman Images / The Worshipful Company of Clockmakers' Collection, UK; 164쪽 Bridgeman Images / Private Collection / Look and Learn / Peter Jackson Collection; 165쪽 Alamy / Elizabeth Whiting & Associates; 166쪽 Getty Images / Oli Scarff; 167쪽 위 Alamy / Chronicle; 167쪽 아래 Alamy / Art Collection 3; 168쪽 Wikimedia Commons / Morgan & Kidd / https://commons.wikimedia.org/wiki/File:George_Biddell_Airy_1891.jpg; 169쪽 Alamy / Jon Arnold Images Ltd; 170쪽 from Vaudrey Mercer, *The Life and Letters of Edward John Dent, chronometer maker, and some account of his successors*, Antiquarian Horological Society, 1977; 171쪽 Getty Images / Daniel Berehulak; 172쪽 Alamy / The Picture Art Collection; 173쪽 Alamy / World History Archive; 174쪽 Alamy / Antiqua Print Gallery; 177쪽 Science Photo Library / Miriam and Ira D. Wallach Division of Art, Prints and Photographs / New York Public Library; 178–179쪽 Getty Images / Science & Society Picture Library; 180쪽 Library of Congress LC-USZ62-42699; 182쪽 Alamy / World History Archive; 184쪽 Shutterstock / BeautifulBlossoms; 186쪽 Getty Images / Popperfoto / Bob Thomas; 187쪽 Getty Images / UniversalImagesGroup; 188쪽 Vincent Wulveryck, Collection Cartier © Cartier; 189쪽 Topfoto / Roger-Viollet; 190쪽 Cartier / © Paul Tissandier; 193쪽 *Revista Moderna* No 30 April 1899 Anno III p252; 194쪽 Getty Images / Print Collector; 195쪽 Archives Cartier Paris © Cartier; 197쪽 Courtesy Jaeger-LeCoultre; 198쪽 오른쪽 위 Getty Images / Bettmann; 198쪽 왼쪽, 오른쪽 아래 © Antiquorum Genève SA; 199쪽 Jaeger-LeCoultre Reverso Patent 1931 @Jaeger-LeCoultre Patrimony; 201–207쪽 Courtesy Sotheby's; 208쪽 Alamy / Chronicle; 210쪽 Getty Images / AFP / Fabrice Coffrini; 212쪽 Getty Images / Museum of Flight Foundation; 213–215쪽 Rolex; 216쪽 Getty Images / F. Roy Kemp; 217쪽 위 Alamy / Pictorial Press Ltd; 217쪽 아래 Advertising Archive; 218쪽 NASA; 219쪽 Alamy / RGB Ventures / SuperStock; 220–225쪽 NASA.

이 책에 실린 이미지의 저작권자를 찾아내고 표기하기 위해서 모든 노력을 기울였습니다. 오류나 탈락된 대목을 알려주면 향후 개정판에 기꺼이 반영할 예정입니다.

감사의 말

이언 마셜에게 맨 먼저 가장 큰 감사를 드린다. 그는 내가 보낸 제안서 속에 감추어져 있던 책의 가능성을 발견했으며 그것을 실현하는 데에 크나큰 기여를 했다. 그의 통찰력이 없었더라면 이 프로젝트는 실현되지 못했을 것이다. 사이먼 앤드 슈스터에 근무하는 그와 그의 동료들에게 큰 빚을 졌다. 나를 믿어주고 격려해줘서 진심으로 고맙다. 수십 년째 나의 저작권 대리인을 맡고 있는 루이지 보노미는 믿을 만한 친구이자 현명한 조언자이다. 나의 별스러운 면을 성인에 가까운 인격으로 참아주고 나의 불안정함을 달래기 위해서 할 수 있들을 해내고 있다. 비서인 베네티아 스탠리의 노고와 인내에도 감사하고 싶다. 지칠 줄 모르고 일한 덕분에 그녀는 세계의 박물관, 문서고, 대학에서 약간 두렵지만 친숙한 인물이 되었다.

도움을 준 큐레이터와 전문가, 역사가들 중에서도 특별히 볼프람 쾨페, 마리나 켈렌, 메트로폴리탄 미술관의 유럽 조각 부문 큐레이터들, 소더비의 수석 부회장이자 국제 시계 부문 의장을 맡고 있는 대릴 슈니퍼, 브래드퍼드 대학교의 빈센트 개프니 교수, 런던 박물관의 큐레이터 헤이즐 포사이스, 벨기에 왕립 자연과학 연구소의 인류학 큐레이터 패트릭 시말, 카이로 국립 이집트 문명 박물관의 압델라만 오스만과 그의 대규모 팀에게 경의를 표한다.

내가 삶의 그토록 많은 시간을 시계 주변에서 보냈다는 점을 고려하면, 시계 제조업이야말로 내가 정말로 감사해야 할 대상이라고 생각한다. 현재까지 이 분야에 있다는 사실 자체도, 그리고 아름다우면서도 진기한 작품들을 계속 만들고 있다는 점도 그렇다. 이들 작품은 내가 지금껏 언급한 시계들의 후속 세대에 해당한다. 파텍 필립과 티에리 스턴에게도 감사한다. 파텍의 역사적인 작품들에서 받은 영감에 대해서뿐만 아니라 휴대용 시계의 역사를 담은 특출한 박물관에 대해서도 그러하다. 이 박물관은 제네바를 여행하는 사람이라면 반드시 방문해야 하는 곳이다. 세계 반대편에서는 세이코 사가 자체 박물관에 뛰어난 시계들을 모아놓았다. 에도 시대의 일본 시계를 다룬 장을 쓸 때 도움을 준 이곳 직원들에게 고마움을 전한다. 물론 롤렉스, 카르티에, 예거르쿨트르, 오메가, 브레게, 이 책을 준비하고 쓰는 동안 놀랄 만큼 친절하게 도움을 주었던 시계 업계의 수많은 사람들에게 고맙다.

모두의 이름을 개별적으로 언급하지 못하는 점을 용서해주기를 바란다. 이들 중에서도 다음 분들에게 특히 감사한다. 레이널드 애슐리만, 오럴 박스, 장 클로드 비버, 아르노 보에치, 니콜라스 보스, 크리스토프 캐럽트, 버지니 슈베일러, 로랑 페니우, 크리스틴 블리너, 잭 포스터, 시빌 갈라도 잠, 이자벨 제르바이스, 하이에크 가문, 애니 홀크로프트, 웨이 고, 마린 레먼니에이, 파비엔 루포, 새러 눈치아타, 피트로스 프로토파파스, 피에르 레네로, 존 리어던, 캐서린 레니에이, 칼-프리드리히와 캐럴라인 쇼플리, 재스미나 스틸, 시릴 비그너런, 데이비드 트락슬러, 파트릭 에를리, 로버트 웰슨.

역자 후기

인류가 시간의 흐름을 이해하고 측정하려고 노력해온 역사는 2만5,000년이 넘는다. 화려한 도판을 풍부하게 갖춘 이 책은 시간을 길들이려고 인류가 분투해온 과정을 생생하게 복원해낸다. 구석기시대에서 현대에 이르는 시간 측정 장치들을 28건의 별개의 이야기로 보여준다. 여기에는 시간 측정의 역사에서 가장 중요한 발전이 담겨 있다. 또한 역사상 가장 놀랍고도 사치스러운 벽시계와 손목시계를 상세히 다룬다. 시간을 파악하는 것은 단순히 기능의 문제가 아니었기 때문이다. 디자인도 언제나 중요한 부분을 차지했던 탓이다.

제1장에 등장하는 것은 2만5,000년쯤 전에 사용된 개코원숭이의 종아리뼈이다. 수십 개의 눈금은 모종의 계산을 하기 위한 것으로 추측되지만 진상은 모른다. 소수(1과 자기 자신으로만 나눌 수 있는 양의 정수) 표라는 설도 있다. 저자가 중점을 두는 것은 달의 2개월 주기를 표시한 달력이라는 주장이다. 두 번째 장에는 중석기시대인 1만 년 전부터 6,000년간 달력으로 사용되어온 스코틀랜드 워런 평야의 구덩이들도 있다. 음력의 열두 달에 대응하는 구덩이들이 줄지어 자리잡고 있는 것이다. 여기까지는 시간의 경과를 월 단위로 측정하는 달력 이야기이다.

실제 장치가 등장하는 것은 제3장 물시계부터이다. 기원전 1400년 이집트 카르낙에서 사용되었다. 바닥에 구멍을 뚫어 물이 새나가도록 만든 항아리였다. 남아 있는 물의 양을 보고 시간이 얼마나 흘렀는지 알 수 있다. 물시계는 밤에도 사용할 수 있다는 점에서 해시계보다 개선된 것이다. 아리스토텔레스에 따르면 물시계는 법정에서 변론 시간을 제한하기 위해서도 사용되었다.

기원후 5세기가 되면 가자의 대시계가 등장해서 처음으로 시간을 소리로 알려준다. 헤라클레스 인형이 곤봉으로 청동의 사자 가죽 북을 치게 만든 장치이다. 14세기에 만들어진 스트라스부르 성당의 동방박사 시계는 3명의 현자가 아기 예수에게 황금과 유황, 몰약을 바치는 광경을 묘사하고 있다. 시간을 알려주는 기계 수탉의 울음소리는 예수가 제자인 베드로에게 부인당하는 것을 상징한다.

가장 인상적으로 시각적인 동작을 보여주는 시계는 16세기 신성 로마 제국의 황제 루돌프 2세가 소유했던 것이다. 돛대가 1미터에 달하는 배 모양이다. 내부의 소형 파이프오르간과 팽팽한 가죽 북이 음악을 연주하고 돛대는 좌우로 흔들리며 항해하는 배의 움직임을 나타낸다. 돛대 꼭대기에서 망을 보는 군인들이 초소형 망치로 망대 측면을 때려서 황제를 상징하는 독수리 바로 아래에 자리잡은 시계 문자판에 나타나는 시간을 알려준다. 르네상스의 주크박스, 자동 장치이면서 예술품이었다.

명품으로는 아브라함 루이 브레게가 제작한 '마리 앙투아네트 시계'가 손꼽힌다. 1783년 주문을 받아 1827년 완성되었으나 왕비는 사망한 뒤였다. 당대에 알려진 모든 기능을 넣은, 휴대할 수 있는 시계로서 이름 높다.

역사상 가장 비싸게 (경매에서) 팔린 시계도 등장한다. 파텍 필립이 제작한 헨리 그레이브스(제작을 의뢰한 사람의 이름이다) 슈퍼컴플리케이션이다. 2014년 제네바에서 열린 소더비 경매에서 2,323만7,000스위스프랑에 팔렸다. 현재 환율을 적용한다면 291억 원 남짓한다. 5년의 제작 기간을 거쳐서 1932년 완성된 작품이다. 900개의 부품을 갖추고 시간 표시 이외에 24건의 기능을 수행할 수 있다. 뉴욕 밤하늘의 이 시간 별자리를 보고 싶은가? 이 시계가 그것을 보여줄 수 있다.

20세기를 전후하여 영국의 루스 벨빌이라는 여성은 놀라운 직업을 가지고 있었다. 그녀는 문자 그대로 시간을 '팔았다.' 일주일에 세 차례, '런던의 시계 여인'은 그리니치 왕립 천문대를 방문해 자신의 시계를 그것에 맞추었다. 그 뒤 런던에서 미리 계약이 되어 있는 곳곳을 돌아다니며 상업용 시계의 시간을 수정해주었다. 19세기에 아버지가 시작한 업무를 물려받은 루스는 1940년 85세에 은퇴했다.

이야기는 미국의 우주 비행에 사용된 공식 손목시계 '오메가 스피드 마스터'로 끝난다. 생각할 수 있는 우주의 모든 악조건에서도 정상 작동하도록 제작되었다. 모두 97개가 납품되었으며 개당 가격은 100달러 미만이었다. "시계는커녕 그 어떤 부품이라도 머큐리, 제미니, 아폴로, 유인 우주 실험실, 소유스, 살류트, 스페이스 셔틀, 미르(러시아 유인 우주정거장), 국제 우주정거장 등에서 모두 사용되었다고 주장할 수 있는 것은 달리 없다."

사람들이 시계를 그토록 높이 평가하는 이유는 무엇인가? 예술성과 공학적 성취에 있을 것이다. "시계는 시간이라는 끔찍한 포식자를 길들였다는 환상을 가지게 하기 때문에 신분의 상징이 되었다"라고 저자는 말한다.

저자는 논픽션 분야에서 24권이 넘는 책을 냈으며 특히 영어권에서 시계와 시간 장치에 관한 저술 분야에서 최고로 꼽힌다. 최근작은 『파텍 필립』이다. 그는 또한 「타임스」, 「파이낸셜 타임스」, 「뉴스위크」, 남성 패션 잡지 「GQ」 등에 글을 써왔다. 현재 「배니티 페어」가 연 2회 발행하는 시계 잡지 「온 타임」의 편집자도 맡고 있다.

한글로 옮기는 작업은 쉽지 않았다. 원문이 현학적인데다 구문이 복잡한 탓도 있다. 시계학의 전문적인 용어가 더 큰 문제였다. 탈진기, 유사, 균시차, 균력차 등의 생소한 한자어뿐 아니라 폴리오, 컴플리케이션, 카리용, 자크마르, 리피터, 투르비용 등의 외래어와 외국어를 사용할 수밖에 없었다. 마땅한 번역어가 없기 때문이다. 옮긴이의 관련 지식이 부족한 점을 보완하느라 검색을 거듭하며 고심했다. 그럼에도 남은 오류는 기회가 될 때 보완할 수 있을 것으로 기대한다.

인명 색인